中國學術思想 研究輯刊

二六編
林慶彰 主編

第 10 冊

錢穆先生的儒學觀述評

顧 梅 著

花木蘭文化事業有限公司

國家圖書館出版品預行編目資料

錢穆先生的儒學觀述評／顧梅 著 — 初版 — 新北市：花木
蘭文化事業有限公司，2017〔民106〕
目 2+218 面；19×26 公分
（中國學術思想研究輯刊 二六編；第 10 冊）
ISBN 978-986-485-170-6（精裝）
1. 錢穆 2. 學術思想 3. 儒學
030.8   106014197

ISBN-978-986-485-170-6

9 789864 851706

中國學術思想研究輯刊
二六編　第十冊   ISBN：978-986-485-170-6

錢穆先生的儒學觀述評

作　　者　顧　梅
主　　編　林慶彰
總 編 輯　杜潔祥
副總編輯　楊嘉樂
編　　輯　許郁翎、王　筑　美術編輯　陳逸婷
出　　版　花木蘭文化事業有限公司
社　　長　高小娟
聯絡地址　235 新北市中和區中安街七二號十三樓
　　　　　電話：02-2923-1455／傳真：02-2923-1452
網　　址　http://www.huamulan.tw 信箱 hml 810518@gmail.com
印　　刷　普羅文化出版廣告事業
封面設計　劉開工作室
初　　版　2017 年 9 月
全書字數　192545 字
定　　價　二六編 12 冊（精裝）新台幣 22,000 元

錢穆先生的儒學觀述評

顧 梅 著

作者簡介

顧梅（梅子），女，學前教育專業教師，已於蘇州市職業大學（原蘇州市教育學院）相關領域工作 24 年。主要承擔《幼兒遊戲》等學前專業課程的教學，副教授。1992 年北師大學前教育專業本科畢業，2002 年北師大（兒童）發展心理研究所碩士畢業，2012 年通過蘇州大學中國哲學專業儒學哲學方向博士論文答辯。致力於「中國文化與兒童教育」的實踐研究，關注兒童心性的發育與美感的表達。曾主持《敘事與成長》，《表達與成長》，《童心與成長》，《童書與成長》等校級研究性課題系列研究，2015 年 4 月至今主持蘇州文廟「梅子時間」，以畫信的方式參與博物館公共教育服務，實踐父母支持下的中國傳統經典教育。

提　要

　　本篇論文作於五年前，2012 年完稿。將題目定位爲「錢穆先生的儒學觀述評」，經歷了一番曲折：一是「錢穆先生」。他是我的外公。如何指稱，經歷了心理上的掙扎；二是「儒學觀」。它與我的教育學心理學專業背景有著某種距離，其間關係如何？三是「述評」。述評是一種學術品鑒過程，又如何與情感相洽？因此說，本文的撰寫，述者與所述對象的對話，實經歷了情感到理性，又歸宿到情感的過程；這一對話，不能不在「傳統學術」向「現代學科」已發生轉向的語境中進行，儒學觀的重建，將幫助到今日教育心理學話語的重建；學術品評是價值觀討論和學術歸正的必經之路，難得的是對錢穆先生的學術品評議題開闊，並常常觸及心靈。

目次

引　言

一、學界對錢先生的學術研究與評價

（一）錢先生之生平、著述之研究

羅義俊先生所編撰之《錢賓四先生簡譜》。刊載於《錢先生紀念文集》，中國人民政治協商會議江蘇省無錫縣委員會編，上海人民出版社 1992 年 4 月出版、發行。在「說明」欄裏第一條說明，「簡譜」就先生行狀和著述擇要錄入。著述，除個例外，僅錄成書印行者，繫於初印年，按月序排列；其餘概略。

胡美琦女士所撰《錢賓四先生著作（專書）目錄》。刊載地同上。其後「附加說明」中說，錢先生逝世前已理出甚多尚未收入集中之文稿，有擬彙編成新書者，有擬補入已出版之書中者，皆待出版後再補記入目錄中。又，本目錄參考孫鼎宸先生所編《錢賓四先生論著年表》而成。此篇又收入《穆公惠澤——紀念錢先生仙逝二十週年》一書中，無錫市吳文化研究會鴻山分會，無錫市鴻山泰伯文學社，2010 年 12 月編。

李木妙先生編撰之《中國傳統文化的捍衛者——國史大師錢先生教授生平及其著述》，香港新亞研究所出版，中華民國八十三年（1994 年）八月三十日出版。其「內容提要」中自述，本書乃由《新亞學報》第十七卷所刊載的《國史大師錢先生教授生平及其著述》一文的抽印單刊本。書中主要由錢先生教授傳略、錢先生教授史學提要、錢先生教授年表、錢先生教授著作目錄等四部分組成。其第一部分主要從「先世淵源」、「童年時期」、「少年時期」、「青年時期」、「壯年時期」、「中年時期」和「晚年時期」等階段，簡述錢氏

生平概況及其奮鬥成學的過程；第二部分共收錢氏生前著作近五十九種，主要側重在史學部分，並按通史、斷代史和專史（下分文化史、學術史、思想史、政制史、歷史地理、史學與方法、歷史人物、回憶錄）等分類提要，而非史學類則擇要另分文化學、國學與文學、學術與人生三部分簡介；第三部分按年紀錄錢氏重要事跡，並附錄同年中國發生大事紀要，始自清光緒二十一（1895）年七月三十日錢氏誕生江蘇無錫故鄉，下迄民國七十九（1990）年八月三十日錢氏逝世臺北市新遷寓所，前後共約九十六年；第四部分彙集錢氏歷年於中國大陸、香港和臺灣等地區發表的專著逾百種、論文九百五十三篇次，所列專著皆注明書名、出版地點、出版機構和出版年月。

羅義俊先生的《錢先生學案》，中國社會科學出版社，1995 年出版，方克立、李錦全先生主編。內含三部分內容：錢先生評傳、錢先生新儒學思想資料選輯和錢先生論著編年目錄。其評傳的綱目有：一、憂患抗時俗，熱忱招國魂——闡揚中華傳統文化的一生；二、重建一個道，重立一個心——新儒學思想綱要；三、自信、開放超越、內省——情理合一的儒學中心主義的中國文化觀；四、結論：心體中心主義的唯道論——歷史文化大生命哲學思想。

陳勇先生撰寫的《國學宗師錢先生》，中國學術大師系列叢書，北京大學出版社，2007 年 7 月第一版。全書內容包括「七房橋的世界」，「僅接受的中小學教育」，「從小學教師到中學教師」，「從燕京到北大」，「北平八年師與友」，「西南聯大鑄輝煌」，「入蜀後的文化沉思」，「退居邊緣」，「香江興學」，「與新儒家的交往」，「晚年的學術新生命」，「最後的徹悟」等篇。引言稱「大氣磅礴的國學宗師」。

（二）對於錢先生史學、儒學、文化學、教育學、治學方法等的研究

江西師範大學梁民愫、戴晴的《近二十年中國大陸學界關於錢穆學術思想研究的新取向》對於錢先生學術在大陸學術界的影響做了綜述。它分三個部分：一、義理之學：錢穆史學思想和國學（儒學）思想的研究新趨勢；二、考據之學：錢穆在國史考證和歷史地理學方面成就的研究新進展；三、辭章之學：錢穆文學理論和美術思想的研究新思路。

該篇認為，國內關於錢穆史學思想的相關研究較多的是徐國利。他在新世紀初的一篇文章中提出以下觀點：錢穆把歷史和文化看作是同一的，歷史文化是由經濟（物質生活）、政治和精神（思想）三個層面構成，而精神的核

心乃是道德；中西歷史文化的不同，就在於中國是以道德爲核心的內傾文化，而西方則是以物質經濟爲核心的外傾文化，中國傳統文化代表了人類歷史文化發展的正途。〔註1〕他在另一文中說，中西史學比較研究是錢穆史學思想的重要內容，他常以此來闡明史學的本質、方法、功用和中國史學精神。〔註2〕徐先生明確地指出了錢穆的歷史觀，即：在錢穆看來，歷史、文化、民族實際是一體的，凡文化，必有它的傳統的歷史意義，文化，並不是平面的，而是立體的。各方面各種樣的生活，再經歷過時間的綿延性，那就是民族整個的生命，也就是那個民族的文化。〔註3〕

　　另一位研究者史應勇認爲，錢穆的歷史觀是在深知歷史的基礎上形成的，而不是在意識形態教育下形成的。鄭慶田則對錢穆的折中主義史學方法論進行了分析，他認爲錢穆從德與行的統一入手，同時兼顧了共性與個性的統一，闡述了時間的統一性問題，最後闡述了義理和考據的統一，代表著中國新史學的發展方向。

　　近年來關於錢穆國學（儒學）思想研究的文章數量非常多。大致說來，因研究者切入問題的視野各自不同，可分爲以下三類。

　　其一，從研究錢穆的教育思想入手。如鄧子美、孫群安對於錢穆獨特的傳統與現代相結合的人文教育理念進行了詳細的闡述，他們認爲錢穆獨特的與人生信仰相結合的教育理念，既是國學人文精神淋漓盡致的體現，也對當代中國教育如何尋回自己失落的精神家園具有啓示。〔註4〕譚徐峰就錢穆的教育思想與實踐結合的結果作了探討，他認爲錢穆所提倡的乃是自由主義教育，重人格完善與德性修養，留意培養學人，昌明學術以傳承中國文化、溝通世界文化爲使命，可謂是具有民族精神與時代精神的內發的人文主義。〔註5〕綜述者以爲，以上研究皆很好地反映了錢穆一貫提倡的「爲學與做人」相結合的儒學教育理念。

〔註1〕　徐國利：《錢穆的歷史文化構成論及其中西歷史文化比較觀——對錢穆歷史文化哲學的一個審視》〔J〕，中國社會科學院研究生院學報，2003，（2）：57～63，112。

〔註2〕　徐國利：《錢穆的中西史學比較觀》〔J〕，史學史研究，2002，（1）：45～50。

〔註3〕　錢穆：《中國文化傳統之演進》〔M〕，國史新論，北京：三聯書店，2005。

〔註4〕　鄧子美、孫群安：《論錢穆獨特的人文教育理念》〔J〕，無錫教育學院學報，2005，25（3）：11～14，32。

〔註5〕　譚徐峰：《錢穆人性化教育思想與實踐》〔J〕，人文雜誌，2002，（6）。

其二，從研究錢穆的哲學觀念入手。

徐國利針對錢穆的歷史認知論和宇宙觀進行了深入研究，他認為錢穆繼承和發展了中國傳統哲學的認識論思想，闡發了在人文界認識的體用不二性和人文性，即重經驗、直覺和綜括，寓價值觀與仁慈心，這和自然科學認識方式是絕然不同的。〔註6〕朱寰先生就錢穆的「天人合一」觀念作了細緻的探討，他認為錢穆早年傾向於從人與自然、人與人關係的角度解讀「天人合一」，將儒家精神理解為道德人文精神，體現出他作為史學家注重經驗事實、輕視形而上學的特點，不過晚年錢穆對「天人合一」有了新認識，即從超越的、形而上的角度理解儒家精神，體現出濃厚的宗教內涵，這是他廁身新儒家之列的重要佐證。

廖建平對錢穆的人類生命觀進行了分類探討，其內容有三：一是探討人類生命與自然的關係，認為人類生命是從宇宙大生命中分得的小生命；二是探討個體生命與人類生命、他人生命的關係，認為人類生命寄託在個體生命中，要通過個體生命表現出來；三是認為精神屬性是人類生命的最高屬性。〔註7〕綜述者認為，錢穆的哲學觀和中國傳統的哲學思想是一脈相承的。並且從錢穆身上得到啟示，人文科學研究包括歷史學研究不可能也從來就沒有脫離過人生價值觀和民族情感的束縛，與基於邏輯實證的自然科學研究相較，人文科學研究更多的是一種人生的體驗。

其三，從研究錢穆的文化思想入手。鄭大華對於抗戰時錢穆的文化復興思想作了詳細的分析，他認為抗戰時錢穆的文化復興思想主要體現在三個方面：一是對歷史虛無主義的批判，主張對中國歷史文化要有「溫情與敬意」；二是對中國文化與歐洲文化在政治、經濟、人生觀念和宗教等方面的不同進行了比較，並提出了自己獨特的中國文化演進過程的四期說；三是對文化復興之路的探索，主張以「儒家思想為中心」來接納和吸收西方的科學。〔註8〕

賴功歐則對錢穆的「文化進化論」思想提出了自己的看法，他認為錢穆是一個真正的文化進化論者，由錢穆創發的三大範疇「人文演進」、「文化生

〔註6〕 徐國利：《錢穆的人文歷史認識思想述論》〔J〕，求是學刊，2002，29（1）：110～115。

〔註7〕 廖建平：《錢穆的人類生命觀及其意義》〔J〕，江漢論壇，2003，（11）：66～68。

〔註8〕 鄭大華：《抗戰時期錢穆的文化復興思想及其評價》〔J〕，齊魯學刊，2006，（2）：26～31。

命」、「協調動進」，構成了一個完整的有進化意義與現代價值取向的歷史文化觀，而且人文演進觀還展顯出錢穆作爲文化進化論者所具有的超越的「世界史」眼光。〔註9〕綜述者認爲，在錢穆看來，文化是可以進化的，只不過這種進化須奠基於「故常」之上，即「所變者我，能變者亦我，變而成者依然爲我。」〔註10〕

　　此外，在考據學方面，郭銳、鄭萬華將錢穆的考據之法概括爲「縱、橫、通、專」四字：「縱」指論其思想線索，「橫」是求其時代背景，「通」即從大處著眼，「專」爲從小處下手。在辭章學方面，郭文君、馬育良將錢穆先生視作一位通儒型的歷史學家，他們認爲錢穆於《略論中國文學》一文中闡述了他的中西文學比較觀。韓軍則從文學的角度考察了錢穆的史學書寫方式，他認爲從現代語言學理論出發，錢穆始終堅持的書寫方式，——文言是其對中國文字特性的深刻體認和書寫傳統的自覺繼承，文言成爲錢穆看待傳統文化的本根性、人間性、貫通性的特定方式，成爲突破現代性中古今、新舊二元對立並使傳統進入現代生活的積極經驗。

　　就錢穆的文學觀與儒學之間的聯繫展開分析，芮宏明先生認爲，錢穆從儒學史和社會形態轉化角度對魏晉文學觀念自覺的過渡性質的論述乃是他引爲其文學史研究的「最大觀點」。〔註11〕綜述者認爲，總的來看，他們的論述涉及了中國傳統文化的主體——儒學，乃是從錢穆先生的儒學觀出發分析他的文學觀，從而構建了一個不同於以往的以錢穆的儒學理念爲中心的解釋系統。這種帶有後現代主義色彩的「自我解釋」的研究模式估計在以後會越來越常見。

　　綜述者認爲，在對於錢穆完整史學思想的介紹和闡述方面，似乎依然有嫌不足，而對於錢穆儒學思想的研究亦有待深入，相關研究學者對於中國古典文化的瞭解程度還可以進一步加深。這是本篇綜述所得出的部分結論。

　　其他研究者，尚有很多。如，俞啓定先生的《錢賓四先生人文主義教育思想述要》，刊載在《錢賓四先生百齡紀念會學術論文集》（第357頁～376頁）中。其主要內容分：一、功效卓著的教育活動；二、「教育爲立國大本」的社

〔註9〕　賴功歐：《作爲文化進化論者的錢穆——「人文演進」觀繹論》〔J〕，江西社會科學，2006，（2）：118～126。

〔註10〕　錢穆：《國史大綱》（上冊），16頁，商務印書館（上海），1994。

〔註11〕　芮宏明：《「這是我講文學史的最大觀點」——試述錢穆關於魏晉文學觀念自覺的闡釋》〔J〕，江西社會科學，2004，（6）：72～77。

會價值論；三、「培養理想完整之人格」的教育宗旨論；四、「通人猶重於專家」的知識結構論；五、明道、育人爲主的治學論和師道觀。張學智先生的《錢先生先生治朱子學之方法舉隅》，刊載在《錢賓四先生百齡紀念會學術論文集》（第 321 頁～332 頁）中。其觀點有：一、熟讀原文，讀書即格物；二、採擇《文集》《語類》，特重歷史感；三、杜絕門戶之見，觀朱子之全；四、學案體例之創新。

（三）錢先生與中國文化之關係及其海外影響以及與「海外新儒家」關係研究

陳啓雲先生的《錢先生的儒學觀念與中國文化》，修改稿於 2004 年 6 月刊載在《中國文化》第 21 期上。該文是爲 2005 年 3 月 26～27 日由馬來西亞中文系及畢業生協會舉辦的「儒家與中國學術思想國際研討會—錢先生來馬大中文系任教四十週年紀念」會準備的主題演講內容。其演講提綱有：一、我對錢先生學術思想的詮釋；二、歷史認知、儒學觀念與中國文化；三、湖上閒思錄。

余英時先生的《錢先生與中國文化》，學術集林叢書，王元化主編，上海遠東出版社 1994 年 12 月第一版。其中收錄《猶記風吹水上鱗》、《一生爲故國招魂》等悼念文及《錢先生與新儒家》這一澄清學界公案的長文。

《錢先生與新儒家》文，內分幾塊：一、學術與門戶，闡明錢先生「論學不立門戶」的觀點；二、學問的宗主，闡發錢先生是以「抉發中國歷史和文化的主要精神及其現代意義」爲其治學的宗主的；三、儒學觀，闡明儒家思想，是錢先生學問的歸宿，儒學史的研究在其學術思想史方面佔據最重要的分量；其儒家思想研究結合了外在的客觀實證和內在的主觀理解等；四、與新儒家的關係，闡明以「新儒家」爲名號所指的是二十世紀的思想流派，其事起於海外，特指一九五八年元旦張君勱、唐君毅、牟宗三、徐復觀四位先生在香港《民主評論》上所發表的一篇宣言——《中國文化與世界——我們對中國學術研究及中國文化與世界文化前途之共同認識》。宣言中特別強調「心性之學，乃中國文化之神髓所在」，新儒家主要即指熊十力的哲學流派。而錢先生雖其學問宗主在儒家，終極信仰也歸宿於儒家，他的基本態度，卻是所謂「守先待後」（也就是「述而不作」）；他的主要旨趣是在闡明中國的學術傳統，以待後起者之自爲。五、新儒家的道統論，闡明新儒家身上強烈的道統意識以及用對「心性」的理解和體證來判斷歷史上的儒者是否見得「道

體」；六、「新儒家的「開出說」。闡明新儒家的開出說，是與「五四」主流學派的「民主」與「科學」的主張對話的；開出說，必然涵蘊「內聖是一切價值的本源所在」的思想；開出說，又借鑒了康德關於「本體界」與「現象界」的劃分法，來說明「內聖」與「外王」兩個世界。七、新儒家的心理構造，闡明新儒家自信已「優入聖域」的心態。本文寫於 1991 年 5 月 2 日，7 月 2 日定稿於臺北旅次。

「我們可以這樣說：他承繼了清末學人的問題，但是並沒有接受他們的答案。他的一生便是爲尋求新的歷史答案而獨闢路徑……這裡我要指出：錢先生對於知識的態度，與中外一切現代史學家比，都毫不遜色。『五四』時人所看重的一些精神，如懷疑、批判、分析之類，他無不一一具備。他自己便說道，他的疑古有時甚至遠過於顧頡剛。但是他不承認懷疑本身即是最好價值。他強調：『疑』是不得已，是起於兩信不能決。一味懷疑則必然流於能破而不能立。而他的目的則是重建可信的歷史。許多人誤會他是徹底反對『五四』新文化運動的。事實上，他對於所謂『科學精神』是虛懷承受的，不過不能接受『科學主義』罷了。我們試一讀《國學概論》最後一章，便可見他確能持平。更值得注意的是在東西文化的爭論上，他並不同情梁漱溟的武斷，反而認爲胡適的批評『足以矯正梁漱溟氏東西文化根本相異之臆說。」〔註12〕

余英時先生的《錢先生與中國文化》，學術集林叢書，王元化主編，上海遠東出版社 1994 年 12 月第一版。在出版前言中，余英時說，「錢先生曾說，他一生都被困在中西文化的爭論之中。這是大可激人深思的自白。他又說，『余之所論每若守舊，而余持論之出發點，則實求維新。』換言之，他的基本立場是要吸收西方新的文化而不失故我的認同。這和陳寅恪先生所謂『一方面吸收輸入外來之學說，一方面不忘本來民族之地位』是完全一致的。這正是錢先生被中西文化之爭所困之根源所在；不用說，陳先生也同在此困中。主流派的中國知識分子或認同於北美的西方文化，或認同於東歐的西方文化，都能勇往直前，義無反顧；他們只有精神解放的喜悅而無困擾之苦。但是像錢先生、陳先生這樣的學人則無法接受『進步』與『落後』這樣的簡單二分法，他們求新而不肯棄舊，迴翔瞻顧，自不免越來越感到陷於困境。」

余英時認爲，《國史大綱》之引論，是錢先生對於「中國魂」的新詮釋。

〔註12〕余英時：《一生爲故國招魂》，《錢穆與中國文化》，25 頁。

為了說明中國史的獨特精神，他不能不以西方作為對照，這也是百年以來中國史學的共同傾向。中西對比雖永遠得不到定案，但又永遠不可能停止。余英時說，因為這是傾向宏觀或整體論的中外人文學者所不易克制的一種「超越的衝動」。

本書又收錄《中國文化的海外媒介》文。此文紀念余英時的另一位導師楊聯陞。楊先生的基本學術立場是「訓詁治史」，特別強調「任何理論都必須以基本史料的整理和考訂為依據。」〔註13〕從而將中國的樸學傳統引入美國五十、六十年代主流史學派的觀點之中，又堅持用中國的研究傳統來矯正西方漢學的流弊。

余英時說，楊先生的中國史學背景無形中阻止了他走上任何理論的極端。他相信史學中有客觀事實，但並沒有變成客觀主義者；他堅持治史必須以實證為依歸，但也不是實證主義者（這是他和胡適之、傅孟真兩先生的主要不同之處）。由於王國維、陳寅恪的影響，他充分承認「同情的理解」、「文學的想像」在史學研究中的重要作用。

楊先生與錢先生有很好的學術交誼。當 1955 年《新亞學報》創刊出版，楊先生曾在《哈佛亞洲學報》上撰文推薦，以引起世界漢學界的注意。文中著重介紹了錢先生在《發刊詞》中論考據與義理不可偏廢的觀念。1960 年春天錢先生在耶魯大學訪問，在哈佛燕京社邀約下作《學與人》的演講，以歐陽修為例，說明中國學術傳統以「人」為中心，歐陽修一人即兼通經、史、子、集，與西方重專門學術不同。楊先生擔任口譯，使演講順利進行。1964 年錢先生辭去新亞書院校務，以個人名義向哈佛燕京社提出撰寫《朱子新學案》的三年計劃，楊先生的慷慨陳詞，使該社破例為個人而非學術機構補助，並與錢先生通信討論《學案》。錢先生對楊先生稱譽說，楊先生最難得的不僅在於才華卓越，思想敏銳，而且更在於性情醇厚；這三種性質同時集於一身是不多見的。楊先生曾說，「媒介」，西洋學者視為是一種大學問，非由大學問，不能成為媒介人物，不能發生媒介作用。余英時說，此數言正可形容楊先生。筆者認為，錢先生亦合其情。

鄧爾麟先生所著《錢先生與七房橋世界》。含五章，分別是「初訪素書樓」、「學而時習之」、「水鄉」、「《八十憶雙親》」、「重訪素書樓」。

〔註13〕余英時：《中國文化的海外媒介》，《錢穆與中國文化》，173 頁。

二、幾點感悟

通讀《近二十年中國大陸學界關於錢穆學術思想研究的新取向》一文，我得到的啓發不少：

首先，有關錢先生學問的研究，涉及到史學、文學、美學、教育等各門學科；儒學研究，作爲「各科」研究中所內涵的重要部分，呼之欲出，但對於儒學本身的「學科」含義，卻未及深入。另一方面，現代的學術語言，那分科的（如哲學），帶有西式語言風格與思想觀點的特點，它也是本文分析錢先生學術思想的思維框架（如文中提到「後現代主義」等），用之於對錢先生學問的研究。它能啓發「新意」，卻不能還復「舊情」；而錢先生之學術，在很大程度上是一種立足於民族學術本位傳統的思考，且對於經、史、子、集的學術傳統，有著深入的研討與寶惜。換言之，這樣的學術研究，尚不能原汁原味地保存錢先生的學術旨趣，而在倡發其學術價值的同時，仍有「輕忽」整體意義上的民族文化與學術傳統之嫌。

其次，各位研究者亦是在「時代」的背景下來從事於對錢先生的研究。時代所暴露的某種問題，（如鄧子美、孫群安對於錢穆獨特的傳統與現代相結合的人文教育理念進行了詳細的闡述，他們認爲錢穆獨特的與人生信仰相結合的教育理念，既是國學人文精神淋漓盡致的體現，也對當代中國教育如何尋回自己失落的精神家園具有啓示）〔註14〕是錢先生學術思想價值得以顯露的一個「契機」；而他立足於「中國」的學術態度，使他的學術價值，凝結在對民族文化與學術思想「固有的」價值的認知的引領上面。（例：錢穆學術史觀以其文化與歷史融貫的視野涵容了系統的美學思想，錢穆對中國遠古自然地理與文化的整體觀照，爲民族美學的源始性開掘提供了方法論前提；錢穆有關中國學術流變和時代精神的闡釋，以及對文化精神和宋學精蘊的剖析，都揭示出中國美學的內在心魂，對中國美學的現代發展具有重要的啓迪意義。〔註15〕）

最後，研究者與被研究者在學術領域內的往復辯駁，使我想到爲學者的人格精神。即如錢先生所言，中國知識分子，並非自古迄今，一成不變。但

〔註14〕 梁民愫，戴晴：《近二十年中國大陸學界關於錢穆學術思想研究的新取向》，《上饒師範學院學報》第 29 卷第 4 期，2009 年 8 月。

〔註15〕 梁民愫，戴晴：《近二十年中國大陸學界關於錢穆學術思想研究的新取向》，《上饒師範學院學報》第 29 卷第 4 期，2009 年 8 月。

有一共同特點，厥爲其始終以人文精神爲指導之核心。此一種人文精神，究竟是當如何表述？這些，都是在對錢先生的學術研究中，可以去做深入識辨和整體把握的。

基於以上思考，聯繫自己對於錢先生學術思想特徵的認識，暫對當前儒學研究的現狀作出如下判斷：

1、「自己人」的研究不足

美國學者鄧爾麟曾寫《錢穆與七房橋世界》。在一個美國社會家眼中，錢先生在生平自傳中之所述，不啻爲一部近代中國的社會變遷史之縮影，具有社會學的研究價值。鄧曾踏勘七房橋，爲著述費很多心力。

但是，錢先生說過，由外國人來研究中國文化，總不如中國人自己，有切身之感。所以，錢先生的學術，雖不排拒國外研究者，他卻倡導由中國人自己來承擔其研究。

孔學是「爲己之學」，須是爲己，然後爲學。如此可接儒學研究之氣脈。

雖然如此，鄧爾麟先生在該書《中文版序》中所稱述的，「我們共同的意願是希望能在對人類和中國文化認識上得以溝通，達到共識」〔註16〕的話依然使人感動。當鄧先生的書又被翻譯成中文，在某種意義上將原書中的意圖化成了中國境界，溝通了東西方的思想交流。既然錢先生多在中西文化交流的視角中說話，鄧先生的研究，無疑是這思考的視角中十分重要的一角。正如鄧先生所說，錢先生的書使西方人對中國文化本身和中國文化在一個世紀以來在中國的失落更多一層體會。這個外國人評價說，「錢先生深愛中國人民，熱愛中國文化如同愛父母，同時他痛切地看到中國傳統文化的影響在中國人民中日見淡薄。」〔註17〕可以說，這位西方文化身份者所道出的這些「眞相」，較事實層面的含義，更具來自異域文化的同情的意味。

鄧先生似由錢先生的書《八十憶雙親》的激發，而開始「情感性」地探索中國文化的研究歷程。當然，他之研究方法，是帶著西方人的思維和探究上一套成熟的方式的，比如對實地的踏勘。對人物的訪談，加上書籍的閱讀，以此構建一個從歷史到地理、從傳統到現代都「眞實」的中國。在「一堂中國歷史課」中，鄧先生用自己的話，「翻譯」並記述錢先生的話：「在國外有一種錯誤的想法，那就是認爲中國人的家庭觀念和鄉土觀念太重，中國人的

〔註16〕鄧爾麟：《錢穆與七房橋世界》，2頁。
〔註17〕鄧爾麟：《錢穆與七房橋世界》，1頁。

地方主義使他們容易受到國家政權的控制。事實上，中國人以家庭和社區爲中心正是中國人民對宗教和國家權力絕對化的反抗。」〔註18〕通過對話而修正觀念，使各自的文化價值觀念爲別人所瞭解，我看到「研究」所帶來的促進異域文化人相互交流的作用。「如果中國人民要有一個共同的文化，那麼就必須要有一個與這文化相符合的闡釋；這個闡釋必須說明包括從七房橋到臺灣地區所有地方社區發展變化的情況。它必須既能適應民情又能適應國情。」〔註19〕經過西方文化人士的觀察與闡釋，中國文化的困境與出路，似乎變得具體化了。這當然是與西方文化的思維方式有關。這樣的文化交流，是有益而無害的。

　　鄧先生也說，「各種理解能在一個大文化共識下並存。無論我們是信奉社會主義還是資本主義，儒家思想還是基督教義，現代的還是傳統的，重要的是我們從中多少都能看到一種『善』。產生這種『善』的過程是中國特有的，而且只有放在歷史的背景中才有意義。錢穆畢生呼籲人們學習歷史。不管人們如何看待他的世界觀，他這個呼籲仍然有現實意義。」〔註20〕在這位外國研究者的娓娓道來下，中國之特殊善性或因被識別，而感到安全，既是在長期文化自卑的心結下。且錢先生的史學精神，成爲一種世界性的人文精神，其民族意識轉而與世界眼光相通，猶如一個積極的中國「士子」形象。而這正是錢先生期待於中國文化下的士人的。

　　錢先生說，「今天並不是說西方文化一定沒落，它應有它將來的生命。但這並不便是我們的生命呀！我們要解決我們自己的問題，該回頭來先認識自己。」〔註21〕可以說，錢先生之一生，也與其同時代人一樣，受困於中國文化失落的痛苦之中，但對歷史的溫習，使錢先生比其同時代人，更有了一番對中國文化的信心。對於西方文化的價值與中國文化之前途，錢先生可以說是同樣關心的，但所不同的是，對於中國文化的關心，是含有切己之痛的。透過歷史來認識於自己所處的文化大生命，是錢先生所能給予國人的最好忠告。讀了《八十憶雙親》，本擬以「資料」對待，卻不料觸及了情感的鄧先生說，錢先生的《八十憶雙親》中就包含著「認識自己」：認識自己的父母、家

〔註18〕鄧爾麟：《錢穆與七房橋世界》，117頁。
〔註19〕同上。
〔註20〕同上，119頁。
〔註21〕同上。

族、鄉土、朋友，認識自己的經歷、價值、嚮往、痛苦……從認識自己到回到自己，經過學習和思考的錢先生，表現出對自己民族、文化、歷史、未來的極大敬意與自信；他思考與學習的動力是充沛的，幾十冊的著述可以看到他在闡發對「自己」此一番認識時的熱忱和收穫。他的學問與人生，最能感染到別人的，怕也就是這樣一番「從認識自己到回歸自己」的赤誠啊。

對於余英時先生在《錢穆與中國文化》引言中所說的，陳寅恪與錢穆先生「求新而不肯棄舊」，不免「越來越感到陷於困境」說，筆者感到，這裡有餘先生對於兩位前輩此種生命探求主題的一種內在的憂慮與敬服；而他評論錢先生幾十年用心一貫於中西比較，以宏觀論與整體論來看待中國文化，是帶著不可克制的「超越的衝動」，筆者對此斷語的印象，是感到余先生有以西方學術語彙立位的不自覺的傾向。「自己人的研究不足」，是否是「研究文化而使我們成為自己」的傾向不足？

「使我們成為自己」，是在文化立位上不再猶疑、彷徨，而可安然與自己的歷史文化同在；又在作為中國文化傳人的自我尊信上找到內心的平衡，找到安身立命之本。

2、對儒學學術史的研究不足

近十幾年的國學熱，對於儒學研究又有新的需求。如經學研究，或可解答「讀經熱」中一些基本知識問題。但經學與儒學之關係，自經學消亡和儒學消隱後，更使一般人茫無所知。知識的貧乏與情感的匱乏，都使今人與「儒學」日遠，而在情感上無所寄託！

而對於理學，如對於朱子學，遠未達到認識其學術價值的地步，常作出一些學術「意見」，而不能有學術「定見」（這裡指「持平」之論，如基於「歷史」的研究）。在對美國學者田浩的訪談中，就「歷史世界中的儒家與儒學」，田教授談了自己的看法。他說，「作為一個歷史學者，就需要去深刻體會那種歷史演變的意義，它會幫助我們瞭解不同時代的思想狀況。」〔註22〕他自述其研究方法與立場，受到余英時與錢先生的影響。在一個近乎是「世界性的反儒學」的思潮中，田浩由對錢先生著述生活和家居陳設（《朱子新學案》完稿，朱子的「立修齊志，讀聖賢書」的聯語掛在廳堂）的觀察，作出錢先生由「漢學」（指其早年的經學研究和清學研究）研究向「宋學」過渡的判斷，

〔註22〕田浩：《旁觀朱子學——略論宋代與現代的經濟、教育、文化、哲學》，第257頁。

並感到這是一種有意味的學術現象。當田浩開始宋代儒家思想研究時，正是中國文革時期，他被哈佛的教授譏笑爲「太封建了」。

　　而錢先生自述其對史籍的用心研尋，是因「不意遭時風之變，世難之殷」〔註23〕。其史學研究是絟合於身世的。治史似乎是錢先生必然的學術趨向。由治中國通史到治中國文化史是一轉折，而治儒學史，可以說是錢先生對「中國儒學與文化傳統」求其會通的學術需求的反映。因而在其治儒學學術史的歷程中，聚合著對儒學與文化傳統的愛敬心情、對啓發國人愛敬自己的傳統學術與文化的憂慮與感奮心情，以及由對清學並及整個中國學術史上關乎學風與時弊的不同評鑒而來的憂憤與感傷等諸種情緒。可以說，在治儒學史中，一如其治中國通史和中國文化史，其對於中國學術與文化的愛敬心情是一致無二的，然其學問，卻因這一份愛敬的情感，而推擴到其學問之諸端和各部。

　　儒學史，可說是儒學「消泯」與「復興」的歷史。錢先生所探討的儒學學術史，既對儒學抱著積極正向的情感，則如揭示儒學不亡的命運。這即是錢先生治儒學史的意義；但事實上，儒學之命運卻每況愈下，即如錢先生在論述到清代「別出中之尤爲別出者」之「今文經學」時所歎。則儒學之現實命運，與其學術命運，好似隱然相關！在今日之中國，儒學似還不及佛學，後者之與時代，仍有切要的關係。蔣師在《儒學普世化的基本路向》〔註24〕上，即將「儒學贏得現代民眾眞誠的情感認同」，作爲他關注與思考的對象。這在其原始意義上，應即是今日的中國百姓對於家庭、孝道、歷史、孔孟儒學等的眞誠情感與基本知識的問題，應該說，這眞的是關乎中國人生活的切要問題，而非僅儒學存在之學術命題。在此問題上，海外儒學研究者與中國大陸之百姓生活，孰能更好地「代表」儒學？煥發儒學的生機？這本身即是一個儒學問題。當錢先生屢講「一個未受新式教育的中國農民身上，或更能代表中國文化」（如他說的丁龍的故事），則錢先生的儒學價值觀，並不偏於學術，而是兼具師道的。這是說，丁龍的故事，本身即對今天的中國人，具有啓發和促進反思的作用。看起來錢先生的儒學，一方面具有學術性，另一方面，它關注到百姓生活。如蔣師在本篇探討中慮及的一樣，今日探索儒學史應關切其現實意義。

　　儒學是一種心性之學，其結論並不玄遠，但「新儒家」的觀點，卻使之

─────────────

〔註23〕錢穆：《八十憶雙親・師友雜憶》，349頁。
〔註24〕蔣國保：《儒學普世化的基本路向》，《中國哲學史》，2003年第三期。

如蜃樓海市，奇偉而難覓。究竟如何看待，也可看看錢先生怎麼說。錢先生言心，有著一番基於史的態度。新興學科如心理學，其對儒家文化至今認識不足，負面看待多，由此可知錢先生對中國（儒家）心理學研究的前瞻性。

3、對儒學之通學特性之研究不足

「學問貴通到身世，再從身世又通到學問。」〔註25〕非僅是「自經通史，自史通文，如是而已。」錢先生倡導於發乎情感的、明於義理又成於考訂的研究。

如何能將學問通於身世？則可看論者的選題是否基於時代之困而發，又是否使人有切痛之感。這裡有認識的膚淺與深入的問題，卻也有如何爲文的問題。如果，僅是因功利目的和找材料來寫，所寫就與此背離。即使不含功利目的，但若認爲治儒學與它學一樣，須是重「科學實證」，而或容易輕忽儒學之「人文性」。於此一點，錢先生所提出的「儒學是一種人文科學」的學術主張，是值得深思和探取的。

「通學」是儒學的學術特性。對「通學」研究之不足，亦即是在儒學研究中，缺乏一種「通識」。通識如何而能？即是須如錢先生所說，從學問通到身世，再從身世通到學問。從學問通到身世，是說從事於學術研究的人，不能僅以「材料」之學視學術，而應在學術之中融會人生經歷。人生經歷中有苦樂憂愁不能釋懷，即以「學術」去求融釋。既以「學術」得融釋，人生更能應對裕如。如陽明其學正是「居夷處困，動心忍性」而得（黃梨洲語）。一個「致良知」，或從「百轉千難」中而來，不得已一口說盡；而智聽「致良知」學說的人，也須從自身上眞用功。錢穆說，「講王學的人，只要先辨一個眞切爲善之志，專一在此，更無別念掛帶，便是良知栽根處。此戒愼恐懼，從謹其獨知處下手。別人不知，只我自知處，是謂獨知。若能從獨知處下工夫，久久自見意誠境界。意誠了，自得認識『知行合一』的本體。識得此體，自會悟到自己的良知。這是走上王學的眞路子。」〔註26〕

「儒家之學問，孔子教人入，未教人出。只說下學上達。」〔註27〕這可以由孔子之「志道、據德、依仁、遊藝」之學中找到答案。下學即遊藝、依仁之學，上達即據德、志道之學。錢先生以爲，前二者是古今爲學之通義，

〔註25〕錢穆：《學龠》，150 頁。
〔註26〕錢穆：《陽明學述要》，57 頁。
〔註27〕錢穆：《學問之入與出》，《學龠》，142 頁。

而後兩者是孔門爲學之精髓。「下學」是人人而能，「上達」則有賴於德性之資。德性亦人人而有，卻須個人反己而求，這即是學習的過程。下學而上能達，則德性充盈而感滿足與快樂，這是可以繼此深求的一種求學問道的快樂，所以，人既有進，也不會出了。孔子即教人透過學而探求此一種人生之樂。在今日對師道的研究中，恐未能對於孔門教人爲學之深意，有充分、周到、發人深省的闡發，所以，這一種學，也有失落之憾。

學問貴推尋而求會通。錢先生說，「諸位要講中國歷史，中國文化，乃及古聖先賢之大道，當知均須如此逐一推尋……由溫故而開悟新知。」〔註28〕錢先生說，「一切有憑有據，只要你肯去推尋。」〔註29〕不斷推尋以求會通，「因其已知之理而益窮之」，而使有一番自己的學問。這是錢先生倡導一種通人通儒之學。由推尋而可達到會通，猶如前之所說的「下學」與「上達」。因推尋而有會通，是學問令人信實的表現。錢先生認爲，儒學即是這樣一種令人信實的學問，人人只要肯推尋，即人人只要肯學習，就會使自己德性日開，知識漸豐，而找到自己學問與人生的方向。「通人通儒」，是指學術與人生共臻完善之義。若說儒學果爲這樣一種學問，則其於今人之學問與人生，都會是有著極大的啓發與助益。因爲，此與彼，不能通，正是苦惱於現代人的一大問題。若時代不能與傳統通，若一己不能與大群通，又若子女不能與父母通，弟子不能與師長通，痛苦大矣，當令學習儒學而求通！此一種求治儒學之義，可於錢先生的學問世界中得到，卻尚不能在今天儒學學術界成爲一共識。

必以學術傳統與人生問題爲本，方能達到眞知眞解，也能找到一己之心，發揮其主宰的功用。瞭解到這些，對於錢先生所稱述之爲學門徑，方有個入處。

三、本文寫作宗旨

本文試圖闡明錢先生之儒學與人生。由其儒者人生，而思對今天的人生之啓示。

對於儒學觀點的闡發，佔據錢先生學問之絕大多數（余英時先生語）。儒學是怎樣一種學問？它的內容有哪些？如何具體評述儒學發展的歷史？如何看待儒家人物的學問與人生？這些問題，與今天的我們如何看待儒學關係密切，又與今天的我們如何過好人生關聯緊密。私以爲，儒學是一門關切於人

〔註28〕錢穆：《推尋與會通》，《學籥》，163 頁。
〔註29〕同上，165 頁。

生的學問。儒學之誨育人的作用，也在於此。但是，另一方面，儒學作為一種「統治」於學問世界、佔據於社會高位的價值體系，似已淡出了我們的視野；尋求於儒學學問的真諦，變成近乎於一種「絕學」。在此情形下，幸有錢先生，曾以其一生的心力，在儒學的學問世界裏探索，留下了思考的深痕；錢先生亦曾對儒學的生命力，從漫長的民族歷史上加以闡發。其「喚醒」國民對於儒學——這一傳統學術的主干與民族文化的核心價值觀的再認識，實具百倍的熱忱。

　錢先生之能喚起我們對於儒學再認識的熱忱，一則為其花費讀書的工夫和思索的精力建築起來的儒學的學問世界，再則是他作為教者的一生。錢先生九十六歲辭世，一生從教七十四年。其教育經歷，不僅集小學、中學、大學教育和創辦大學於一身，其「教育思想」，亦含蘊著深刻的儒學之義。錢先生說，「儒學即師道」。這既是他對儒學的理解，也是他對師道永懷深摯情感的踐行之由。可以說，儒學給予錢先生辦學的勇氣，治教的智慧；其教育的理想，也寄託了錢先生儒者人生的最高理想。

　錢先生一生從未脫離學與教，其人生氣質，可以用「學不厭」與「教不倦」來形容。他的一生，確是樂為孔子弟子的一生。他一生最佩服的人，卻是朱子。因為朱子是近世闡說孔子最力的學人。錢先生認為，儒學是一種「向他人學」的學問。孔子說，「三人行，必有我師焉，擇其善者而從之，其不善者而改之」，這就是向他人學。孔子無常師，朱子善擇先賢之論以成其一家之言。錢先生對於孔子、對於朱子的問學精神，深深佩服，這是他對學人精神的服膺，而另一方面，他也對「未受過新式教育」的普通人身上的忠信品質，深為感動。如山東農民丁龍。這佩服與感動之中，含有錢先生對中國傳統文化與思想的深刻洞察。他喜引《中庸》，來說明中國文化傳統中「高明」與「中庸」一體的精神；他也據此發表自己對「士」階層在社會中所承擔的道義責任的見解。在他看來，傳統「四民社會」中「士」一階層，自科舉制度結束後，其社會存在基礎不存在了；自新文化運動後，士子精神也日漸消亡，這是一種損失。

　錢先生之幼年，有對這種士子生活的親身觀察。長而讀書，越來越對這一種士子精神有一種服膺。錢先生是從自己的父親身上，來作這一番觀察與體會的。他得出的結論是，傳統中國社會當面對西化風潮時，讀書人也在作出相應的反應。所以，曾有一輩讀書教書人，是融通中西之學的（如果育小

學錢先生的啓蒙老師）。但學習西學，不應以推倒中學爲鵠的，這是讀書人的道義所在，其中含有傳統文化的深刻誨育；「不讀書」而來毀譽自己的先人，是一種違背道義之舉，這是今日讀書人的悲哀，社會輿論也深受其禍。

　　錢先生是以「風俗與學術」之兩維，來看待文化的。這也是中庸與高明之兩維。《中庸》言：致廣大而盡精微，極高明而道中庸，這即「中和」之學，也即中國文化最高道義之所在。聖人學於眾人，眾人學而爲聖人，此即是儒學之學問精神所在。他基於對中國學術傳統的理解，而批評當身所處的時代中蔑視文化傳統的現象，和以西學爲學的學術現況。他認爲眞正問學於西人，也是須尊重於西人的學術與文化傳統。而中西雙方之學術與文化傳統，有著對話的實在的必要性。錢先生的一生，都困於「中西文化孰得孰失、孰優孰劣」的問題中。這是一番情感上的衝擊，此一困惑，卻須一番學問來求釋然。錢先生說，自己的人生就是跑進了學問中去，而在求學求問中學問境界日開，在求問求學中，日益走向平和。

　　錢先生說，文化即人生。他視文化爲中國人的「天命」之所在。而他自己，也是在對中國傳統文化精髓的體認中，來完成自己的人生。「天命即人生」，錢先生晚年最後的一番結論。這是他一生問學的結晶；他是將孔子的人生，視作是最大發揮了天命的人生。因爲最大發揮了天命，所以，孔子對於中國文化之貢獻，也最大。這是對天命的一種絕然有新意的理解，也可視作是錢先生對於孔子所言「知我者其天乎」之意蘊的一種抉發。錢先生擬將中國人的思想之最深摯之意蘊與情懷發揮出來，如他以「道理」、「性命」、「德行」與「氣運」四者，來闡發中國人的宇宙觀與人生觀，來對中國思想發表一番「通俗講話」，又如他以朱子所言「通天人」、「合內外」來作爲中國人思想之總綱和最高境界，則錢先生終身以抉發中國人之天命爲自己的職志，也以鼓舞中國人之文化自信爲自己的深願。這就是錢先生的人生，這就是錢先生所體認的天命。

　　孔子以「孝悌忠信」教導來學者。孝悌，即在家孝親，出門友愛。忠信、忠恕，皆對己待人之道。儒家以此爲讀書人宜於修養的心性。此處有一歧點，端正此心，窮盡此性，是否需要讀書？後世儒有主張於讀書明理的，如「程朱」，有強調於「反己而自得之」的，如「陸王」。錢先生說，此一分別，或自荀、孟即有，然不足以興起學問上的門戶之見；宜由後儒反推於孔子之學，則爲學與做人兩面兼具意庶乎得之。讀書乃爲學之要道，而德性之修養，乃

做人之本。不僅如此，錢先生看到朱子既繼承了讀書人的傳統，又並未失掉德性修養之意，因此說，朱子是對儒學傳統，繼承得最好的後儒。

可以說，錢先生之一生，亦是對儒學從「爲學與做人」兩面透入，而來議論儒學之發展，而來發展儒學之新意的。這是錢先生通觀儒學發展史所得出的結論，也是錢先生用自己的人生體認儒學的結果。從錢先生初涉儒學，讀《論語》、《孟子》，即很注重於從自己的身上來體認裏面的道理。（如讀到孔子所戒在「齋」、「戰」、「疾」，錢先生對自己近日所染小恙也去愼體善察。這也是他與友共悟《論語》的一番爲學景象。載於《師友雜憶》）錢先生一生，善於讀書，卻也善於實行書中的道理，善於反觀體認自己的心性。可以說，這一種心性之所擅，是錢先生爲學的基礎，也是他做人的條件。錢先生即以此來投入儒家對心性之一番解說，也是藉此日學日進，終能盡其心性之所能。

而錢先生舉以教人，亦本之儒學，本此一番心性之所得。他經過六年的思考，將新亞書院之校訓，定爲「誠明」二字。《中庸》言，「誠則明矣，明則誠矣。」誠與明互爲因果；誠爲做人，明在爲學，可知爲學與做人二者也是不可分的。錢先生十分強調讀書爲學。既認爲「不讀書」爲社會一通病，唯讀書可以醫治，錢先生猶寄望於在社會上佔據一高位顯位之人。他曾以曾國藩讀書做官之人生爲倡。在做人方面，做什麼樣的人，錢先生則以「你是中國人，不要忘了中國！」爲籲請。其情可感！卻仍離不開讀書爲學，讀中國書，懂中國人做人的道理，反觀自己的生活，瞭解自己的性情；從中之成長，即是求爲儒學引領的人生。

事實上，新亞書院，即是以此一番認識，創爲辦學之理想：倡導於傳承中國文化，引領「爲學與做人」齊頭並進、融通合一之人生，和在時代之變中有文化上的擔當。錢先生所關切的，都是與中國人的人生密切相關的學問：史學、理學、文化學、孔學，儒學，其學術主干與核心，即在儒學。當他離開新亞，即以「朱子學」研究，爲自己的生活重心。理學終是他精神生命之寄託，朱子終是他終身學習的對象。其詩，其思，其學，都牽動著錢先生，塑造著錢先生。這就是錢先生的儒學研究，渾然與其人生一體，是一種生命之學。

錢先生之學，從他所處身的時代，一直延續到今天的時代。這是錢先生自信可有的未來。這是人文學的未來。他自信在未來的人文世界裏，應是有儒學的地位與貢獻。因爲「儒學具備了人文科學建立的兩個條件。」對儒學

宜作通觀。錢先生認爲，儒學是一種人文之學，它有別於自然之學；儒學即宗教，即心理學，即最好的人生哲學，卻不宜因爲今天普遍遵從西方之學術標準，而非議儒學之價值。錢先生疏通中國之學術命脈，亦即是對以儒學爲主幹之中國學術建立一種通觀，還中國學術傳統以應有的地位與價值。

　　錢先生自信中國的人文學富有極大的生命力，是先賢的生命精神，可以傳承，可以惠及於後世。這裡，藏蘊著錢先生的「史觀」，和對「歷史與時代」之看法。錢先生認爲，時代是傳統性之一種新的呈現。時代以歷史爲精神。綿延的時間裏，一定含蘊有精神，此一種精神，即「文化精神」。離卻文化精神而來談論歷史，歷史就成了一堆死物。歷史之價值，也正在於保存與發展此一種文化精神。基於對時代的這一番理解，錢先生對於「時學」，亦有著自己的看法。他覺得時學多爲一種意見，而非一種學問。不能剋實做學問，這是今天的讀書人比不上「乾嘉學人」的地方。而乾嘉學人的學問精神，對於發揮儒學的眞生命，眞價值，卻仍抵不過宋明儒。這是錢先生對於儒學眞諦的看法，於此有對爲學與做人的整個兒的看法。

　　錢先生自道其人生，離不開「師友」夾輔。這裡，既有錢先生視作同道的人，即在性情和學問上，與其觀念相若的人；也有與其觀點相背的人。從錢先生的著述看，後一種情況也是很多的。如其觀念之相悖，每對胡適之先生而發：胡適之先生有《說儒》一篇，而錢先生有《駁胡適之說儒》一文〔註30〕；二位先生還有對禪宗問題的往來辯難。錢先生每指呈對方，對於中國學術史之研尋，尚多紕漏，但另一方面，又稱胡適之先生等同時代人，仍有較多的舊學的功底。可知錢先生是本著對本民族固有文化傳統的一番深情而治學論學，其一生所著名的論學觀點，也即是維護中國舊學之地位，顯揚一己對中國傳統之深情。於此一點，每個讀其書的中國人，都是深有體會的。因之其論學之觀點，或與時學有違，卻不礙其一家之言的發揮；且如其所言，語語皆針對時代病痛而發。錢先生以其德性修養之眞摯與堅卓，終於發展出自己的學問，解決著自己當身所困的問題。其學問之規模與境界，都是有目共睹，爲人感佩的。錢先生說，自己的學問，貌若「守舊」，實則「維新」，這是將其學問之根基，深植於舊學傳統之錢先生，自信爲傳統學術所開出的新意。而對此一番延續了一生的努力，卻眞的意高明而語平淡，他說，「儒家思想形成中國民族歷史演進之主幹，這是無疑的。廣播在下層的是社會風俗，

〔註30〕錢穆：《中國學術思想史論叢》（二），第十七篇，244 頁。

英華結露而表顯在上面的是歷史上各方面的人物。而傳衍悠久，蔚爲一民族之文化。中國民族之前途，其唯一得救之希望，應在其自己文化之復興。要復興中國民族傳衍悠久之文化，儒家思想的復興，應該仍是其最要之主源，似乎也是無疑的。已往的儒家思想，未必能適應當前的環境，而振拔尤其困難。然而儒家思想是中國民族性之結晶，是中國民族文化之主脈。並不是儒家思想造成了中國民族之歷史與其文化，乃是中國民族內性之發揮而成悠久的歷史與文化者，其間最重要的一份，則爲儒家思想。梅樹總得開梅花，中國民族若尚有將來之歷史文化，好如雪後老梅，只要生氣尚在，其再度的開花敷蕚，無疑的依然是梅花，縱使不是去年的。而去年的梅花早已老謝，本沒有再上枝頭的可能。作者發願將中國二千年來儒家思想之內蘊，從各方面爲之發揮引申，闡述宣佈；不過像拾起地下墜花，仔細端詳，來揣測枝頭新葩的面影之依稀而已。」〔註31〕

〔註31〕 錢穆：《儒家之性善論與其盡性主義》，同上，1 頁。

第一章 錢先生之學術生命歷程

　　本章旨在闡述錢先生如何走上一生「不退不轉」的學問之道，且重在揭示其所學所問如何說是關乎儒學的。其以儒學為業的一生，可分幾個時期來談：

第一節 啟蒙時期

　　此一時期，指從出生之 1895 年到辛亥革命發生之 1911 年。此十六年間，主要是在父母雙親影響之下展開學習的，也包括以後讀書求學。其求學經歷主要有私塾、新式小學果育學校、常州府中學堂與南京金陵中學。錢先生所受父母及先輩的影響，可說是一種「儒學家庭教育」。它對錢先生一生都有深刻的影響。這從錢先生對父母終其一生的繫戀與懷念之情中，可見一斑。你可在錢先生的紀念文字中讀到他對父母雙方德性與人生之景仰。（此一方面，本文將在儒學教育觀中加以詳述）

　　透過啟蒙老師給予的「時代的疑難」，錢先生心中埋下了日後學業發展的種子。此一疑難即「中西文化孰得孰失，孰優孰劣」的問題。（見《師友雜憶》）在果育學校，錢先生遇到伯圭師，鴻聲裏人，遊學於上海，乃當時之革命黨人，在果育任教體操。有一天，伯圭師把著他的手問：聽說你能讀《三國演義》，是嗎？錢先生答：是的。伯圭師說：這樣的書可勿再讀。此書一開篇就說，天下合久必分，分久必合，一治一亂，這是中國歷史走上了錯路，所以是這樣。就像今天歐洲英法諸國，合了便不再分，治了便不再亂。我們此後正該學他們。

錢先生說：「余此後讀書，伯圭師此數言常在心中。東西文化孰得孰失，孰優孰劣，此一問題圍困住近一百年來之全中國人，余之一生亦被困在此一問題內。而年方十齡，伯圭師耳提面令，揭示此一問題，如巨雷轟頂，使余全心震撼。從此七十四年來，腦中所疑，心中所計，全屬此一問題。余之用心，亦全在此一問題上。余之畢生從事學問，實皆伯圭師此一番話有以啓之。」〔註1〕

這裡，錢先生揭示了其一生學問的總源。同時，亦為其一生問學之原動力；其一生問學之工夫，亦有所表露。這疑問，交織在這個時代裏，交織成這個時代。受此影響的，也許不僅在於西方文化衝擊下的中國人，也有受到東方文明影響之西方人。

錢先生之能遭遇此一疑問，開啓一生之學，這是與近代中國新式學堂的興起分不開的。無錫其時走在全國之前列。新式學堂，以教授「新學」為其特徵，「新學」亦時學。（「時學」之在中國，有「德先生」和「賽先生」，有馬克思理論等，無一不帶有此一時代的特徵。）伯圭師傳達了對中國歷史的「新式看法」，亦啓迪了錢先生的民族觀念，使他瞭解到異族統治下有著「中國人」的生存現況。基於民族觀念、人類同情而對傳統文化價值作尋求，抉發並固守傳統文化之精髓大義，此即成為錢先生苦思篤學的一生追求。

錢先生在《略論中國心理學》中說：「先正其德，而又能利用、厚生，則正如晚清儒所言，『中學為體，西學為用』，先知以會通為體，又豈害於分別之為用，此則誠會通中西，又更有一新學術、新境界之向前發展，仍貴會通以求，不貴分別以觀者。」〔註2〕這裡，道出了錢先生之中西比較觀的全部意旨。其主學問當會通以觀；他認為中西學術可以有一新學術和一新境界的發展，其前提是「先正其德」。德，即德性。儒學即錢先生所本之德性之學。則錢先生有所論必迴向於傳統，寄望於儒學能開出新生命；而他之每一言每一語，又無不針對時代而發，含有自己切身的苦痛在裏面。這番苦痛，即是錢先生對自家文化之深切的愛。

錢先生講自己畢生問學在此，用心，都在此。他之學問，決非就學術而論學術，而是從學術揭櫫德性之存在；他對於時代、學術與文化，寄予了很高的期望，此一番學問的境界，都來自他對德性發展的渴求。《師友雜憶》中

〔註1〕 錢穆：《八十憶雙親・師友雜憶》，46頁。
〔註2〕 錢穆：《略論中國心理學》，《現代中國學術論衡》，66頁。

記載的這一段人生側影，是錢先生對自己七十餘年來學問旨趣的一種回顧，一種把握。伯圭師對國史之優劣的評價在前，錢先生之學與思在後；老師之言固鄭重，學子之求索亦堅卓。老師們心中的疑問和問學傾向，對於敏銳的學子之心，是一道轍痕。《學記》有言，「善教者，使人繼其志。」聽錢先生先生講到他的老師，很容易使人聯想到這句話。其所開啓的人生之問，其影響之深遠，眞的可以從錢先生整個人生直至生命之最後歷程中聽到回響。

受教於早年，啓迪於高處，獲解於成年，感通於晚境。在《師友雜憶》文末，他說，「從文化大體系言，余以和合與分別來作中西之比較。從學術思想方面言，余則以通與專兩字來作衡論。」〔註3〕則錢先生一生治學之重心，在於學術與文化，而二者又相通。其對學術與文化之講求，都離不開對儒家思想之講求。錢先生一生爲學與做人齊頭並進，並求融通合一，可謂好學者矣。錢先生於《師友雜憶》中所述，正爲當時新式學堂之教學的一個側影。錢先生說：「以上是爲余在果育小學四年之經過。回憶在七十年前，離縣城四十里外小市鎮上之一小學校中，能網羅如許良師，皆於舊學有深厚基礎，於新學能接受融會。此誠一歷史文化行將轉變之大時代，惜乎後起者未能趁此機運，善爲倡導，雖亦掀翻天地，震動一世，而卒未得大道之所當歸。」〔註4〕則錢先生之所論道，爲融會新學與舊學、改進現代中國社會之人文大道。「於舊學有深厚基礎，於新學能接受融會」，此一語，亦可看作是錢先生對於當時代學問大道的一種期望。此一期望，亦果能體現在之後他對新亞教育的實踐中。深諳歷史的錢先生，當其回首過往，陳述舊情，則依然是與他的史學見解相通貫的：心跡隱微之處蘊含著宏大旨趣。事實也正如此。「史」家錢先生自我陳述之個人學術史，可見得與「心」之一貫相隨。

錢先生又曾詳憶果育紫翔師在暑期講習班一事。紫翔師在蘇州某中學教英文，亦可謂新學之師。而他在錢先生高三（小學高級班）暑期，針對果育高級班同學，專門授中國各體古文。「起自《尚書》，下迄晚清曾國藩，經史子集，無所不包。皆取各時代名作，一時代不過數人，每一人只限一篇。全一暑期，約得三十篇上下。」〔註5〕

因何錢先生憶及於此，理由有多端。一是啓其古文閱讀之興趣。錢先生

〔註3〕 錢穆：《八十憶雙親‧師友雜憶》，第 350 頁。
〔註4〕 同上，53 頁。
〔註5〕 同上，50 頁。

說，在暑期班中，他最愛聽魏晉南北朝諸小篇，如王粲《登樓賦》，鮑照《蕪城賦》，江淹《別賦》，及邱遲《與陳伯之書》等篇。以後錢先生誦讀古文，「不分駢散，尤其喜愛清代如洪亮吉汪容甫等諸小篇」，錢先生說，皆「植根於此」。二是紫翔師於韓愈文，獨選《伯夷頌》一短篇，由此錢先生悟到，於老師遴選之文章，由文可「進窺其所學所志之所在矣」〔註6〕；三是紫翔師又選授南宋朱子之《大學章句·序》，及明代王陽明之《拔本塞源之論》，而使錢先生「此後由治文學轉入理學，卻極少存文學與理學之門戶分別。」又，「治王學乃特從《拔本塞源之論》得有領悟。又其後乃知陽明《拔本塞源之論》，亦從朱子《大學章句·序》轉來，則已在予之晚境矣。」可知紫翔師啓悟之深。

學日進益而返其初，學日融通而溯其本，錢先生先生之所憶，其可貴之處，豈在於其所憶之事本身耶？對此學問、人才之道，錢先生說，「紫翔師最後所選授者，爲曾滌生之《原才篇》。開首即云：風俗之厚薄奚自乎，自乎一二人之心之所向而已。余至晚年始深知人才原於風俗，而風俗可起於一己之心向。」錢先生後有《學術與心術》等議論。他在《學術與心術》中說，「心意淺露，程功急促，不僅害學術，亦將害時務。」〔註7〕又，他畢生推重孔子，即推重其敦厚崇禮之心向也。親其師而信其道，習其文而正其心，紫翔師之教誨，啓迪了錢先生對學問人才之道的深思，宜可樂也。此其四。

錢先生說，「此後余每治一項學問，每喜從其歷史演變上著眼，而尋究其淵源宗旨所在，則亦從紫翔師此一暑期講習班所獲入也。」〔註8〕錢先生所言不差。讀錢先生文，聽其談論儒學，中國之士，中國之師道等等，每能瞭解其所論主題之歷史沿革，而增識見。而錢先生說，啓自紫翔師。此其五。

古文中藏蘊有古道古意。紫翔師還啓迪了錢先生古籍編選中的道理。他說，紫翔師所授，幾乎可作爲中國文學史中所謂古文學一部分示例，較之姚選《古文辭類纂》，曾選《經史百家雜鈔》，及《古文四象》等書，皆「別闢蹊徑，別出心裁，並有超象外得環中之深義。」他亦曾試撰《中國歷代古今文鈔》，得到紫翔師的指導，而卒未果。但當年老師的教誨，對於錢先生從舊學出發尋繹新知，有著不可限量的作用。

以上兩例，可知錢先生受到的啓蒙教育對其一生影響之深刻。紫翔師、

〔註6〕 錢穆：《八十憶雙親·師友雜憶》，1頁。
〔註7〕 錢穆：《學龠》，130頁。
〔註8〕 錢穆：《八十憶雙親·師友雜憶》，51頁。

伯圭師或在學問內容和治學方法，或就在爲學之精神旨趣上面，給予弟子以深切的影響。錢先生卒以中國傳統文化之精神大義貫注於自己的生命，而其問學道路，也依幼年之所學，尋之益遠，會之益深。博文啓志，終成其學。另有一例：早在果育高級班，顧師子重曾對錢先生說：「此生他日有進，當能學韓愈。」錢先生說，自此心存韓愈其人，入中學後，一意誦韓集。「余之正式知有學問，自顧師此一語始。」〔註9〕在《中國學術通義》中，錢先生說：「昌黎韓愈，尤確然爲唐代一通儒。後世以其『文起八代之衰』，群以古文家目之。然愈自稱：『好古之文，乃好古之道』……宋儒之興，不得謂其非受昌黎之影響，則其有志從事於通學，固是斯文大傳統所在，亦烏得專一以古文家目之。」〔註10〕錢先生因由老師引領，終得悟韓愈是怎樣的一個人，其學問，是怎樣一種學問。錢先生又非止於此，而推尋益遠，益明「斯文大傳統之所在」。其有志於從事「通學」，則不能不說是由幼時老師一語啓之，由韓愈啓之。1961年在新亞研究所第六次學術演講討論會的發言稿中，提到對韓文的閱讀體會。錢先生說：「將我自己全心投入，與彼之精神相契合，使交融無間，而終達到忘我之境。到此境界，當我讀韓文時，自己宛如韓昌黎，卻像沒有我之存在。我須能親切投進，『沉浸其中』、『與古爲一』，此才是眞學問，才是眞欣賞。學問到此，始是學問之最高境界。」〔註11〕錢先生亦終能由文學而史學，由理學而儒學，在自己的學問之路上，與斯文大傳統心合。

第二節 立學時期

此一時期，從1911年到1949年，可分兩個階段。第一階段，指1911年錢先生離開中學堂輟學回家至1930年三十六歲的錢先生被薦北上教書。

輟學回家後，錢先生自感升學無望，決意自行修習，從私塾未完課程《孟子》開始，自誦自悟。當以鄉村小學老師謀生之際，一面閱讀時刊，閱讀西學紹介書（包括嚴譯名著《天演論》等），一面返讀舊書。此一時期的錢先生，已表現出「立志向學，一意古籍」的爲學傾向和讀書旨趣。

〔註9〕 錢穆：《八十憶雙親‧師友雜憶》，49頁。
〔註10〕 錢穆：《中國學術特性》，《中國學術通義》，188頁。
〔註11〕 錢穆：《關於學問方面之智慧與功力》，《新亞遺鐸》，364頁。

　　1914 年暑假，錢先生與其兄聲一往無錫梅村縣立第四高等小學任教。地址在市區泰伯廟。當時錢先生逐月看《新青年》雜誌。新思想新潮流紛至湧來，而錢先生已「決心重溫舊書，乃不爲時代潮流攜卷而去。」〔註 12〕這是錢先生志學之證。其讀書志學，非僅兒時的博文強誌，如熟記《三國演義》時模樣，而是在「西學」之浪潮中，期有宗主，已表現出對「中學」之探求與回歸。

　　錢先生以能讀書名。幼年有熟誦並能表演《三國演義》、《水滸傳》的故事，及長對於舊書新學屢有遭逢，遞有進階。僅《師友雜憶》中所述，就有於常州府中學堂讀譚嗣同《仁學》、《曾文正公家訓》，於南京鍾英中學期間讀曾文正公《求闕齋記》，於三兼小學讀完《孟子》，讀先父遺書中一大字木刻之《史記》，小字石印本毛大可《四書改錯》，讀曾氏《文選》，於梅村縣四讀《六祖壇經》、《資治通鑑》等的閱書記載。正如錢先生所說，新思想紛至沓來，但是，或因自幼父親之教誨和先祖父之遺教，而與中國歷史上之人物時於書中相遇，時時展閱，至爲想念，心嚮往之，而常至於廢寢忘食之境。此亦再證幼學之在錢先生生命中的影響。

　　錢先生又以自學成才聞名。他從中學輟學後，便一意自學，日求其進。錢先生說：「前在私塾時，四書僅讀至《孟子·滕文公章句》上，此下即未讀。念當讀完《孟子》，再續及五經。」〔註 13〕這裡，錢先生不僅顯露出返讀舊書的志願，而且對自己擬定讀書計劃並嚴格遵照執行。於是，1912 年元旦起，錢先生一人在又新小學閉門讀書，七天讀完《孟子》七篇。

　　錢先生自三兼鴻模至梅村縣四，「朝夕讀書已過三年。」〔註 14〕從頭至尾讀一書，則是從縣四讀范曄《後漢書》起。「忽念余讀書皆尊曾文正家書家訓，然文正教人，必自首至尾通讀全書。而余今則多隨意翻閱，當痛戒。」〔註 15〕從此後讀書，不再隨意翻閱，自首至尾通讀一過。這樣子讀書，看似費時，起效慢，實踐下來卻最是省時有效。以後，錢先生推崇於朱子，於朱子理學鑽研甚深。在論《朱子讀書法》中錢先生道：「讀書先責效，是學者大病。」〔註 16〕這一語，使人驚愕，似直透今讀書人之心病痛處。

〔註 12〕錢穆：《八十憶雙親‧師友雜憶》，93 頁。
〔註 13〕同上，77 頁。
〔註 14〕同上，90 頁。
〔註 15〕同上。
〔註 16〕錢穆：《學侖》，9 頁。

　　錢先生在縣四時，「又效古人『剛日讀經，柔日讀史』之例，定於每清晨必讀經、子艱讀之書。夜晚後，始讀史籍，中間上下午則讀閒雜書。」〔註17〕錢先生對於自己「每天讀書」，作出要求，力求讀書生活規律化。並逐日寫讀書日記，不許一日輟。結婚日竟日未讀書，錢先生心中不安，正好理髮師來為他理髮，錢先生在此時間默默成詩兩首，才感到安慰、釋然。錢先生以初中文化程度，而能擁有廣博的學問，發展獨立的人格，這是與他此一時期並延及一生的切己用功的讀書精神分不開的。

　　上為讀書方面。以下說到實行方面。

　　前述錢先生於私立南京鍾英中學時閱讀曾文正公《求闕齋記》，而念當「自求己闕」。自念自己多活動，少果決，而決意「每晨起，必預立一意，竟日不違。日必如此，以資練習。」〔註18〕讀書而求能切己實用，讀古書而求能改過遷善，這在錢先生身上，久已有之。錢先生之習靜坐，則是求日常生活規律化。因何有此習？是因縣四任教時受一日人小書論「人生不壽，乃一大罪惡，當努力講究日常衛生」的影響，又讀陸放翁晚年詩，而心中有大感發。乃以此自戒。錢先生的生平自述中，此種例子，不勝枚舉。總其論，皆讀書而關乎生活，讀書而改變觀念，讀書而在心性上用功。

　　1918年夏至次年夏，錢先生先生說，那是他「讀書靜坐最專最勤之一年。」有一靜坐經驗，為錢先生所詳憶。那時錢先生「銳意學靜坐」，每天下午四時課後必在寢室習之。那時鴻模也有一軍樂隊，課後必在操場教練。當錢先生靜坐之時，軍樂教官教授國歌《中華獨立宇宙間》至一字，聲快慢錯四分之一拍。因錢先生在常州府中學堂習崑曲，對此音律非常熟悉，因此，儘管其時靜坐工夫已深，「入坐即能無念」，操場練國歌，聲聲入耳，卻能過而不留，不動念，不擾靜。但當至節拍有錯處，心念即動，其靜亦擾。錢先生因此悟到「人生最大學問在求能虛此心，心虛始能靜。」〔註19〕倘若心中自恃有長處即不虛，那麼這一長處，也就變成一短處。錢先生說，「余方苦學讀書，日求長進。若果時覺有長處，豈不將日增有短處。乃深自警惕，懸為己戒。」此一「戒心」，所戒在「讀書日多，而此心日滿」，錢先生對自己說，「求讀書日多，此心日虛，勿以自傲。」

〔註17〕錢穆：《八十憶雙親・師友雜憶》，91頁。
〔註18〕錢穆：《八十憶雙親・師友雜憶》，71頁。
〔註19〕錢穆：《八十憶雙親・師友雜憶》，98頁。

　　此處對心之「虛」、「靜」的體會，由錢先生一己之真修實踐中來，甚為難得！讀書而不忽忘一己之真修實踐，這即是錢先生縱論儒學的方法。如對陽明學的闡述中，錢先生常說，不要忽忘了理學家之真精神！因為錢先生說陽明之學問，即是從其真修實踐中來！從百轉千難中來！錢先生求學於陽明，不會只從訓詁考據上用功。

　　他又說：「若讀書時硬將己見參入，便是心不虛。……朱子所謂『虛心』，是讀書第一最要法門。」〔註20〕「朱子讀書法」中有「虛靜涵泳」一條。讀書而能虛心，能謙，方能有進。這是心性修養對讀書為學之影響。由此又聯想到齊白石論靜的話：「畫中靜氣最難在骨法，骨法顯露則不靜，筆意躁動則不靜，全要脫盡縱橫習氣，無半點喧鬧態。自有一種融合閒逸之趣，浮動於丘壑間，非可以躁心從事也。」〔註21〕則藝事關乎儒心，修養心性以得畫品，可知之。一生喜好藝術的錢先生，曾在《理學與藝術》一文中將此意詳述之。總之，錢先生認為儒學為中國學問之主幹，儒學可通於藝術文學諸事，貴於心性修養上相通，此亦得之。

　　此「靜」之一節，還通於道佛言。錢先生說，梅村縣四，「雜治理學家及道家佛家言。尤喜天台宗《小止觀》。」〔註22〕他詳述自己習靜坐的體會：「先用止法，一念起即加禁止。然余性躁，愈禁愈起，終不可止。乃改用觀法，一念起，即反觀自問，我從何忽來此念。如此作念，則前念不禁自止。但後念又生，我又即反觀自問，我頃方作何念，乃忽又來此念。如此念之，前念又止。」

　　「初如濃雲密蔽天日，後覺雲漸淡漸薄，又似得輕風微吹，雲在移動中，忽露天日。所謂前念已去，後念未來，瞬息間雲開日朗，滿心一片大光明呈現。縱不片刻，此景即逝，然此片刻，全身得大解放，快樂無比。」〔註23〕以後錢先生在《中庸新義》中論「未發」與「已發」，未發之心，如「太空一碧，片雲不著」，〔註24〕則儒學與佛學似可貫通。在治理學中，錢先生對於朱子之能真正闢佛，興儒，而有大感佩。可以說，錢先生晚年之能進到朱子學之深處，與其曾雜治理學與道佛家言有關；習靜對錢先生探討儒學與西方心

〔註20〕錢穆：《學籥》，6頁。
〔註21〕郝之輝：《跟大師學藝》，天津古籍出版社，2009年1月第一版，53頁。
〔註22〕錢穆：《八十憶雙親・師友雜憶》，97頁。
〔註23〕同上。
〔註24〕錢穆：《中國學術思想史論叢》（二），88頁。

理學的關係，亦不能不說有作用。可以說，習靜的經驗是一種寶貴的心理經驗。當時他的同事朱懷天正學自我催眠，而錢先生自己感到，靜坐較之催眠，「其佳更無比矣。」這一段文字，生動細密，從中可見錢先生對己「性」之證悟。即心而求性，即性以證學，亦可作為錢先生之學在乎身心一貫之佐證。在《本論語論孔學》中錢先生講到「據德」之學，即引荀子《勸學篇》云：「君子之學也，入乎耳，著乎心，布乎四體，形乎動靜，一可以為法則。小人之學，入乎耳，出乎口，口耳之間則四寸耳，曷足以美七尺之軀哉。」〔註25〕可知治儒學，深受傳統思想之影響，錢先生一生都堅持「為己之學」的；「學知為己，即知所以為據德之學矣。」〔註26〕

　　自學亦含交友與著述。與朱懷天的交誼，與須沛若的交流，每一種友誼都與錢先生立定求學宗旨，生發向學興味深有關聯。如，不在從政而在於治學，不在於治佛學，而在於研習儒義，旁及群籍；同時，當有會心，輒嘗試落筆為文，刊於報刊雜誌。此即錢先生最初的教讀生活，其所書文字亦成為錢先生與鄉村以外大世界發生關係的媒介，而因此師友漸多，視野漸開。此一時期也包含一邊從事教學，一邊編製講義，刊行早期儒學著作等。《論語文解》，1918年11月上海商務館出版，為錢先生正式著書之第一部。後有《論語要略》（1925年春上海商務印書館出版）、《孟子要略》（1926年上海大華書局出版）、《國學概論》（1931年5月上海商務印書館出版，1956年商務印書館臺一版）等多部著作刊世。錢先生說，「乃念讀中國書，如讀《論語》《孟子》，仁、義、禮、智、性、命、情、氣，屢讀多讀，才能心知其意。」〔註27〕這是錢先生談讀中國書的體會。「心知其意」，即讀中國書的歸宗；而「屢讀多讀」，是做中國學問的法門。此又讀書通於心性之一例。其同時也有《王陽明》等著作經世（1930年3月，上海商務印書館出版）。

　　第二階段，指1930年到1949年。

　　品評錢先生，則不難發現他對於孔子的尊重嚮往之情。縣四時，同事朱懷天曾說他「尊儒，言必孔孟」。同事二人責善，朱懷天戒錢穆將來為一官僚，或為一鄉愿。而錢先生終未以黨徒身份從政，其所志所願，亦超出了一鄉里自好之士。辭縣四職回鴻模任教，與鴻模管事者須霖沛若，經常討論及於《論

〔註25〕錢穆：《本論語論孔學》，174頁。
〔註26〕同上。
〔註27〕錢穆：《八十憶雙親‧師友雜憶》，224頁。

語》。須沛若對錢穆說,「先生愛讀《論語》,有一條云:『子之所慎,齋、戰、疾。』今先生患傷風,雖不發燒,亦小疾。可弗慌張,然亦不當大意。宜依《論語》守此小心謹慎一『慎』字,使疾不加深,則數日自愈。」錢先生說,從此他讀《論語》,知當逐字逐句反己從日常生活上求體會,自沛若此番話發之。錢先生尤愛燕子。每觀雛燕飛庭中,以為雛燕之數飛,即可為吾師。因為幼時讀《論語》朱注「學而時習之,習,鳥數飛也」。由此在遵義時,愛臥於近郊一山,因「環溪多樹,群燕飛翔天空可百數。」〔註28〕可知錢先生入於儒學之深,既入而終身守之不出。他說,「學術之有和會與駁辨,亦各因其時而然也。」〔註29〕他又說,「北宋如前漢,晚明似先秦。凡儒術之所以確立而大行者,乃此兩翼之互為而共成之,而不可或缺焉。」〔註30〕這是錢先生瞻望「中國近代儒學趨勢」時的發言。此文成篇於1944年,可知錢先生一直關懷於儒學的命運。

錢先生決意尊孔學傳統,恢復國人的民族自信力,立學時期的錢先生寫出《國史大綱》(1940年6月上海商務印書館出版,1952年商務印書館臺一版)。《國史大綱·引論》中說,「欲其國民對國家有深厚之愛情,必先使其國民對國家已往歷史有深厚的認識。欲其國民對國家當前有真實之改進,必先使其國民對國家已往歷史有真實之瞭解。我人今日所需之歷史知識,其要在此。」〔註31〕此一時期的錢先生,已從對自己本民族歷史的知識中,生出對本民族歷史文化之深厚情感,宜可知之。其寫史的動力,卻來自於國民之歷史教育,亦為可知。其著《國史大綱》,在昆明宜良上下寺。環境清幽已極,而錢先生史思不斷。從北平太廟為《中國通史》課構思,到昆明宜良撰寫《史綱》,錢先生每擇清幽之地,靜心讀書,抉發歷史精神,此即錢先生所體認的書生報國之道。

又《中國文化史導論》(成書於1943~1944年間,部分在《思想與時代》雜誌中刊載)。錢先生由歷史而文化,而民族,開廣其學路。他言明中國文化應是在以涵泳擴充的姿態,來完成其在某種意義上的文化轉型,並稱其當身所處的時期,是一個「科學與工業時期」。這是中國文化繼「宗教與哲學時期」、

〔註28〕 錢穆:《八十憶雙親·師友雜憶》,233頁。
〔註29〕 同上,375頁。
〔註30〕 錢穆:《中國近代儒學趨勢》,《孔子與論語》,376頁。
〔註31〕 錢穆全集:《國史大綱·引論》,121頁。

「政治與經濟時期」、「文學與藝術時期」之後的第四時期。錢先生說，此一時期，「科學在理論方面，必將發揮圓成第一時期之理想與信仰。科學在實用方面，必然受到第二時期政治與經濟理論之控制與督導。」錢先生說，「但此種區分，並非說中國文化在變異與轉換，只是說中國文化在推擴與充實。中國文化依然是一個大趨向，只逐次推擴到各方面，又充實了各部分。更此以往，乃始爲中國人眞到達他終極理想的『天下太平與世界大同』的時期。」〔註32〕這是說中國文化所抱之理想對當前之可能影響；又說推擴與充實之無限生命力，亦正是錢先生心中理想的中國文化。

「從中國歷史看中國民族性及中國文化」，這由史學引帶出來的又一個學術命題，與錢先生後面幾十年的人生相映成趣；而前之所述「以科學發揮圓成第一時期之理想與信仰」，不能不使人想到儒學。此一時期，關於「如何建立人文科學」〔註33〕的話題，似已啓開關於儒學研究的新視野，即儒學與西方科學、宗教對話的視野。錢先生提出儒學中具備建立人文科學的兩個條件，即價值觀與仁慈心。錢先生說，中國人的科學天才，是偏長於對有機完整的全體作一種直透內部心物共鳴的體察。中國人的對物態度，與其說是「科學的」，毋寧說是「藝術的」。「正爲『天』『人』『物』三者中間，有一個共通一貫的道理。也可說共同生息的宇宙。這一種道理或傾向，儒家稱之爲『性』。物之性太雜碎，天之性太渺茫，莫切於先瞭解人之性。要瞭解人之性，自然莫切於從己之性推去。因爲『己』亦是『人』，『人』亦是一『物』。合卻天、人、物，才見造化神明之大全。這是中國思想整個的一套。」〔註34〕這是在「科學時代」重啓「爲己之學」的努力。何以「人文」亦必名之爲「科學」，以「儒學」具備中國社會諸種現象之證驗。這儒學科學化的時代，錢先生視作是中國文化所面臨之新挑戰，也是中國文化之擴充期。

從錢先生在《師友雜憶》自述中可知，無論是因於時代之風氣，還是錢先生個人讀書會友之機緣，他在立志向學的早期，其學一直在「新」「舊」間徘徊、比較、求證。及在秦家水渠三兼小學校任教，得識仲立，得觀嚴復的譯著諸種，而對嚴譯英人斯賓塞《群學肆言》和穆勒《名學》二書，「受感最深，得益匪淺。」對於西學，錢先生受益於譯著良多，而對於嚴復等人系統

〔註32〕錢穆：《中國文化史導論》，230頁。
〔註33〕錢穆：《如何建立人文科學》，《文化與教育》，150頁。
〔註34〕錢穆：《中國文化史導論》，第225頁。

翻譯西學的精神十分感佩，並認為這是中國人具西學修養的真正表現。錢先生也曾對西學書籍用過功。他於 1939 年到 1940 年在耦園讀書寫作，侍奉老母，亦曾「費此一年時間，通讀英文版之《世界史》」。他說，書貴「屢讀多讀，才能心知其意」。錢先生先生曾因對《世界史》能會通其意而感「大愉快」，「使余如獲少年時代，亦當年一大快事也。」〔註35〕又於 1960 年冬，錢先生執教新亞而出訪耶魯期間，於紐海文，又一次計劃補讀英文，選購《現代歷史哲學》這一當時美國暢銷書。說到閱讀體會，則說，「讀哲學不如讀史學書之易。又念讀中文譯本亦可得其大意。晚年進學宜有深求，不宜漫求，」〔註36〕於是錢先生更向《論語》裏面去問詢。在紐海文，錢先生集中精力，完成《論語新解》初稿撰寫之工作。

錢先生說，「學問當切於身世」。困惑於「西學與中學孰得孰失、孰優孰劣」的問題，錢先生展開了文化與學術比較，而欲「同中求異」，發揚民族文化，更思「異中求同」，會通中學與西學。這是錢先生對「通」而後可以「專」的一種看法。或講到體用關係。錢先生說，「自『體用』觀念言，西方人則可謂主身是體，心是用，用不能離於體。中國人則由用始有體，離用則體亦不可見。」〔註37〕西方人以身為體，用不能離於體，這是西方重視自然科學的表現；而中國人以心為用，有用才有體，是中國人重視於人文科學，此即是中西學術與文化之異。在中學與西學相碰撞時，曾有「中學為體，西學為用」的聲音。這是中國人謀求融合中西兩學的一種思考。錢先生亦加贊許。錢先生曾言，嚴復之學，較之五四時期，仍堪稱體用兼具之學。在西學紛至沓來的時代，錢先生立定了自己的學術走向。其由西學之時代影響，認定此一時代為「科學」時代；其由對儒學之時代命運的關注，發展出了史學和人文科學。對其一生所成之學，亦可謂是就性之所近，以解答胸中之疑而止。

此一時期之稱為「立學時期」，亦因有發生較大影響的著作刊世。如《國史大綱》，其先則為《劉向歆父子年譜》（1930 年《燕京學報》第七期，《古史辨》第六冊刊載）。而《劉》書之所以震動視聽，則與當時學術界的風潮有關！與康有為為代表的今文經學的遺響有關。（今文經學倡「孔子託古改制」說，古文經學家章太炎則倡革命，其學術上推尊王充而反孔子，認為既有王充，

〔註35〕錢穆：《師友雜憶》，224 頁。
〔註36〕同上，308 頁。
〔註37〕錢穆：《略論中國心理學》，77 頁。

則中國人可無疚。）錢先生通過考證，指出康有爲所著《新學僞經考》所謂劉歆僞造古文之說「不可通二十八」。「他的方法很簡單，大抵可謂是根據《漢書・儒林傳》的史實，自西漢宣帝石渠閣奏議，至東漢章帝白虎觀議五經異同一百二十年間，諸博士之意見分歧，源源本本看出當時經師論學的焦點所在，絕無劉歆以五月間編造諸經能騙其父，並能一手掩盡天下耳目之理。」〔註38〕錢先生書一出，學界對經今古文之爭之熱議偃旗息鼓，經學課也在民國十九（一九三〇）年秋停開了。錢先生引以爲憾。

　　錢先生說，「經學向認爲是中國學術中最先起而又是最重要的一門學問。」〔註39〕要能瞭解中國已往經學的大傳統，才能瞭解中國文化與中國學術，瞭解中國儒家的精神與理想之所在。錢先生於 1974 年在臺灣爲中國文化學院研究生復開《經學大要》一課。可知錢先生此後人生如何克盡己力，繼續儒學之研尋；而其儒學之見，又會如何力鏟門戶之見。

　　無論是今文經學還是古文經學，都是清學遺緒，卻又是儒學史上由來已久的大問題。經今古文之爭，錢先生持論雖平，影響卻大，在錢先生看來，這是學風之辯，其內裏，正有關乎中國學術思想史的大義要提出。錢先生看待清學，不同於康、梁，特爲《近三百年學術史》，與梁任公同名書對話。又寫《國學概論》，與太炎先生商榷。則錢先生持論，認爲清學乃從宋學中來，不宜拋卻宋學之義理而單言考據；孔子宜尊，尊孔，即尊中國文化學術之大傳統，尊孔，門戶之見必去。

第三節　成學時期

　　此一時期亦分爲兩個階段：第一階段是 1949 年至 1979 年，此三十年間，以錢先生於 1979 年「錢賓四先生學術講座」首任講演主題爲標誌。其題爲《從中國歷史來看中國民族性及中國文化》。錢先生自稱「此實余近三十年來向學一總題」。〔註40〕此一向學之總題，在三十年前已露端倪。錢先生在《湖上閒思錄》（寫於 1948 年）《再跋》中說，「歷史限於事實，可以專就本己眞相即明，而文化則寓有價值觀，必雙方比較，乃知得失。余在成都始寫《中國文

〔註38〕林語堂：《談錢穆先生之經學》，《錢穆印象》，245 頁。
〔註39〕錢穆：《四部概論》，《中國學術通義》，1 頁。
〔註40〕錢穆：《從中國歷史來來看中國之民族性與中國文化》，出版說明。

化史導論》一書，此爲余對自己學問有意開新之發端。」《湖上閒思錄》則爲錢先生繼此之後，探討中西文化比較之另一系統著述。且當三十年後重溫此書，錢先生感到「方今所撰，正多舊來見解，並有前所發得，而今已漫忘者」，由此回念太湖邊一段心境，撫今追昔，感慨何極。

此一階段的著述與新亞辦學同步進行，息息相關。錢先生「呼喚中國傳統文化中的師道精神」〔註41〕，這種精神，在錢先生的生命歷程中，卻可以追溯到很久以前。錢先生認爲，學術即師道，這是他對儒學的看法。因爲孔子作爲儒學的創始人，他身上就是富於師道精神的。孔子所開創的中國學術傳統，因而也是富於師道精神的。新亞之辦學，直接體現著錢先生的師道精神，他於新亞執教期間，也從未停止儒學的研究。有一小例可證。錢先生在1960年除夕師生聯歡晚會上致辭，其題曰：「讓我們過過好日子」，與師生分享過好日子的道理，其所引爲《論語》中孔子的話：「志於道，據於德，依於仁，游於藝。」而錢先生在1956年8月已寫成《本〈論語〉論孔學》一長文，據《論語》此句暢論孔學要旨，並刊發在《新亞學報》二卷一期上。可知錢先生爲己之學在先，誨育他人在後；亦知錢先生之師道精神，與其儒學研究，是一併精進的。此即爲學與做人齊頭並進與融通合一之「新亞精神」。（參見《新亞學規》第一條）

1949年至1964年任職新亞書院院長之職期間，出版有《中國歷史精神》（1951年）、《中國歷代政治得失》（1952年）、《宋明理學概述》（1953年）、《中國思想通俗講話》（1954年）、《莊老通辨》與《秦漢史》（1957年）、《學籥》（1958年）等。其中含有談論學術門徑與方法的書籍《學籥》和思想研究的書《中國思想通俗講話》；有儒學新著《宋明理學概述》和孔學研究成果《〈論語〉新解》（1960～1963年），還有道家學說研究《莊老通辨》；有政治理論書籍《中國歷代政治得失》，斷代史研究《秦漢史》以及史學研究新成果《中國歷史精神》。此一階段的代表性著作尚有《朱子新學案》，著述之準備可從1964年離開新亞書院算起，至1969年11月寫作完成。1970年續成《朱子學提綱》一長文置於全書冠首。錢先生1949年流亡香港初期，關於人生問題思考很多。「如何探究人生眞理」，「如何完成一個我」，「如何解脫人生苦痛」，「如何獲得我們的自由」及「如何安放我們的心」，代表著此一時期錢先生對人生苦痛的求解與收穫（見《人生十論》）。文化與人生，是錢先生關注的兩維。

〔註41〕 錢穆：《中國傳統文化中的師道》，《文化與教育》，284頁。

　　錢先生在新亞書院成立十週年紀念演講中說：「當前的大學教育，至少有兩項目目標該注意：一是人類的文化價值。一是個人的生活理想。此兩項目標，該使來學青年都能深切感到其重要性，都能對此兩項目標懂得追求，懂得探討，懂得身體力行，懂得爲此而獻身。」〔註42〕以此觀錢先生自身，《朱子新學案》可視作他個人人生理想之所繫，因朱夫子是錢先生心中的理想人物，代表著儒學之理想人生；而新亞書院，則是他宏揚中國文化自任使命之所在。錢先生當離開新亞時，曾表示他將來會抱著研究朱子的書稿回新亞來。所以，當那時，錢先生已經對朱子學研究，抱大志願。當他回到新亞，他眞的攜《朱子新學案》的書稿而來。由此可見錢先生身上「守死善道」的問學精神。新亞繼任院長金耀基先生在迎請錢先生回新亞作《從中國歷史來看中國民族性及中國文化》學術講演時曾引錢先生的話說，「人生有兩個世界，一是現實的俗世界，一是理想的眞世界。此兩世界該同等重視。我們該在此現實的俗世界中建立起一個理想的眞世界。我們都是現實世界中的俗人，但亦須同時成爲一理想世界中的眞人。」《朱子新學案》的完成，是錢先生完成了跟創新亞一樣有價值的工作。金先生說，錢先生不失爲一個理想世界中的眞人。〔註43〕錢先生一生最佩服的人是朱子。從治朱子學與錢先生本人的生命歷程看，錢先生或眞的是將朱子學研究，當作他追求理想眞世界的一條通路；而將《朱子新學案》書稿回贈給苦心創辦的學府新亞書院，也是錢先生將理想眞精神，永遠繫於他所摯愛的教育上面。

　　錢先生之文化研究於此一時期從未間斷，且多由講論而成。1950年冬，錢先生第一次由香港到臺北，在師範學院作連續四次講演，集而爲《文化學大義》一書。錢先生說，此番講演之用心所在，乃基於數十年來對世界整個局勢之觀察與認識，認爲當前無論中國問題，乃至世界問題，無不由文化問題產生，故無不需由文化問題來解決。又說「文化學」一門，此後必將爲學術思想中一主要科目。與此相關的文化系列講論，還有1959年錢先生爲臺北國防研究院講授《民族與文化》一課而成書，1967年初到臺北定居，應邀到各軍事基地作有關中國文化問題之講演，結集而成《中國文化十二講》，又有1971年受邀對國防部陸、海、空三軍軍官講《中國文化精神》一課，等等。「關於錢先生參與的中國文化救亡運動，最主要的有他於抗日戰爭時期在大後方

〔註42〕錢穆：《新亞遺鐸》，第189頁。
〔註43〕錢穆：《從中國歷史來看中國民族性及中國文化》（附錄）。

所作的通俗講演，1950 年代在香港創辦新亞書院和新亞研究所、和晚年在臺北素書樓的講學。這種參與使錢先生和近代中國政壇人物產生若干關係，也使先生留下了不少通俗論著。如何把這些通俗論著和先生在學術上超凡越俗的專著融會貫通，則是瞭解先生治學與為人二者合一的整體文化生命的重要命題。」〔註44〕這是學者陳啓雲提出的學術觀點，治學與為人合一，亦即文化觀與人生觀合一。陳啓雲並將《國史大綱》、《中國文化史導論》、《文化學大義》和《從中國歷史來看中國民族性及中國文化》幾種書稱為「非常時期」的「非常之作」。

　　《從中國歷史來看中國民族性及中國文化》一講中，錢先生以「中國人的性格」「中國人的行為」，「中國人的思想總綱」和「中國人的文化結構」四項內容，深入淺出地講論中國歷史、民族性和中國文化。他認為真正之民族革命則端自辛亥革命始。孫中山先生首倡「民族主義」，可遠溯文化傳統，直自堯、舜、禹、湯、文、武、周公、孔子以來。此即中國的人文演化史，由中國民族性孕育而成，中國文化亦孕育著中國人之民族性，孕育著中國人的性格、行為、思想和生活方式。錢先生認為中國人的天性，所謂我們的國民性，是和合性更多過份別性。中國人講人，更在於講人倫。即人與人和合而成的一種關係，一種禮儀與情意。和合是一種人文性。如孝與慈愛，即儒學提出的人倫價值觀。孟子說，「老吾老以及人之老，幼吾幼以及人之幼」，可知儒家又具有仁慈心。價值觀與仁慈心，即錢先生所說的在儒學基礎上建立人文科學的兩個條件。孔子即從行為上教導了中國人，如何踐形明性。中國的思想是「統之有宗、會之有元」的，就統會在「通天人、合內外」這六字上。這是中國人之最高理想。《論語》、《孟子》、《老子》、《莊子》、《六祖壇經》、朱子《近思錄》和陽明《傳習錄》，錢先生名之中國新的「七經」，他說，讀此可知中國思想史「統之有宗、會之有元」的所在。又說，今天來講人類文化，應該有四個部門，就是宗教、科學、道德和藝術。錢先生說，大概西方文化比較重的是前二者，而中國文化比較重要的是道德與藝術。宗教講天，講上帝，科學講自然，講萬物，都在人的外面，而道德與藝術，是內在於人生本體的，中國人可以善加體會。靈魂與心，可代表西方與中國的不同人生觀念，又牽而有人生歸屬和人生價值問題。這是中西方人生的大問題，也是

〔註44〕陳啓雲：《錢先生師之思想文化史學》，《錢賓四先生百齡紀念會學術論文集》，26 頁。

中西文化之差別所在。

　　錢先生之所以在漫長的三十年間，思索集中於上，只因此一問題，乃關切中國文化與人生之大問題。錢先生之文化研究，於此一人生階段，演繹得熱烈，這是與其人生經歷與人生感悟不無關聯的。錢先生說，「文化即人生」，〔註45〕則關於文化之探索，與錢先生關於人生之思考，是融會為一的。人生追求即蘊有文化大義。《中國文化特質》一文寫於 1983 年 9 月，錢先生八十八歲高齡時。其文化與人生觀，到晚年而臻於極致，即以闡述「天命即人生」觀點的《中國文化對人類可有之貢獻》之「最後一文」為其最珍貴的表達。

　　第二階段也可稱「晚學」時期。約指 1979 年後到逝世之年 1990 年。以《晚學盲言》為標誌。

　　錢先生八十三、四歲，雙目忽盲，不能見字。其所書寫之文字，大率「久存於心」者，而隨興書寫而成。「一言以蔽之，則僅為比較中西文化之異同。」〔註46〕此書寫於 1986 年秋，錢先生九十二高齡時。第二年由臺北東大圖書公司出版。先生自稱「晚學」。

　　《晚學盲言》全稿分三大部：即宇宙天地自然之部；政治社會人文之部和德性行為修養之部。該書幾乎所有論題，都論述的是相對之兩概念，如「整體與部分」、「抽象與具體」、「時間與空間」、「常與變」、「變與化」、「自然與人文」等。錢先生說，此乃「偶有思索，隨興書寫而成」。這使人容易想到《湖上閒思錄》，「人文與自然」、「精神與物質」、「情與欲」、「理與氣」、「陰與陽」諸題，亦為一一相對，亦屬偶感而成。錢先生曾說，這是受到蔡元培先生的啟發。蔡元培先生說，孔子每喜從「仁與智」、「仁與禮」、「學與思」、「君子與小人」等兩端發問，再總其思。蔡先生的《德育三十篇》，即就「文明與奢侈」、「理性與迷信」、「循理與畏威」、「堅忍與頑固」、「有恒與保守」等相對概念展開論辯，而能達到說理明晰的功效。可知此一思辨方式，並非偶然，錢先生在朱子研究中，也舉出理氣、心性之辨，而說朱子可以圓成此意。《中庸》有言：「執其兩端，用其中於民。」《論語》也說到孔子「叩其兩端」。則此一種思維方式，可說代表著中國傳統學術之智慧結晶，雖未如西哲們的邏輯體系之嚴密化、組織化，卻也不失為一種中國式的思想系統，它是適合中國的讀者在生活閒暇中來作「閒閒的」閱讀和思考的。

〔註45〕錢穆：《中國文化特質》，《中國史學發微》，127 頁。

〔註46〕錢穆：《晚學盲言》（出版說明）。

　　錢先生說，「如言心理學。西方人從『物理』談到『生理』，如目之視，耳之聽，西方心理學必先提及。其實這是『心』的部分功能。則如喜、怒、哀、樂，亦是『心』之部分表現。該有一整體的『心』，西方人極少重視。中國人言『心』，每指其整體，而頗不重視其部分。部分從整體生，不明其整體，即無法暸解其部分。這是中國人觀念。」《整體與部分》，此題屬「宇宙天地自然之部」。

　　在《尊與親》〔註47〕一文中，錢先生說，孔子之尊賢尤在親親之上；中國人心理，親親亦歸於尊賢。故而中國人尊師。師弟子關係，有甚於家人。孔子起，而士乃益尊益顯。此皆證中國社會尊賢之風。在《經學大要》中，錢先生曾說，中國社會之所以尊重讀書人，是讀書人自己尊重自己的結果。只有尊重於讀書為學之道，才能獲得社會之尊敬。近世文化傳統破壞在於尊無可尊，親無可親。這是非常堪憂的。此一題所辯，因而使人印象深刻。此題屬「政治社會人文之部」。

　　又，關於《靜與減》，〔註48〕錢先生說，世俗人生往往求多有，而尤以自然科學發達後之近世為然。其結果是外力強而內心弱，人生內涵日淺日狹。錢先生說，科學非生命，生命必有情，「主靜立人極。」〔註49〕此乃一種人文科學。「欲」與「情」有別，先養其性與情，則所欲皆一發於正。性情為之本，則所欲亦可一內外。務求於外，求其所欲，則內失性情之正。生命寓於時間，時間當下即是，亦轉瞬即逝。靜非忘卻時間，減亦非求無事，只是淡泊明志。淡泊斯能減而靜。減靜即為頤養生命。此篇屬「德性行為修養之部」。

　　其間，還著有《雙溪獨語》（1972 年秋開始撰述，1981 年出版），《孔子傳》（1973 年起筆，1975 年、1987 年時有增刪）等書。在《雙溪獨語》中，錢先生釋此「獨」字，引莊子的話「見獨而後能無古今」，而後說，「此處所見之『獨』即是『心』，亦可謂是一單純之至之原始心體。」〔註50〕錢先生說，莊子希望常保此心，常見此獨，以我此單純至極之心，達成我單純至極之生命。其時錢先生為陽明山華崗文化學院歷史系碩士博士研究生授課，地點即設在素書樓錢先生家中。樓對外雙溪。錢先生說，雖則他之所講，無非引經

〔註47〕　錢穆：《晚學盲言》（上），500～519 頁。

〔註48〕　錢穆：《晚學盲言》（下），1216 到 1231 頁。

〔註49〕　【宋】周濂溪：《太極圖說》。

〔註50〕　錢穆：《雙溪獨語》，26 頁。

據典，述而不作，非己獨創，但其所語，因平日諸生少及，又不啻爲錢先生一人之獨語。則錢先生之獨語，亦可謂乃與中國古人對語。《雙溪獨語》與《人生十論》、《湖上閒思錄》、《靈魂與心》、《晚學盲言》五書，分在「中國思想史小叢書乙編」，由素書樓文教基金會據 1997 年出版之《錢賓四先生全集》版爲底本，分類發行。亦可說是錢先生據心理經驗、人生感悟、文化比較而成的思想總集。如錢先生在《雙溪獨語》中，明莊子之「獨」，孟子之「心」，其所結集之中國思想，亦可謂中國之「心學」。此一時期之錢先生，終成一家之言；而此一些心學見解，在 1984 年出版的《現代中國學術論衡》之《略論中國心理學》中得到集中闡發。錢先生說，「中國人主心通心，通於幼以爲心，則爲父母之慈，通於老以爲心，則爲子女之孝。」〔註 51〕則錢先生所論之中國心，即本之於孔子，在他所寫《孔子與論語》中，即以「孔子之心學」名之。〔註 52〕

　　錢先生並不諱言「心」。相反，錢先生從朱子之理學與陽明之「心學」反推孔孟之學，認爲孔孟之學亦是一種心性之學。從某種程度而言，錢先生畢生所開掘之儒學傳統，正爲要明得此心。他說，心學是儒學之主幹。「我們今天當研究孔子之心學，再由孔子下及孟子乃至宋明程朱、陸王，將此一套心學發揮，即是發揮了儒家之最要義。」〔註 53〕此文寫在 1970 年。由學術而言心，「孔子之心學」可證其情；由文化而論心，《靈魂與心》，或可資代表。錢先生是在中西文化比較中拈出「靈魂」與「心」，各作彼此文化之代表的。並言，中國人之心學，是一種人文學，或爲西方人所缺無。由文化比較而生發此儒家心性學觀，可視作是錢先生對儒學研究到了深切著實處，其對人生之關切，亦已至此。

　　羅義俊先生看到此一層，他在《錢先生學案》中引《雙溪獨語》、《晚學盲言》、《中國思想通俗講話》、《中國文化十二講》等書中論及「心」、「性」、「道」、「理」等的話，建構出錢先生錢先生哲學思想體系的核心觀點，即「心體中心主義的唯道論——歷史文化大生命哲學思想」，認爲在錢先生的歷史文化生命觀中，心體是其中心。筆者認爲，錢先生在諸書中所論及的「心」、「性」與「道」、「理」，是其對中國思想之某種整體性把握。錢先生之言心，是在儒

〔註 51〕　錢穆：《略論中國心理學》，《現代中國學術論衡》，60 頁。
〔註 52〕　錢穆：《孔子之心學》，《孔子與論語》，353 頁。
〔註 53〕　錢穆：《孔子與論語》，364 頁。

學之下言心，亦是在人生之中講求於心。一句話，此一顆心，是會通和合的，須會通於其學問與人生而可得。錢先生說，孔子自述平生之爲學經過，所講正是此內在之「一心」。〔註54〕則錢先生必是在會通於自己與孔子之心之後，方可言及於此。也必是要會通孔子以下之中國歷史文化之後，方能言及於此。如果一定要將孔子的「心學」加以「哲學化」，亦如同研尋中學而尊奉西方學術成規，其結果將貌合而神離。

錢先生說過，「我們讀一部《論語》，就如看一本在人生大道上最高標準的電影，或如進一所最高理想的學校，讀它一字一句，都能使我們瞻仰嚮往，心悅誠服，真所謂『君子所履，小人所視。』」〔註55〕在錢先生的心中，孔子始終是一位人生的導師。而他一生執教，浸潤於教學生活，亦即以孔子爲榜樣。錢先生之一生，是教讀的一生。1933 年春帶北大歷史系四年級生同遊孔林時他說，「遊歷亦如讀史，尤其是一部活歷史。」則在錢先生而言，遊歷如讀書，讀書亦如遊歷，其心情是可以相通的；讀書人樂作山水遊。中國之大地，猶如一部文化地理書，歷史事件即標注在上面。由地理會人文意，因史會心，錢先生之一生，讀書、著述或遊歷，都是與孔孟儒家生活理想相參、相悟、相貫通的一生。本章筆者重述錢先生之生平，正爲能把握錢先生之「心」，並思與後諸章錢先生之論學會通成體，絪縕一氣。這是筆者秉承錢先生之儒學見解，而作的努力。願在對錢先生「儒學與人生」的梳理中，獲致「活生生」的生命之學。

在《師友雜憶》中，錢先生屢次提到，自己的求學道路上，如何受到師友夾輔。錢先生說：「自念於學問寫作凡有所得，亦悉賴師友相輔。孤陋獨學，豈有今日。亦有途徑相異，意見相左，他山之石，可以攻錯，亦皆師友之沾溉。余亦豈關門獨坐自成其一生乎。此亦時代造成，而余亦豈能背時代而爲學者。」〔註56〕錢先生說，我的記述，是憑記憶而自己認取我的生命，並非以好惡高下而取捨。讀我這本書的人，也可憑我的回憶，認識此時代之一面。「知我罪我，歸之讀者。」〔註57〕對於中國歷史，錢先生主張「每轉益進」說，即是說中國歷史是在轉進中臻於完善的。是否可以說，持如此史觀的錢

〔註54〕 錢穆：《孔子之心學》，《孔子與論語》，360 頁。
〔註55〕 錢穆：《校慶日演講詞》，《新亞遺鐸》，674 頁。
〔註56〕 錢穆：《師友雜憶》，347 頁。
〔註57〕 錢穆：《師友雜憶》，347 頁。

先生在自己成學的歷程中，由文學而史學，由經學而理學，由文化學而心學，亦是由博通而專精，每轉益進。錢先生說，儒學所學在如何做人，做人講求於「通」，所以儒學是一種通學。本章較多取錢先生本人的人生自述，來與他的學問歷程相比照；評述錢先生其人，筆者亦期對其學術、人生作一通觀。由思想而進窺時代，由時代而進窺學術，由學術而進窺人生，筆者亦期藉將此一段研尋儒者之人生，進窺自己的心意。

第二章　錢先生述宋以前儒學之發展

　　下面本《中國儒學與文化傳統》〔註1〕來敘述錢先生對儒學史的學術分期與儒學內容之論說。並參考它書來會通錢先生之儒學史思想。進而基於其儒學史論而把握其儒學觀。

第一節　錢先生述秦漢時期儒學

一、錢先生論儒學之創始與孔子道德精神

　　先秦時代，是儒學的「創始期」。錢先生說，儒學之創始，時間在先秦時代，此一時期，「自孔子下及孟子、荀子以及其他同時代儒者皆屬之。」〔註2〕這一時期的學術特徵是「百家爭鳴」，儒家不僅先起，而且最盛行。韓非《顯學篇》說，「今之顯學，儒、墨也。」又說，「儒分為八，墨分為三。」錢先生說，可見當時儒學之盛。也可以說在中國學術史上，儒學一開始，便就與眾不同，巍然獨出。錢先生綜彙儒學之發展史，其所立論，如文學歸入儒學，史學亦成為儒學之一支，無不與他對儒學總體精神之把握有關；而儒學開創時期人物所具有的精神，特為錢先生所重視。

　　錢先生曾以「道德精神」，概括我們文化的特殊精神。他說，「我所謂之『道德精神』，既非偏信仰的宗教，也非偏思辨的哲學，復非偏方法證驗的科學。」〔註3〕他對「道德精神」的定義，認為「道德純屬一種人生行為之實踐」。

〔註1〕　錢穆：《中國學術通義》，62頁～90頁。
〔註2〕　同上，63頁。
〔註3〕　錢穆：《論春秋時代人之道德精神》，《中國學術思想史論叢》（一），223頁。

〔註4〕什麼是中國傳統觀念中之所謂道德？錢先生定義說，「其唯一最要特徵，可謂是自求其人一己內心之所安。」〔註5〕其特徵是「由內發。」

所謂道德者，不強人以一律。錢先生列舉了春秋時代很多人物故事，來說明道德精神之在他們身上的存在。如，子路和子羔都是孔子的門人。孔子也預見到兩人在衛亂時一來一死。但是孔子對子路，並未曾深贊許其死，對子羔，也未深贊許其不死。錢先生說，子路之意，在於「利其祿，必救其患」，奉此標準以往，有死不顧，這不能不說是一種極富道德精神的表現。尤其臨死纓斷，說，「君子死，冠不免」，結纓而死。不願臨死而失禮失態，這也是一種極高道德精神之表現。

故而孔子說，「學而時習之，不亦說乎？有朋自遠方來，不亦樂乎？人不知而不慍，不亦君子乎？」正為此一種心安，而向學，樂學，樂此不疲。讀《論語》，可探問此一份做人的心境。因而《論語》成為中國傳統道德精神之所寄，之體現。欲對傳統中國人的道德生活有一種瞭解，不能不在《論語》中有親切的會心。

錢先生說，這一種「心」，不是封閉於一己之狹窄的心胸，不與外面世界相流通。更不是說放縱私欲，不顧外面的一切，只求一己的滿足，相反，它是指心可以投入到人世間，而具有種種敏感，人己之情，息息相關，遇有衝突齟齬，而能人我兼顧，主客並照。斟酌調和，不走極端。縱不能於「事」上有一恰好安頓，而於自己「心」上，則務必求一個恰好安頓。

可知「心」有主宰作用，不僅主宰於身，且主宰於事。心如何可以恰好安頓？歷來儒者引《中庸》之「未發」、「已發」來討論。《中庸》言：喜怒哀樂之未發之謂中，發而皆中節之謂和。致中和，天地位焉，萬物育焉。情緒之恰好，叫做「中」與「和」。《中庸》如《大學》，講修身，只是所講更為入微，及於心之「未發」與「已發」。而心得到安頓，天地萬物皆得其所。

錢先生說，達到《中庸》所說的此種境界，「豈非一最理想之宇宙，同時也是一最理想之人生。」〔註6〕《中庸》自宋起，成為「四書」之一，是重要的儒家經典，而錢先生此語，可推想儒學之可以究極宇宙與人生，儘管它非宗教、非哲學與科學；「而工夫只在此心之喜、怒、哀、樂上用。」〔註7〕這

〔註4〕 錢穆：《論春秋時代人之道德精神》，《中國學術思想史論叢》（一），223頁。
〔註5〕 同上。
〔註6〕 錢穆：《略論中國心理學》，73頁。
〔註7〕 同上。

是說爲學工夫，修養工夫。不暴其氣，不縱其欲，這就是一個人的修養之路。而儒學開其端，會通其爲學之最要處，即如何使心得到安頓。所以，錢先生說，儒學是一種心學。

宋理學家們，其學即在於探討此心之安，亦可知。程伊川有「中庸爲孔門傳授心法」之說。從楊龜山下至李延平（朱子的老師），相傳有「默坐澄心，觀喜怒哀樂未發以前氣象」的爲學宗旨。但朱子不以爲然。朱子提出程門「敬」字，奉爲修養要法，認爲「持敬之功，貫通乎動靜之際」。〔註8〕朱子有言：「靜中之動，非敬孰能形之。動中之靜，非敬孰能察之。」此即朱子言敬。究極在「心、性、理、氣」之細微處，不憚其煩，說心說性，一爲別於禪學，二爲立定「儒學」。宋代之儒學，被稱爲是「新儒學」，因其以心性說儒，發揚光大了孔子的心學主張。其新還在於它更新了舊有的「經學」觀念，除去「五經」而外，另立《大學》、《中庸》、《論語》、《孟子》「四書」。「五經」爲孔子以前所存經典，爲兩漢經學家所重；而「四書」爲孔孟之言行，加上儒家講求的立己修身之要語，爲儒者「家言」。

在《中國儒學與文化傳統》一文中，錢先生縱論儒學史，及於先秦以下各朝各代學術之演變，人物之代出，而始終歸宗於孔子，圍繞於「道德精神」。錢先生說，「根據上列《論語》所載孔子及其門弟子所講所教，重道德，一死生，視人生之有死，直如照之有夕，日之有夜，一若其事固然，無足屑懷慮間。故喫緊爲人，惟計如何求仁，如何求道，如何得爲完人耳。……」〔註9〕故而可說，春秋時代，道德精神流傳，下迄百代爲然。

他說，孔子在中國，被稱爲「大聖人」。聖人之主要涵義，正在其特重於道德精神上。孔子實一道德性人物。《論語》所載晏平仲一章，（「晏平仲善與人交，久而敬之」）錢先生釋曰：「此孔子稱道晏子之德。孔門論人，常重其德之內蘊，尤過於其功傚之外見。」〔註10〕《論語‧公冶長》篇首章，（子謂公冶長：「可妻也。雖在縲絏之中，非其罪也。」以其子妻之。）錢先生說，孔門之教，重於所以爲人，知人物之臧否，行事之得失，即所學之實證。孔子千古大聖，而其擇婿條件，極爲平易。學聖人亦當在平易近人處。讀《論語》，其教育意義，即在使人想見孔子其人。錢先生釋讀《論語》，即以申闡

〔註8〕　錢穆：《朱子學提綱》，99頁。
〔註9〕　錢穆：《朱子學提綱》，253頁。
〔註10〕　錢穆：《論語新解》，125頁。

孔子之道德精神自任。而孔子之道德精神，足以感人。

二、錢先生論兩漢時代「經學即儒學」

　　錢先生分戰國以至於秦始皇時代做學問的人為三派：一派是百家，如莊、老道家、陰陽家、名家、法家、乃至於農家、縱橫家之類，他們有一共通之點，他們不讀古書；第二派是百家中的儒家，百家只講新，而儒家既講新又講古。如孟子、荀子，可以稱之為「通儒」；第三派是儒家中分出一派專講古書，可稱為「專經之儒」，重要的在講一部經，如伏生。〔註11〕錢先生認為通儒之學為今日講求儒學的正道，原因只在於其所講論儒學的方式，不是據於一部經而講，而是建立對儒學的通識，發揚儒學創始人孔子的精神。對於諸子百家與儒家，錢先生所倚重在後者，即在於儒家講新又講舊的為學方式。

　　錢先生說，兩漢儒學，可稱儒學之「奠基期」。儒學自先秦創始，到兩漢而確立，奠定了此下基礎。錢先生說，並非說先秦學術到漢代已中斷，亦非如大家常說的，自漢武帝表彰《六經》，罷黜百家，而儒學始定於一尊。而事實是，「儒家在晚周及漢初一段時間內，已將先秦各家學說吸收融會，共冶一爐，組成一新系統。」〔註12〕他說，先秦思想到了戰國末年，外邊環境造成人們想把思想統一。思想統一，整個政治社會跟著統一。依錢先生的講法，「統一思想最下的是《淮南子》，上面是《呂氏春秋》，再上有《易傳》、《中庸》、《小戴禮》的許多新儒家，再上是陰陽家講陰陽五行……漢武帝就是在這種情況下來表彰《五經》，罷黜百家。」〔註13〕錢先生不認為今人關於「孔子思想因便利於帝王專制，所以為漢武帝所採用」的說法，而認為，漢武帝也是隨時代而產生的。這裡，錢先生得出與今人不同的結論，其學所重在歷史本身？而於今人「帝王專制」一說，有不能苟同處。

　　對於「封建專制」有其兩個內涵，一為封建二為專制。論其「封建」，錢先生說，「中國是不是一個封建社會？這一問題，應該根據歷史事實來解答。」〔註14〕他的基本觀點是，中國史上秦以前的所謂「封建」，是一種政治制度，與秦以後的「郡縣制度」相對。而西洋史中古時期有一段封建時期，並不是一種制度，而是一種社會形態。現在以中國的「封建」二字來翻譯西洋史的

〔註11〕　錢穆：《經學大要》，182 頁。
〔註12〕　錢穆：《中國儒學與文化傳統》，《中國學術通義》，63 頁。
〔註13〕　錢穆：《經學大要》，105 頁。
〔註14〕　錢穆：《中國社會演變》，《國史新論》，1 頁。

Feudalism，是犯了名詞糾纏之病。正式的封建制度始於西周。西周封建是由武王、周公兩次東征，消滅了殷王室的統治權而起。東方封建是加強政府統一的一種強有力的新制度，與西方封建由統一政府崩潰而起情形大不同。孔子處身在封建制度瓦解的時期。其尊崇於周公，亦是嚮往於這樣一種強有力的統一政府，故而他對於周公制禮作樂，十分欣賞；但處於禮崩樂壞的時代，孔子又因禮而發明「仁」，他說，「人而不仁如禮何，人而不仁如樂何」，則孔子所強調的是仁，仁是保障禮樂生活的前提條件。

　　今人以儒家思想在漢武帝後受尊，而推論及於孔子思想利於「封建專制」統治。又有「專制」一語，橫評古代文化。錢先生即以其思考與同時代人商榷。他舉史書上帝王與臣下的故事，來說明古代政治的實際狀況、情形，並不能以「專制」概念一言以蔽之。對於君臣關係，錢先生更願意用五倫之內在精神來觀察，而於「五四」以來「專制」概念下之爭「自由」的國民心理，仍以傳統中國人文之道來詮釋。在今天，錢先生推重孔子，推重孔子所言之仁，乃推重由此仁與禮而共同奠基的中國社會人文傳統；而今人所斥責的「封建」，乃與西方社會演變形態比類，而與中國歷史之史實有違。錢先生有心要與其同時代的人探討的，還有如何看待「封建」制度下的產物，如《論語》中孔子的思想等。只有努力矯挽時風，方能喚起對孔子的敬重。為此錢先生一生都在努力。

　　錢先生將西漢經學分為三個時期：第一段由漢初到武帝表彰《五經》以前；第二段由武帝表彰五經以後到漢宣帝石渠議奏；第三段由漢宣帝石渠議奏以至於王莽時代。〔註15〕漢武帝之表彰《五經》，是古代學術上趨於「大一統」的象徵，以錢先生的觀念，這是時勢使然。其客觀效果，是儒家受到特別尊崇，而諸子百家中的其他各家受到貶抑。「中國的經學在中國歷史上有過大貢獻的，還是在西漢。」〔註16〕錢先生說，兩漢時代的儒學實即是經學。因考之《史記》、《漢書》兩書之《儒林傳》，便可以看到凡屬儒林，都是些經學家。而凡屬經生，也都入《儒林傳》。以後《二十四史》中，凡有《儒林傳》莫非如此。所以說「經學即是儒學」，這是根據於歷史而言的，而在兩漢時特別突出。所以錢先生說，中國儒家必通經學，不通經學，便不得為儒家。但經學並不能完全代表儒學，這是錢先生所持的觀點。

〔註15〕錢穆：《中國社會演變》，《國史新論》，193頁。
〔註16〕同上，209頁。

　　錢先生說，「我們要講漢朝人如何講經學，我們不得不由歷史推上，先講講先秦時代。我們不是要講他們所做出來的學問，而是要講他們做這套學問的方法。」〔註17〕宋儒歐陽修、王荊公是「在儒家中間來讀經學」，而漢儒是「在經學中來通儒家。」〔註18〕這是顯有區別的。區別在何處？就是做學問的方法上。在儒家中間來讀經學，心中尊崇的是孔子；在經學中來通儒家，則儒家僅為一學派。值得注意的是，錢先生此一語，即透出其對儒學學術史的通觀；據此通識，而對儒學史上的人物有自己的解讀，也同時對儒學史的發展，有自己的看法。

　　如果問為何儒家必通經學，因就先秦儒家如孔子、孟、荀這些儒者所講，多是《詩》、《書》、《禮》、《樂》這些屬於後世經學範圍的內容。兩漢以下承繼孔、孟此一傳統，自然經學即成儒學了。因於兩漢儒學此一時期的發展，對兩漢時代一切政治制度、社會風尚、教育宗旨及私人修養都有重大影響，兩漢經學實對中國文化傳統有巨大的影響，此層無可懷疑。漢民族之「漢」字之由來，也為顯證。通經致用，是兩漢經學流傳下來的說法。通於儒家經典，而可使社會、人生都達至治平之效用。這亦是儒學之用之所在。

三、錢先生論兩漢經學之今古文問題及與清學的關係

　　關於經學之今古文問題，錢先生的著述收錄在《兩漢經學今古文平議》裏面。其中收錄四篇文章：一是《劉向歆父子年譜》，寫於 1929 年，駁斥康有為的今文學關於劉歆偽造《六經》的說法；二是《周官著作時代考》，寫於 1931 年，表明自己亦非經古文家；三是《兩漢博士家法考》，寫於 1943 年，研究兩漢時期的治經學的方法；四是《孔子與春秋》，寫於 1953 年，考察孔子與《六經》之一《春秋》的關係。所以這部書，相隔二十幾年才寫成。特別是《孔子與春秋》一文，錢先生自認為，這一文不啻是一部經學史，也可以說是一部儒學史。

　　在《孔子與春秋》之結尾，錢先生說，「我們若以《論語》、《孟子》來講《春秋》，則《春秋》顯然並不盡如杜預、章學誠諸人的想法。《春秋》還是一部亦經亦史的一家言。而儒學傳統，自然也不能盡如宋儒程、朱之所說。

〔註17〕錢穆：《中國社會演變》，《國史新論》，178 頁。
〔註18〕錢穆：《經學大要》，479 頁。

漢、唐諸儒，從事實際政治的，自然也是儒學之一支。天下永遠是無道，若我們真要議天下，似乎孔子《春秋》精神，所謂其深切而著明處，我們還得繼續講。我們必須上承周公，下接孟子，會通漢、宋，才始能瞭解得孔子論學全部的精神呀！」〔註19〕則欲明錢先生對於儒學的看法，亦即同於明瞭其對於儒學與經學學術史的看法。通貫於整個儒學學術史，自謀學問之出路，欲「瞭解孔子論學的全部精神」，此即錢先生探討儒學的根本點。所謂私學精神，貫通人物、學術與時代之間，是一種活的生命之學。孔子之人格，本不宜拔出其所身處的時代而高論之；若有承傳，也是須貫通於整個歷史，而明其精神之淵源。真正明瞭「史」，亦可真正尊從「經」，這就是錢先生論學之要。

　　清朝人做學問有「漢學」與「宋學」之分。但錢先生認為這樣看並不全面。他說，現在大家所懂的，說清朝人講的是漢學，宋、元、明三朝講的是理學，近代學術思想史上一大問題，就是漢、宋學的爭論。錢先生說，「清朝初年並沒有像我們所謂的漢學來反宋學，沒有這回事。」〔註20〕一些近代流行的「學術意見」，錢先生都要據史實去考證，而修正這一種意見。他考證下來，清朝只有百來年歷史，有「漢學」與「宋學」分立的現象。錢先生之所立論，實則是與梁啓超對話。在《清代學術概論》一書中，梁啓超說到「清代思潮」，說，「清代思潮」何物耶？簡單言之：則對於宋明理學之一大反動，而以『復古』為職志者也。」〔註21〕這就點出了清學與宋學之對抗。而清學以何與宋學對抗？是在於清儒所治之「漢學」。故而，梁啓超將清儒分為「啓蒙派」與「正統派」兩派。啓蒙派之代表人物，是顧炎武、胡渭、閻若璩等。正統派則以皖學與吳學之戴震、惠棟等為代表。在梁啓超看來，啓蒙派仍與宋學有關聯，而正統派已返至漢代，「以經學為中心，而衍及小學、音韻、史學、天算、水地、典章制度、金石、校勘、輯逸等等；而引證取材，多及於兩漢，故亦有『漢學』之目。」〔註22〕而梁氏將之概括為「以復古為解放」，即清學之反宋復漢之為學趨勢。他說，「第一步，復宋之古，對於王學而得解放。第二步，復漢唐之古，對於程朱而得解放。第三步，復西漢之古，對於

〔註19〕 錢穆：《兩漢經學今古文平議》，第276頁。
〔註20〕 錢穆：《經學大要》，569頁。
〔註21〕 梁啓超：《清代學術概論》，3頁。
〔註22〕 同上，4頁。

許鄭而得解放。第四步，復先秦之古，對於一切傳注而得解放。」〔註23〕其趨勢之下，「則非對孔孟而得解放焉不止矣。」〔註24〕而有科學精神代興。梁氏著《清代學術概論》，以自己之姓名、思想放入學術之潮流中，頗有一種反省的意味。但於其「解放孔孟」的「清學」主張，或即梁氏所代表之「時論」，錢先生不以為然。可以說，錢先生即是因「疑今」而「返古」，一探究竟，而終建立起其個人的「信史」來的。其最大的信，端在於孔孟，而於孔孟以下學術之傳，如漢代之經學、宋代之理學、清儒之學，必然也有自己一套獨特的看法。

　　康氏之論孔子，是在公羊家言的立場上的。錢先生述及清代公羊學，即以「別出之別出」名之。這是因清儒由重經學、小學，又重公羊學，如此一轉再轉，學問偏離「大道」，錢先生唯有以「別出之別出」名之。時清公羊家尊崇董仲舒、何休。西漢之董生是闡述《春秋》之大義微言的。董仲舒說，「夫《春秋》，上明三王之道，下辨人事之紀，別嫌疑，明是非，定猶豫，善善惡惡，賢賢賤不肖，存亡國，繼絕世，補弊起廢，王道之大者也。撥亂世，反之正，莫近於《春秋》。」〔註25〕何休是漢代的公羊家，他所主張，與左氏學家杜預不同，認為孔子《春秋》是家言，而非官學。也就是說，《春秋》是孔子私家的著述，絕非依照當時政府官定的史例而記載。因此孔子《春秋》有大義與微言。其微言大義，最主要是「三科九旨」，「三科」又說「存三統」、「張三世」和「異內外」。如「存三統」的意思是，每一新王朝興起，該保留以前兩王朝之後，為之封土建國，讓他們依然遵守前王朝之舊傳統與舊制度，與此新王朝同時而並存。所以在公羊家眼裏，《春秋》褒貶，乃是孔子心中一個理想的新王朝出現以後所應有的褒貶。孔子《春秋》也等於為新王立法，仲尼為素王。但既是素王立法，則決然是一種王官學，而非私家言。所以《漢書·藝文志》終以孔子《春秋》上列《六經》，不下媲諸子。於是產生了孔子《春秋》「為漢製法」之傳說。〔註26〕清人康氏有孔子「託古改制」說，即從今文家言而來。在康氏心中，孔子如一宗教主。孔門《六經》與猶太《新舊約》無異。錢先生說，這樣就

〔註23〕 梁啟超：《清代學術概論》，6 頁。
〔註24〕 梁啟超：《清代學術概論》，6 頁。
〔註25〕 錢穆：《孔子與春秋》，《兩漢經學今古文平議》，231 頁。
〔註26〕 同上，240 頁。

把孔子在以前的歷史傳統全給否認了，是一種抬高經而蔑視史的觀點導致的。經學家皮錫瑞講，今文學家推尊孔子，古文學家推尊周公。錢先生認為這是說錯了。錢先生認為，古文學家更是使歷史大傳統之受到推尊。從新莽朝來看，劉歆「廣道術」，則孔子僅是古代聖人中之一聖，於是由孔子上推至周公，一家言的重量，更會轉移到歷史的大傳統上去。〔註 27〕但杜預等左傳家，定要說孔子《春秋》沿襲了周公之舊典，並不能真正反映孔子家言之旨；而清儒如康氏繼今文家言推尊於孔子，卻又完全切斷了歷史傳統而言孔子，這都不是錢先生立言之要。

清朝人提倡「今文經學」，「今文經學與古文經學」一時變得很時髦。如照今文經學家講，《周官》是劉歆所偽撰；照古文家講法，則《周官》是周公所作。錢先生據自己的考證，得出「周官絕非劉歆偽造，但亦絕非周公之書，應是戰國時代人的書」這樣的結論。這在當時是有震動的。別人弄不清他的意見，因他所說，既非今文家言，也違背了古文家的說法。錢先生正為表達「此下講經學史，應該破除以前今古文學的界限，才能找尋出一條新的路來」的學術觀點。〔註 28〕他對學生說，「諸位讀任何書，不能隨便提到經學上今文學、古文學的問題，也來說由今文學革古文學的命。這樣態度便不能做學問。你要好學，究竟如何在兩千年來的學術傳統中，得一個結論？這是你的努力。我要看你怎樣講法，這些講法怎麼來的？做學問該如此做。」〔註 29〕錢先生說，董仲舒的《春秋繁露》裏有一篇文章，名《三代改制質文篇》。董仲舒認為改來改去不外乎兩個字，一為質，一為文：或由質進為文，或由文返為質。錢先生說，中國人從人事一切活動上，看到這「變」；而又能超出這變化的人事之上看到其中的「不變」，即是所謂「道」。這也可說是中國人的人生真理，是從歷史長時期的大潮流中看出來的。〔註 30〕錢先生正是在對儒學學術史的諸種「變」中，看到其中的「不變」，揭示他所以為的儒家「道統」。

欲評論學術是非，必究於史，如清代「漢學」與兩漢經學發生著怎樣的關係？錢先生說，「清儒經學，卻另有一新途向。他們既不重政治，又不重教

〔註 27〕 錢穆：《孔子與春秋》，247 頁。
〔註 28〕 錢穆：《經學大要》，144 頁。
〔註 29〕 同上，148 頁。
〔註 30〕 同上，105 頁。

化，把自身躲閃在人事圈子外面來講經學，雖說他們的訓詁考據，冠絕古今，其實是非宋亦非漢，他們縱有所發明，卻無關於傳統經學之大旨。」〔註 31〕可說錢先生所概述之經學史，正爲闡明經學與儒學的關係，勿使經學與儒學失去了關係。對於經學的重要性，錢先生說，「經學還該有人講，復興中華文化，不能沒有經學。」〔註 32〕錢先生之梳理經學史，是由後世（如清儒之所謂「漢宋」之爭）反之古代（如兩漢之「王官學」與「私家言」），而由此發明孔子身上的私學精神。此一種私學精神，《論語》與《春秋》可作代表，到後世，卻時而變得湮沒不彰。因何如此，即是不顧史而高抬於經。因而，貫通上下，明得學術之變，方能再度彰顯此一種精神。

　　錢先生說，在經學史上，有今古文問題，「立學官的是今文學，不立學官的是古文學。」〔註 33〕立學官與不立學官，是漢代的一種學術分野。立學官，則表明是官學，不立學官，則可視之爲私學。故也可稱作「王官學」與「私家言」。經學史上，常有以私學反官學之潮流。鄭玄即其例。錢先生說，漢時的「今文」、「古文」之爭，「其間當然絕不是僅爭的幾本古經典，更不是在幾本古經典裏僅爭些文字的今古文之不同。」〔註 34〕以漢、新之際的《左氏》與《公羊》之爭，也可以說是史與經之爭。而學術分野，「終漸漸轉移接近到後世的所謂『經』、『史』之爭了。」〔註 35〕對於史學的看重，則化約在錢先生任何一種學術見解中。但「史」並非等同於「史料」。他說，章學誠《文史通義》所謂「六經皆史」之「史」字，並不是指歷史言，而是指官學言。古代政府掌管各衙門文件檔案者皆稱「史」，此所謂「史」者，實略當於後世之所謂「吏」。六藝稱爲「王官學」，而古代王官學仍近於後代歷史之一類。〔註 36〕因此來說，六經皆史的說法，如果僅以孔子家言爲完全之官學，則恐昧失「經」（含《春秋》、《論語》）之眞正意旨。只有認識到孔子家言之立言宗旨，爲後人所承（如司馬遷仿《春秋》而作《史記》），方能眞正瞭解「經史同源」之意。總之，孔子與《春秋》，一面是承接王官學之舊傳統，另一面則是開創了百家言的新風氣。或說，《春秋》是舊官學，而《論語》是新家言。

〔註 31〕　錢穆：《孔子與春秋》，《兩漢經學今古文平議》，259 頁。
〔註 32〕　錢穆：《經學大要》，142 頁。
〔註 33〕　同上，479 頁。
〔註 34〕　錢穆：《孔子與春秋》，《兩漢經學今古文平議》，247 頁。
〔註 35〕　同上，248 頁。
〔註 36〕　同上，241 頁。

第二節　錢先生述魏晉隋唐儒學之演進

一、錢先生論魏晉南北朝儒學非停滯

　　魏晉南北朝時代，可說是儒學之第三期。錢先生名之曰儒學之「擴大期」。雖則此一時期，佛學、玄學已盛，但是，儒學並非全無演進。錢先生具體說，首先，《十三經注疏》是中國經學上一大結集，而由此一時期學人完成數占其六成。如《易》爲魏王弼《注》，《論語》爲魏何晏《集解》，《左傳》爲晉杜預《集解》，《穀梁》爲晉范甯《集解》，《爾雅》爲晉郭璞《注》，至於《尚書》孔安國《傳》，實非出於西漢時代之孔安國，而是魏、晉時代人僞託而成。且《尚書》在此一時代還誕生了僞古文，對後代影響頗大。並在此一時代之經學中，又特創「義疏之學」。現僅存皇侃《論語義疏》，可對義疏之學窺見一斑。一部《十三經注疏》，關於注的部分，此一時代人已佔一半，而疏的部分，卻佔了十之八九。

　　錢先生統計了《隋書經籍志》，發現此一時代人對《六經》有關著作卷軼浩繁；唐代孔穎達、賈公彥等作《五經正義》，陸德明的《經典釋文》，都借助於此一時代人之材料而作。因而錢先生說，此一時代之經學，較之漢儒，得失如何先不說，而對此下儒學之影響，則斷不可輕視。

　　錢先生說，經學在南北朝時亦分南北，北人研究重《周官》，南人所重，在「喪服」一門。《周官》是戰國晚期人作品，其書提出一種理想的政治制度，是中國古代的一部《烏托邦》。錢先生任教北大期間，曾著有《周官著作年代考》。此在上個世紀三十年代。錢先生說，「《周官》著者，正爲處處要採用當時最時髦的陰陽配偶化的一套哲學來表現在他理想的政制中。」〔註37〕故而說《周官》是一種理想的政治制度，而何休說，「《周官》乃六國陰謀之書」，錢先生以爲「近情」。錢先生即以「關於祀典」、「關於刑法」、「關於田制」等內容「證成何意」。

　　北朝經生重《周官》，希望藉此躋身當時之政治。錢先生提到北周時共同研習《周官》的蘇綽和盧辯兩人。前者上了政治舞臺，西魏、北周新的政制規模皆其所創建，其影響及於隋、唐，對中國盛唐之光昌盛運亦有貢獻；後者始終在野，爲一純粹學者，曾作《周官注》，爲後世同所推重。儒學之有爲於歷史，此亦可知。錢先生說，「人世界總得有人事，人事總得人的心

〔註37〕錢穆：《周官著作時代考》，《兩漢經學今古文平議》，327頁。

意與氣力來支撐。如何支撐此人世界萬事的義理與條目，研究最圓密最深透者為儒家。」〔註38〕東漢以後儒家中衰，代起者為莊、老道家，繼之有印度傳入之佛學。他們都有蔑棄人事之慨。「但人世還自一人世，儒家思想還須復興。」〔註39〕

　　錢先生說，東晉南渡，播遷往南的是第一流的世家大族，事實上也是莊、老思想的南下；第二流的家族與人物，卻滯阻淪陷在北方，沒有能隨朝南遷。這一部分人物，大體上並不能追隨時代，趕不上新潮流。他們多遵守晚漢舊轍，還是儒家架虣。因此儒家傳統卻得以在北方保留，慢慢發榮滋長，重獲新生。「這一時代的落伍者，轉成後一時代的開創人。」〔註40〕

　　北方儒風之初扇，是宣文君（太常韋逞母宋氏）傳《周禮》。此時五胡前秦苻堅南迎道安，西迎鳩摩羅什，在長安結集佛學，儒學也同時在這裡結集。此後長安儒統，因亂西移，集於涼州；後又彙於北魏，而北朝的文教因而大盛。最盛時期是在魏孝文帝時。

　　錢先生說，在儒學潮流激進中，北方有過兩度佛家之所謂「法難」。第一次在北魏太武帝時，第二次在北周武帝時。從表面看，是道、佛衝突。在骨子裏，則實是儒、佛衝突。在北周武帝時，最可注意的人物即是蘇綽。錢先生說，北周復古更化之風本由蘇氏。蘇氏已是一個「內釋外儒」的人。他的有名的《六條詔書》，第一「先治心」，第二「敦教化」，這是最正統的儒學。但他又有《佛性論》行世。下至宋、明，也與蘇氏所舉之「內釋外儒」不無關係。雖闢佛，並不能說他們與佛學絕無淵源。〔註41〕

　　又提到熊安生其人。他是北齊也是當時北方經學大師。北周滅北齊，熊安生知周君必來訪，命僕童灑掃戶庭以待。周君果來。錢先生以此與拿破崙征德國，歌德在路旁一睹拿翁風采之事兩下相擬，而說，「豈可同日而語。」不知西方故事，所寓為何，卻知中國歷史中此一番情味，對於錢先生而言，這裡有儒家君臣之誼。熊安生之所待，是《周官》是受尊，是經學之待興。而北周國君之來訪，是經學大師之受尊，也是經學之待興。錢先生說，單憑此一則軼事，便可想見當時北方政府之重視經學，與經學對當時政治上之實

〔註38〕錢穆：《縱論南北朝隋唐的儒學》，《中國學術思想史論叢》（三），356頁。
〔註39〕同上。
〔註40〕同上。
〔註41〕錢穆：《縱論南北朝隋唐的儒學》，《中國學術思想史論叢》（二），358頁。

際貢獻。「擇其有學與賢者」之政治，錢先生名之「學人政治」。簡稱「學治」。〔註42〕學人政治是一種中和性之政治，錢先生視其爲中國傳統政制與學術文化事業相聯繫相融合之要義。

　　對於此一時期的儒學，有所立論與闡發，錢先生是從儒學對於人世萬事之義理與條目的支撐而言儒學在人世間不可或缺的存在價值的。南人所重，在「喪服」一門。此因當時南方門第制度鼎盛，而此一時代之門第，亦實爲當時文化命脈所寄。南人雖重莊、老道家，但門第中卻維繫著人事之義理與條目，因而成爲文化命脈所寄。此處所論，與錢先生對中國社會發展史的看法有關，如說南北朝是門第社會，而宋代是平民社會。此種社會狀況，自於學術發展有深刻的影響，特別是對於像儒學這樣的學問發展有影響。因儒學之受重視與否，自與社會狀況有關，儒學之所貢獻，亦在於社會，此亦治儒學史所當知。如，魏孝文帝時保存中國傳統之遺傳，仗著的是大家族制度及其禮法。而北宋社會，「社會階級更消融，中央集權更加強」，〔註43〕開始走上中國社會的現代型，其時爲加強中央政府之統一，竭力提倡文化與教育，形成爲近人所詬病的「尚文輕武」的風氣。宋初大儒之宏大師道、南宋之理學大興，都與此社會形態不無關聯。

　　宋初（此指南北朝時「宋」）雷次宗爲當時喪服大師，與鄭玄同名。門第之所賴，在於「禮」，而《禮》中之《喪服》，關乎喪禮，佔有重要地位。唐以後門第制度漸壞，但唐代門第制度尚在，杜佑《通典》中所載南北朝人所講《喪服》要點尚多。據此，經學消長與時代之關係愈顯，而經生之受推重，與社會之需求有關。此亦可見儒學之通與變。儒學之所通，在乎人情。儒學之所變，變在社會。錢先生評述說，此時代所講經學，對當時貢獻亦甚大，實與兩漢儒生之「通經致用」，事無二致。雖然此一時期，很多人講究出世之佛學或講莊、老玄學，但「論中國文化存亡絕續之命脈所繫，則主要仍在此輩儒生手中。」〔註44〕這裡，透露出錢先生對於「滅棄人世」之學與「淑世」之學的不同看待。其所存念，即在於「淑世」上面。其對中國文化之觀念，亦存心於「儒學」上面。儒學「高於」佛學與莊老之玄學，而爲「中國學術之主幹」。儒學之高明處，即在於儒生之「通經致用」，而對社會有貢獻，此

〔註42〕　錢穆：《道統與治統》，《政學私言》，80 頁。
〔註43〕　錢穆：《中國社會演變》，《國史新論》，26 頁。
〔註44〕　同上，67 頁。

即儒學之存在價值；儒學關懷社會，同時也關懷人生，儒學有博大的胸懷，內則關乎一個人的心意與氣力，外則關乎世運興衰，儘管有此長彼消，依然不失其與個己、與家庭、與社會存在之深刻關聯性，這就是他對儒學是「中國文化存亡絕續之命脈所繫」說法之由來。錢先生說，如果如一般人想像，魏晉南北朝四百年來只談莊、老玄學，只談佛學出世，試問如何能繼續中國文化遺緒以下開隋、唐之盛？所以錢先生說，可知在此一時代中，儒學基礎實未破壞，而「幹旋世運能自貞下起元，亦端賴於有此。」〔註45〕此處，錢先生提到「儒學基礎」，可以說是經學，也可以說是經生。經學需要經生來成就。如沒有宣文君，符堅時代或不能有《周禮》之傳；沒有蘇綽，或不能開「內釋外儒」之新學風。儒學史不乏守成與開先的人物。「貞下起元」是《易經》的說法，是說歷史發展由低迷階段轉出來，煥發新的生機。唐代之盛，表現在政治、經濟、文化等各個方面，錢先生認為，這是其前代所做的基礎工作帶來的結果。如前所述之蘇綽據於《周官》所做的政制改革帶來的積極影響。後一時代的發達，其生機常常蘊藏在前一時代，此即儒學精神。儒學精神亦即一種人格精神。錢先生注重介紹儒學史上的人物，從軼事中透出義理消息，亦可見錢先生之論學風格。如蘇氏雖自己研究佛理，但流風所被，則引起周武之法難，開北周復古更化之儒風。因而錢先生說，時代風氣常自一、二人而起，起自於少數人之心習。

二、錢先生論「經史同源」

然而稱魏晉南北朝期為儒學之擴大期者，其重點尚不在此。錢先生認為，重點在於，此一時期人講儒學，已不專囿於經學一門，而又能擴及到史學方面來。

儒學之在兩漢，是以經學通儒學。儒學之在魏晉南北朝，是以史學通儒學。但「史學」為何？錢先生說，首先，史學本為經學之一部分，如《尚書》、《春秋》、《左傳》均當屬史學範圍。而又為經學的內容。唐劉知幾作《史通》，分疏史書體例，即分《尚書》與《左傳》兩大派來說。即以經書來分疏史書。以上是說明經學與史學通。如果進一步說來，可說孔子之學本就是史學。則是孔學與史學通。錢先生引孔子的話說，「甚矣，吾衰也！久矣，吾不復夢見周公。」則孔子是以歷史人物周公為學。孔子又說，「吾非生而知之者，好古

〔註45〕錢穆：《中國社會演變》，《國史新論》，67 頁。

敏以求之者也。」則孔子明確說自己好古而學古。孔子還說,「周監於二代,
郁郁乎文哉!吾從周。」是說孔子學於周公,對周公制禮作樂所興之人文深
服讚歎。錢先生得出結論說,可見孔子所學,也即是在孔子當時的歷史。由
歷史而透視文化興衰之道。此即孔子之所學。孔門由於其所講習之《詩》、
《書》、《禮》、《樂》,而獲得其所從來之演變得失的全部知識,錢先生說,這
與歷史也無嚴格界限。因為歷史亦即要講演變得失的知識。所以後人說「六
經皆史」。這是章學誠說法。其立言之要,在光大史學。

　　錢先生又說到漢武帝時董仲舒提出「復古更化」的主張,其用意即是不
再近效秦代,而是上溯《六經》,復興三代之盛運。從中可見漢儒治經,亦求
通史。漢儒提倡經學,無異於提倡史學。則漢儒所提倡之經學,亦可以說是
「古學」。儒學之受尊,常常以「古學」之面目出現,而又常常可以帶來歷史
的新貌。此處可知,從漢代說,通經通史,復古致用,或即是儒學發用的方
式;此卻與先秦時代孔子的想法不盡相同(孔子時代並未有經,孔子亦未提
出過「復古」),也與後世如宋理學儒的想法(朱子所重在人,而輕於「經」)
有別。辨之可證儒學在錢先生之所重。錢先生之所重,固在兩漢之經學,莫
若是先秦之儒學;錢先生所重在宋儒之理學,莫若是先秦之孔學。另一方面,
也可說孔子學於周公,是學習周公的人格精神,此即為儒學之源頭,可以說
儒學其源,史學其證,中國學術與文化的重要特徵即在此。錢先生持論即如
此。

　　錢先生說,講歷史應該注意此兩點,一在「求其變」,一在「求其久」。
我們一定要同時把握這兩個精神,才能瞭解歷史的真精神。所以「鑒古知今」、
「究往窮來」,這才是「史學的精神」。〔註46〕在孔子身上,即表現出一種史
學精神。而「鑒古知今」、「究往窮來」,也是一種儒學精神。因由孔子的人格,
而使儒學精神與史學精神在始即綰合為一。

　　其次,再論到當時經學上所有今古文之爭。劉歆提出的古文諸經,如《左
傳》、《周官》、《逸禮》、《毛詩》四者,更見其偏重在史實方面。《左傳》不必
論,《周官》在當時被看作是周公致太平之書,書中所載一切政治制度,當時
人認為是古代真實的歷史。《毛詩》因各詩之首有序,較之《三家詩》更見有
歷史價值。所以在漢代,「由今文經學擴及古文經學,」錢先生說,「實是經

〔註46〕錢穆:《史學精神和史學方法》,《中國歷史精神》,11頁。

學中之歷史性愈趨濃重之證。」〔註 47〕歷史性濃重，即古文經學之特徵。卻不可以說，歷史性趨於濃重，就是儒學性趨於濃重。似有今文經學與古文經學的一種頡抗。也是史學與經學的一種頡抗。

錢先生說，東漢鄭玄囊括大典，其在經學中根據古代史實的趨勢，益勝過了憑空闡發義理的趨勢之上。王肅繼起，更近於是一史學家。杜預作《春秋左氏集解》，顯然亦偏重在史學。所以可說，「經學即史學，史學亦即經學。」二者間本難作嚴格分別。亦可說自經學中分出一支而成為史學，史學乃經學之旁支。然史學在始即有私家立言精神。而《春秋》是孔子之家言。錢先生舉《史記·太史公自序》說，太史公自稱是以孔子作《春秋》之精神而寫《史記》，這件事本身就是沿襲經學而發展出史學之一極好例證。班固《漢書·藝文志》，亦將《史記》列入《六藝略》中之《春秋》門，可見在當時人觀念中，經學即包有史學，也可說當時尚無史學獨立觀念。而班固作《漢書》，批評司馬遷《史記》未能完全一本儒家立說。錢先生說，班固之批評當否暫可不論，卻知班氏作《漢書》，其所自負，仍為一本於儒學。則馬、班史學，都淵源自儒學、經學來，事無可疑。

史學一本於經學、儒學，一是從漢代學術分野來看，《史記》歸入《六藝略》中的《春秋》門。一從史家之精神來看，司馬遷學於孔子，此中即寓有儒家精神。所以，史籍之興盛，可以看作是儒學之興盛。自司馬遷、班固以後，史學特受重視，新史籍接踵繁興，即是記錄史料，評鑒歷史之風很盛。而孔子作《春秋》之意，經司馬遷，而為後世所承。「經」意化作「史」識。這種由「經」到「史」的發展，可知私家立言精神不滅。這裡，可知「綜彙」之功，必具史實而後能實現。這裡的「綜彙」，是經與史的某種綜彙。與錢先生在本篇後面多次提及的「綜彙」，一以貫之。如果說史學本於儒學、經學，儒學即本歷史而學，由兩漢經學而發展出魏晉史學，益見儒學之壯大。故錢先生名之「儒學的擴大期」。

到晉代，荀勗將古今著作分成甲、乙、丙、丁四部。經學列甲部，子學列乙部，歷史則列丙部，至是史學已成一獨立部門。由錢先生之推尋來說，史學到晉代此時發展為獨立部門，是史學作為獨立學術門類成熟的表現；而史學與儒學天然有關，不能不溯而及之。到了隋唐《經籍志》，經學仍列甲部，而史學改列乙部，益受重視。那一時代著名的史籍，有宋范曄之《東漢書》

〔註47〕 錢穆：《中國儒學與文化傳統》，《中國學術通義》，69頁。

及晉陳壽之《三國志》，與馬、班所著之《史記》、《漢書》齊稱爲《四史》。
其他知名史籍還有漢荀悅《前漢記》及晉袁宏《後漢記》，又有《宋書》、《南
齊書》、《魏史》等正史，也都是這一時期人所撰。

　　錢先生又通過《隋書·經籍志》統計出史學著作之卷帙總數超過經學卷
帙一倍以上。經學著作上，尚有承襲兩漢時期的，唯有史學著作，則多爲東
漢、魏、晉以下人新撰。由此可知在史學方面，此一時代所取得的突飛猛進
的成績。而「史學實即儒學，此因經學即儒學，而史學又即經學也。」〔註48〕

　　爲了闡明「經、史學同源」之義，錢先生還舉隋末大儒文中子王通。文
中子王通，在唐末以至宋代受人推尊爲自漢以下的惟一大儒。王通有意續經，
如取漢以下好的奏議詔令編爲《尚書》之續，稱《續書》，又依此作《續詩》，
取漢以下詩賦，有關時代和足資教訓的篇章。王通此一做法，後人或譏爲狂
妄。錢先生認爲，「六經皆史」，此一斷語，經清儒章學誠之闡發，可謂已成
定論。反過來說，則史即是經。經、史既很難劃分疆域，王通觀點，本無可
厚非。錢先生說，王通《續書》、《續詩》、《元經》的意見，實極開明；較之
揚子雲《太玄》擬《易》，「無寧爲更得儒家精神。」〔註49〕（陽明於王通亦
懷同情。）由此可知，國人尊重經籍之心理淪浹已深，牢不可拔，所以，王
通因用「續經」之名，而爲後人所不滿。而王通之見解卻是「經、史同源」
之又一證。王通與蘇綽一樣，也是當時北方大門第儒學傳統裏的人物。當時
佛學傳統在寺院，儒學傳統在門第。所以在王通的《中說》裏，引述他祖先
六代的著作，如《時變論》、《五經決錄》、《政大論》、《政小論》、《皇極讜議》、
《興衰要論》等，都是「儒術正派」，注重現世政教大綱、盛衰要節。王通只
是承其家學，遞有著述。讀《中說》，可以看出當時門第學統的大概，也可以
看出當時南北朝學風之異尚。而文中子的著述，極注重文化傳統的歷史觀點，
並以北方爲學之正統。錢先生說，王通河、汾講學，對隋、唐盛運之重開有
積極的影響。這是盡人皆知了的。

　　論述到此，錢先生將史學與經學之牢不可破的淵源關係說盡道明。其所
做「調查」，從隋《經籍志》中取證，用數據說話，顯示了他考證的功底、篤
實的學風。以史論學，不能不用到考據。而若說錢先生對儒學之探究有貢獻，
其史學的思維和方法，亦不能不引人敬佩。

〔註48〕錢穆：《中國儒學與文化傳統》，《中國學術通義》，70頁。
〔註49〕錢穆：《縱論南北朝隋唐的儒學》，《中國學術思想史論叢》（三），358頁。

　　錢先生說，「史學是一種生命之學。研究文化生命，歷史生命，該注意其長時間持續中之不斷的變化，與不斷的翻新。要在永恆中，有日新萬變；又要在日新萬變中，認識其永恆持續的精神。這即是人生文化最高意義和最高價值之所在。」〔註50〕而史學即儒學，儒學之篤實學風，由此亦得見。

　　最後，錢先生從史學的內容上來論說「經、史同源」。他說，史學所講，主要不出「治道隆污」與「人物賢奸」之兩途，此與儒學所本在「修、齊、治、平」之人事實務方面合。「治道隆污」即屬治平之道，而「人物奸賢」則為修齊之學。那麼史學與儒學在內容、在性質上是一致的。錢先生又推而論及除儒家以外的先秦各家與史學的關係，他認為，只有儒家之學能演變出史學來，墨家立論尚稱引古史，而莊、老、申、韓立論，則全不重史實。所以探本史學之源，只有在儒家，「史學即儒學」，這是至為明顯的道理。他還說，如果把司馬遷、班固、范曄、陳壽、荀悅、袁宏幾人，按照先秦學派來歸類，都只能歸入儒家，只可說他們的修養有的高些，有的低些。卻不能不說他們是在孔門四科之內。因此我們說魏晉南北朝為儒學之擴大期，正因於經學外，又增進了史學。從此以後，常是經史並稱，並有了「經史之學」的新名目，而此後歷代大儒，罕有不兼通經史的。如此來看，魏晉南北朝時代，儒學依然極其興盛，其貢獻於當時即後世者亦極大。

　　而王通其人其書在初、盛唐時，竟少知者，並隋史亦不為立傳。即王家子孫對於其先人志行，雖略有所知，而未免也受到時代的感染。「一面尚知致慨於唐初諸賢之不能興文洽化，一面卻漫拉房、魏諸賢都做了文中子的門徒。」〔註51〕錢先生歎為「時代淒涼的一個黑影。」〔註52〕

　　則儒學雖在魏晉南北朝不乏繼者，但唐代卻只能以佛學名。唐代雖只能以佛學為其代表，儒學又不能不說有其轉進。

三、錢先生論「因文會道」和「以文歸儒」

　　錢先生稱唐代儒學，是儒學之第四期，名之為儒學之「轉進期」。唐代儒學，於經史之學外，其新貢獻，在於能把「儒學」與「文學」匯合。這即是儒學之轉進期的特點。

〔註50〕錢穆：《史學精神與史學方法》，《中國歷史精神》，12頁。
〔註51〕錢穆：《縱論南北朝隋唐的儒學》，《中國學術思想史論叢》（三），366頁。
〔註52〕同上。

　　錢先生說，本來經學中，原就有文學成分，如《詩經》便是。群經諸史，亦不能不說它們都有絕高絕大的文學價值。但文學在古代人觀念中並不獨立。文學與儒學之間，開始時也並沒有一種密切相關的聯繫。錢先生說，《楚辭》作者屈原，其所作《離騷》，內容有與儒家暗合處，而爲後來儒家所推崇，但斷不能說《楚辭》即是一種儒家文學，屈原即是儒家。漢時以賦名者如司馬相如、揚雄之徒，也明明與儒家經生不同。所以班固《藝文志・六藝略》外，又加《辭賦略》，顯然難以與將司馬遷《史記》列入《春秋家》等而視之。揚雄晚年思從文學轉入儒學，模仿《論語》作《法言》，模仿《易經》撰《太玄》，從此一例，亦可見西漢人心中惟經學始是儒學，而辭賦家言則是另一套。范曄《東漢書》中於《儒林傳》之外，又增設《文苑傳》，可知當時儒學中仍未包含有文學。

　　而首先提出文學之獨立價值者，應自漢末建安時代開始。魏文帝曹丕《典論・論文》有云：「文章，經國之大業，不朽之盛事。年歲有時而盡，榮樂止乎其身，二者必至之常期，未若文章之無窮。」錢先生說，這是純文學獨立價值提出之始。此後昭明太子之《文選》，仍循建安路線，提倡純文學，力求與經史分途。其時如陶淵明詩，也同屈原《楚辭・離騷》一樣，只可以說與儒家有暗合，卻並非有意將文學來納入儒學之中。

　　錢先生根據以上所述，得出結論說，文學與儒學本非一途，專從儒學中也推衍不出文學來。至於以文學會通於儒學這一工作，要從唐代開始，而須到杜甫，才臻於完成。

　　韓愈有詩：「國朝盛文章，子昂始高蹈。」唐代詩人自陳子昂以後有李太白，他們兩人都有意要上本《詩經》來開唐代文學之新運。但他們所開創的復古運動，或說開新運動仍未達到明朗化，或說確切化。因何說，杜甫完成了此項納文學入儒學之工作？

　　錢先生說，杜詩被稱爲「詩史」，其人也被稱爲「詩聖」。杜詩的表現，同時也是一種儒學的表現。此一結論的得出，襃揚的是杜甫詩中所蘊之儒心。杜甫詩云：「朱門酒肉臭，路有凍死骨。」此只以詩情，來發抒了詩人胸中的鬱結，而此鬱結，是關切於世情所致。其情愈眞摯，其詩品愈高。此詩品，所論亦即詩人的修爲。錢先生說，「杜詩之表現，同時亦即是一種儒學之表現。」〔註53〕直到杜甫，才眞將儒學與文學彙納歸一，把儒學作了文學的靈魂。詩

<hr>

〔註53〕錢穆：《中國儒學與傳統文化》，《中國學術通義》，74頁。

人有此心，方有此詩句；亦可說有此人，方有此詩集。這是「重人猶重於學」的儒家的道理。韓愈繼杜甫之後，再興「古文運動」。其實它是將儒學與散體文學合一化。錢先生說，韓愈散體文之真價值，一面能將魏、晉以下純文學的觀念融入，一面又能將孔、孟儒學融入。這是韓愈在文學史上的貢獻，也是在儒學史上的一大貢獻。錢先生說，韓愈自述其作文工夫，說「當行之乎仁義之途，遊之乎《詩》、《書》之源」，則他看待文章的視角，確乎循儒學的途轍，經學的源委，又說，「好古之文，乃是好古之道」，則文與道合。

錢先生說，韓愈更重要的，在於提倡師道。「兩漢以來經師博士，只好算是『功令師』，或云『祿利師』、『職業師』。魏晉以下，學術傳於門第，更無師道可言。北方儒業，也大體關閉在門第傳統下；惟較南朝差愈，但也說不到有『傳道師』。王通遊情洙泗，但在當時空氣下，亦急切走不上傳道講學之路。」〔註54〕在當時，領導風氣、指示路向的，還是僧人。儒門下久已無師可尊，無道可重。直到韓愈開始來提倡師道，以傳道師自任。儒學經韓愈倡而興師道，此即儒學在唐以後的變化。錢先生說，「唐以後的孔子，在人心目中，時時把來和佛陀與老聃並列了。換言之，這是漸漸看重了他的『教』，而看輕了他的『治』。那時的孔子，便只是一教主，不再是以『新王』或『素王』了。古代之所謂百家言，本針對著王官學而稱，既無王官學，也便不再有百家言。從後人眼光來看古代的百家，好像他們所爭也只重在教統上。」〔註55〕後人稱韓愈「約六經以為文，約《風》、《騷》以成詩」，這都是把文學與儒學挽歸一途的明證。從韓愈文章的內容看，其文學與儒學納歸為一，更是不證自明。如他寫的《原道》，《諫迎佛骨表》等文，都可看作是儒家言。而韓集中任何一文，也無不可以看作是融攝孔、孟之道以立言。所以錢先生說，自杜詩、韓文開始，儒學進入了文學的新園地。錢先生說，「唐代詩文，直要到杜甫、韓愈，始能洗滌盡南朝齊、梁之浮豔。杜甫是詩人中的儒家。詩中於稷、契儒術，屢詠不一詠。」〔註56〕儒學似被動晚起，從文學對儒學「發現」而將自己納歸儒學的歷程來看；然儒學又似主動，當史學與文學與之貫通，儒學都可以藉此向外傳達更深的意旨，其語言更豐富切近，可通於人情；其

〔註54〕錢穆：《縱論南北朝隋唐的儒學》，《中國學術思想史論叢》（三），366頁。
〔註55〕錢穆：《孔子與春秋》，《兩漢經學今古文平議》，254頁。
〔註56〕同上。

意涵更趨於條貫、邃密，可證之人事。此即錢先生眼中儒學的發展歷程。從此以後，必灌入儒家思想，才可成為大文章，此一條，成為文學評論的新標準。而這是從前所沒有的。必至此以後，經學、史學與文學，均成為寄託儒學、發揮儒學之工具，於是「四部」中之集部，亦遂為儒學所包容，這就是錢先生稱唐代為儒學轉進期的緣由。

　　而唐代經史之學，都盛在初唐，乃係承受魏晉南北朝人遺產而來。也可以說，隋唐盛運，早在南北朝晚期培育，學術為顯例。經學上最著名的，有陸德明的《經典釋文》和孔穎達的《五經正義》。尤其是後者，乃經學上一大結集，以後陸續增為《十三經注疏》。只是《五經正義》成為科考內容後，政令所限，唐人在經學上少有新創，而史學著述，如《晉書》、《梁書》、《陳書》、《北齊》、《北周書》、《南史》、《北史》、《隋書》等，也都出自唐初人之手。錢先生說，這多是承襲魏晉南北朝人的遺緒而來。只是前人寫史，都是一人獨撰，唐後開始有集體編撰之例。但這不即是說史學進步了，而事實是，經史在中唐都不見有初唐的盛況。

　　述錢先生之儒學史，曲折婉轉，富有詩情；蕩氣迴腸，蘊含史意。故而錢先生一生鍾情於儒學，視之為文化之瑰寶。每個文學人物，史學人物，在錢先生看來，也即是儒學之所孕育；而儒家人物之所孕育，又在於文化之本身。這就是錢先生所稱之「歷史文化大傳統」，他說每個人物之孕育，都離不開此一傳統；對於此儒學傳統，錢先生亦並未厚此薄彼，是先非後，而是貫通古今來看，其對於每個人物在歷史中所處的位置與作出的貢獻，都能一一具明所以；而其對於儒學大傳統的整體發育，上下貫通之道，又絕不敢輕忽，而一律委之以「綜彙」之功。在錢先生心中，只有綜彙，方可以致儒學之廣大，盡儒學之精微，極儒學之高明，又道儒學之中庸，所以，在整個儒學史上，他最為關注的，就是承先啟後，守先待後的儒學人物及其學問與精神。以下略說儒學之第五期。

　　儒學之第五期，即宋、元、明時代，錢先生將之稱為儒學之「綜彙期與別出期」。述及「綜彙」，則似儒學之體已成。「綜彙」是一種作用，一番工夫。儒學之體，即在於與經學、史學、文學的縮合為一；綜彙之為學工夫，表現在對經學、史學、文學的一了百當上。綜彙期，以歐陽修為代表。錢先生說，歐文宗韓愈，也是萃然儒家言。但是歐陽修除文學外，在史學、經學方面，造詣都很深，著述也豐富。我們固然可以說他是一個文學家，同時也可以說

他是一個史學家和經學家，但歐陽氏是一大儒，其學綜合匯通兩漢、魏晉南北朝下迄隋、唐之經、史、文學以為儒學之發揮，則可確信無疑。可以說，綜彙儒，是儒學史發展到唐宋以後的新趨。也是唐宋儒學的新象。這是因經學、史學、文學之貫通，也是儒家師道精神進一步提升的結果。北宋諸儒大體也都是如此。他們都能在經、史、文學三方面兼通匯合，創造出宋儒一套新面目。只是其間也有差別，其差別在於，在此三者間，有的偏重在此，有的擅長在彼。比如王安石偏重在經學，司馬光偏重在史學。錢先生說，王荊公可以說是儒家中的「理想派」，主要講《六經》三代，崇奉上古史，司馬溫公可以說是儒家中的「經驗派」，主要在講漢、唐中古史。北宋新舊黨爭，就儒家的立場來看，也可以說是一種經學、史學之爭。所以當王安石代表的新黨執政時，太學生便趨於研究經學；而當司馬光代表的舊黨得勢，太學諸生又轉而注重史學。這一種學風動蕩，一直波及到南宋。則經學、史學之爭，成為理想與經驗之爭。經、史分野，成為這一時期儒學發展的學術背景。

錢先生說，理學家二程之「洛學」，他們較近於經學派，而蘇東坡「蜀學」，則較近於史學派。且嚴格意義上說，蘇東坡父子在當時及後代，都不可被視作純儒。因為其文章中多雜有縱橫家、莊、老道家言。司馬溫公以後的洛、蜀、朔三黨分歧，如果從純學術的立場來看，其學術立場本有差異，並不是就地區來分黨分派的。其差異或即在於尊經還是重史。

韓愈曾說，「道其所道，非吾之所謂道。」是說佛學與儒學各道其道。然欲尊孔孟儒學，不能「專拈論孟有仁字處用心」。「必於孔孟思想大體，求其會通，始可得當。」〔註57〕欲求會通，必不能「立門戶」，「樹壁壘」，「尊於此而絕於彼」。換言之，須是得通莊老道家，始可通儒家。整個學術史，是儒家與道、佛兩家分占的。這正是唐宋之際的學術分野之真實狀況。以儒家之淑世情懷觀史，錢先生以儒學會通經學、史學與文學，論定魏晉南北朝、隋唐時期學術發展的主要脈絡，又來強調韓愈以後唐宋儒學的發展新貌。其論述的結點和拐點或在於文學。他曾說，由文學而理學，經紫翔師指導，而不存門戶之見。宋時正是由文學而理學，發生重要轉折的時期。理學是一種新儒學。

與「綜彙」相對，是「別出」。綜彙是「承」，別出是「轉」。此處別出期，即指南宋。「別出儒」，是指周濂溪、張橫渠、程明道、伊川諸儒。錢先生概

〔註57〕錢穆：《莊老通辨》，自序，1 頁。

括別出儒之爲學特徵時說，一則他們不大喜歡作詩文，似乎對於文學頗爲輕
視，另則他們也似乎不大注意談史學。即使是在經學方面，對兩漢以下諸儒
治經的功績，他們也不很重視。所以他們之所學所創，後人又別稱之爲「理
學」。這些不喜歡與不理會，使其爲學專注於心性層面。由心性而上推孔學，
是此一時期之特別之處。所以錢先生說，就兩漢以下儒學大傳統而言，宋代
理學諸儒，可稱爲儒學中之別出派。兩漢儒學之大傳統，即以經學爲重。後
漢時期，經學向史學轉變。而理學家所發明的，非經非史，亦經亦史，是一
套哲理，是一種心學。

　　錢先生說，「亦可說宋代理學家諸儒與兩漢以下儒學傳統不同處即在此。」
〔註58〕但也不宜過份作嚴格的劃分。即由經、史分野之學術傳統，又宕開一
筆。比如說，周濂溪《通書》和他的《太極圖說》，根據於《易經》而兼融以
《中庸》而成。張橫渠的學問，也是以《易》爲宗，以《中庸》爲體，又對
於《六經》中《禮》的部分特別重視。學風之轉變有微有漸。此一時期，《中
庸》與《大學》之被重視可知。與「六經」相較，《大學》與《中庸》是《禮
記》中的兩個單篇，且應是成於孔子以後。因而可以說是儒家思想的新發展，
也是儒家思想在戰國時代的融通與匯合。《中庸》道「養心」工夫，極其精微，
更可成爲由道、佛兩家轉入儒家的樞機；《大學》道「修身」之要，則可將儒
家之大道，從心性到行爲上眞正修通。

　　錢先生此處說「也不盡然」，說的是宋理學家們亦重視於經學，只不十分
重視於兩漢經學家的功績。因爲兩漢經學家通經致用，所重還是在經學，而
不在儒家。宋理學家要反其道而行之。另，對於《易經》的看法，後世學人
多有認爲，學孔子必自此始，而錢先生則據朱子認爲，《易》是一部卜筮書，
並認爲，讀《論語》，才是向孔子學的至要法門。《春秋》之著述精神，也不
可忽。

　　宋代理學家之對於文學與史學的態度，錢先生亦舉幾例：其一，對於文
學。張橫渠所作的《西銘》，二程取以與《大學》同時開示學者。程子曾說《西
銘》此文，「我雖有此意，惜無此筆力。」可見別出之儒，亦注意到文章的重
要，但卻不能說他們有一種文學觀。其二，對於史學。王荊公行新法時，明
道曾有《十事疏》上呈神宗皇帝，可見明道也未嘗不注意歷史往事和治平實

〔註58〕錢穆：《中國儒學與文化傳統》，《中國學術通義》，76頁。

跡。其三，對於經學。二程言義理，都溯源《六經》，所謂「反求於《六經》然後得之」，並不是一句門面話。而伊川還窮其一生精力，著《易傳》。所以說，宋儒別出一派，對於儒學舊傳統中所重之經、史、文學也同時有注意，只是他們更爲關注的，是在與當時的方外道、佛爭衡。如果不明及於此，則不能看到儒學傳統的前後相繫與轉折。錢先生所梳理之儒學史，雖似只提供了幾個名詞和幾個分期，其要卻在他對學術轉折的論證上。其辨理學家於經、史、文學的修養，用心在於說明理學與儒學傳統之前後貫通，亦爲說明，理學之產生，之與時代的關係。此處對於理學之意義價值的闡述，不能不基於前面對儒學傳統的既有認定。

回溯錢先生的儒學史，一方面是將魏晉南北朝佛學與玄學興盛時期儒學的潛在發展與發展實跡加以梳理，以使人看到儒學使時代「貞下起元」的力量和儒學之在與道、佛合一的文化體系中的比重與地位；另一方面，則是說清楚宋理學的立意和對儒學的貢獻，使人對於宋以後直至今天以儒學爲主體的中國學術發展脈絡及當今學術分野與學風走向有一思索。而將經學、史學與文學之發展，與儒學之發展進程相會通，則是確立了儒學之傳統內容。錢先生總結理學的新儒學特徵說，理學更注重在思想義理方面，所以對兩漢以來儒學舊傳統，比較不如對此下儒學開新方面更爲重視。理學家們認爲，超乎於此傳統的經、史、文學之上，當另有一番甚深義理須闡發，理學家即是以此自任的。因爲佛學富有這樣一番甚深義理，這是對理學家們的刺激。理學家們必須藉由《易經》、《中庸》與《大學》這樣的儒家經典，構建出儒家的義理體系，因應這樣一種時代環境。這就是「理學」的由來，也稱爲「道學」，又被今人稱爲「義理之學」。由理學家的努力，而使儒學從此有了一套「義理」體系。於此一點，今人是褒貶寓於中的。將儒家對人生的「限定」歸罪於宋理學儒，認爲這一套「理」足以殺人。這是五四以來一批學人對儒學傳統的認爲。在此情形之下，錢先生對於宋理學儒的褒揚，就變得特別陌生。基此往上，錢先生對於孔孟儒學的褒揚，情形也是彷彿。因而在某種意義上，錢先生之學，即孔孟之學，亦即「道學」，而其中所寓褒貶之情感，既不能免乎當身所處的時代背景，卻又從其所處身的時代中發出光來。這一道光，也即儒學之光，是錢先生藉由整個生命來支撐的儒學發出來的。

元人修《宋史》時，特為之立《道學傳》，以示別於從來的《儒林傳》。錢先生說，這本無可厚非，因為在當時人的觀念裏，經學諸儒與理學新儒，確乎不同；只是一定要尊道學而卑儒林，就是門戶之見，就不足取了。可知道學的出現，帶來新的學術分野，「道學傳」與「儒林傳」，即此代表。後之儒，須是在此二者中間，繼續儒學之探求。而終有門戶之見發生，如清儒之「漢」、「宋」學之爭。續論此後之儒學史，正待一種「平允之見」。

第三節　早期儒學成就評述

一、回溯歷史源頭的問學方法的形成

孔子身上，即有「好古敏以求之」的問學特點。孟子說，「乃我所願，則學孔子」，孟子雖較孔子好辨，其所發「仁政」之聲，卻並不違於孔子。其在自身所處的時代，「復現」了此一種「道德精神」，也強化了「知人」的為學傾向。

董仲舒強調「復古更化」，亦是跳脫於他當身所處的時代，意欲恢復古代儒家學術所講求的「詩、書、禮、樂」之精神。其學術主張，得到漢武帝的支持，而在「罷黜百家、獨尊儒術」的政治主張下，又進一步強固了回溯歷史的學風。

韓愈提出「道統」說，是以後儒接續先賢，而使學脈沒有中輟；這一種「後歸於前」的思維方式，彷彿使對於儒學史的溯源，第一次「成型」了。

而朱子成了「加固者」。

到近世，梁啟超的「以復古為解放」，彷彿是將清學的學術特徵，與此一問學方式的關聯性，作了一種詮釋。誠然，清代學術在治學對象的時間脈絡上，有一種往「前」推進的現象，其所述之學，愈追愈遠。雖「五四」之後，此一種學術特徵，有中斷之虞，但錢先生之所論學，則像是此一種傳統問學方式的喚醒者。

正如錢先生以其整個論學精神所表述的，中國歷史之體，正在於有了其源頭，而具生命之徵象。中國之學術本身也因而具有生命的體徵。

二、道德精神在早期儒家人物身上的體現

道德精神在孔子身上的體現，以《論語》與《春秋》為例。《論語》中探

討的都是爲人之道（如，爲學之道，修養之道、嫁娶之道等等），與對某個人德性的具體判別。（如關於「直」、關於「簡」，關於「知仁」與否的討論）。可以說，正是《論語》這部書，建立了中國人心中不可磨滅的道德標準，此即孔子其學；而其至高的道德標準，就是孔子其人。

孟、荀各以其德性繼承於孔子之學，各以其學表現出自己。孟、荀之學，聚焦在「性」的討論上，性善，還是性惡，此非孔子所常道；（孔子只是說「性相近、習相遠」。）而「善、惡」之判別，卻因社會發生了倫理標準上的「進化」，而引起學術的變化。

以後，《易經》、《中庸》，都談性。《易經》說，一陰一陽之謂道，繼之者善也，成之者性也。亦以「善」名「性」，而將塑成善性之道，也揭示出來；《中庸》說，天命之謂性，率性之謂道，修道之謂教，則將「性」與「道」綰合一處，並由性、道而言「教」；教是人爲，是行爲，而德性爲之本。如此，《中庸》也談修身，視之爲很重要的話題。繼此以學的宋儒，如范仲淹，張載，在他們身上，都表現出儒家所提示的德性，特別是范公，是極具道德精神的人物，此即爲儒家道德精神的傳承。而到理學家，取《中庸》歸入「四書」之中，並不徒爲發揚《中庸》義理之高妙，更貫落於卑處，使可以致廣大而盡精微，極高明而道中庸。這是將儒家思維之兩端和合的精義發揮到極致。《中庸》也是一種藝術化的道德精神。

相比較而言，佛門人士講「性空」，則不負有道德之職責，只富有生命之職責。其參生死，關懷於生命現象，這是與儒家相通的；但儒家的「心」落實在人事道理上，與天地造化相參，這是儒家學術之不可磨滅的特徵。錢先生襃揚宋理學家之問學精神，是在襃揚其抉發儒家義理的問學精神；由「異」中求「同」，乃能於「同」中存「異」，宋理學儒的問學精神裏面，還有一種「綜彙」精神，這也是儒家學術精神中不可磨滅之一條特徵。

唐韓愈以後，此一種儒家道德精神，常與師道相聯繫。爲師者之所負載，亦即此一種儒家道德精神，儘管師道精神在韓愈之後，並未代有承傳，無其學，即無其師，卻是確然如此的！此即儒家學術與儒家師道精神之關聯性！而儒家學術與儒家師道精神，所發揚的，都是儒家道德精神。儒家學術之所闡發，在於儒家社會中的人倫關係，而儒家師道精神之所表現，也最是在師生之情感聯結。此一層，雖來自於學術，卻是影響了中國社會的風俗與文化特徵。

三、中國社會的現代型生成與新儒學特徵

　　在錢先生看來，中國社會經歷了「門第社會」到「平民社會」的過程；而「門第社會」以前，是從「封建社會」到「郡縣社會」的變化歷程，確切說，「封建」之在中國，是一種「社會制度」，而非一種社會形態。總的來說，中國是保持了中央集權的社會制度與形態。

　　辛亥革命以推翻帝製作為掀動歷史的關鍵一頁，其歷史意義，即是由古代帝王社會向當代平民社會的轉折。而其象徵含義，是在於「自由」與「民主」價值觀的普及化，還是在於儒家倫理道德觀的落地生根，而擺脫王權的護持與束縛？這是錢先生探討「中國儒家學術與文化傳統」此一議題中所隱含的社會政治命題。首先，錢先生反對將中國社會發展史等同於西方社會變遷史，反對以「封建」與「專制」來描述中國古代社會的政治與君臣倫理關係，認為這一種「西化」傾向，將毀滅性地影響到中國人對自己民族歷史文化的深入、細緻的認識與積極、正面的認同；其次，錢先生推崇於孫中山先生的「民族、民權、民生」立國綱領，認為其中含有民族自主意識、屬於中國自己的民權觀念和民生問題，這是治統與學統相契合的政治觀念，是與孫先生的儒學修養分不開的；最後，基於以上對社會發展史與政治立場的看法，錢先生對於代表中國社會政治與歷史文化最高特徵的「學人政治」與「學統」善加闡發，此即從自孔子以來儒家人物及其學術與人生而來。他們的為學、為政、德修與志向，都是錢先生藉以「瞭解」中國社會形態，「分析」中國政治取向，「引導」中國教育走向的「素材」。錢先生正是基於對現實社會與政治的高度關切，而取源歷史，而平章學術的。

　　「新儒學」相較於舊傳統，有如下特徵：

　　其一，綜彙的特徵：即學術分野，從古代的「王官學」與「百家言」的學術分野，漸向「經」、「史」分立的學術分野過渡；而儒學大家身上，表現出亦經、亦史的傾向。此須闡明孔子所創的儒學，如何表現於後世之學、術與人生上面；之所以要「綜彙」來看，則是因為，一則孔子以「德行」、「政事」、「言語」、「文學」四科教人，政事、言語與文學之中無不寓有德行，則孔門教學，都離不開學人的自我修養；換言之，只要是講究於自我修養，並在學術上有一定表現的，都可歸入孔門儒學的範圍內，這是十分寬泛的；二來孔子所謂「文學」，即代表古代典籍，亦即雅言；文集在先秦時代，亦即「經」；文論在彼時，亦即「史」。所以，此處之「文學」，即後世之所謂「經史之學」；不僅史學與文

學，漸漸統歸到儒學門下，而且學人身上，也表現出經學、史學、文學相互貫通的傾向；三則「政事」從來被儒家認爲是爲人之大道，「爲政以德」，修養於自己與施政於百姓，是一體的，政事亦即人事，並非「高高在上」之謂；

其二、儒學義理在與外來之學的抗衡中，迸發出新的生命力；其表現即是作自我的新詮釋。可以說，理學就是在與道、佛的對話中產生的新學術生命。即如朱子所做的，以「道」入「儒」，和「儒「、「釋」分疆，它們既是理學的學術特徵，也是理學與道、佛相融通的表現。如果沒有對儒、釋、道三家的學理細加辨析，便不能在道、佛興盛的時代中發育生成儒學的義理，也就沒有儒學在宋以後的發展；

其三、從原始儒學之注重於「教學」和「儒術」之兩端，在後世受到不同程度的抉發。唐代韓愈，即以師道精神闡發儒學，接續孟子之學；而朱子可說是以儒術發微儒家精義，接續孟、荀之學。孟子喜高論師道，所以說，「人之患在好爲人師」；而韓愈則以「師道」自任，則是另一種對師道的高蹈。在以僧爲師的時代，韓愈自任爲儒者之師，實爲當時人看作是如「蜀犬吠日」一樣的怪現象，然韓愈之內心，實有對儒家人物的一種尊親，而終於不能不掀動時風了，其影響於後世的作用是顯然的。

可以說，宋初儒受到韓愈的影響很大，由韓愈而能上溯於孟子，由孟子而接續於孔子，如此，朱子的「道統」論才可以成型。此雖爲狹窄、易斷的道統說，但畢竟是使儒學史之跡，有了樣子，而使後儒，可以尋跡而去，愈探愈深遠。這於儒學史的後續發展是不可取代的重要貢獻；

其四，儒學之承繼與創新精神使宋以後社會，進入對古代遺產的繼承與創新的歷程之中。這一歷程，一直延續到清代，而無超於宋代。故而，今人之儒學，可以接續宋儒，而非清儒，要向宋儒學而非向清儒學，這是錢先生的觀點。承繼於古代之學，不僅使古代學術在近代社會發育成熟，而且，這一回溯或稱迴向於歷史的目光，變成爲一種問學的方法與路徑。只是這一種回溯，絕非是資料的整理，而是情感的維繫，因爲，只有有始有終，儒學才是生命之學，中國文化才是有生命的文化。這即是宋儒回溯於先秦的歷史功績。

第三章 錢先生述「別出儒」與宋明儒學之發展

第一節 錢先生述朱子的儒學貢獻

一、錢先生對朱子理學基於儒學史的評鑒

在縱論「學術」、「時代」之下，對「人格」才有認定。錢先生稱朱子是中國儒學史中一傑出之博通大儒，其學術路徑宏通博大，其詩文辭章亦淵雅典懿。李侗延平為朱子師，而朱子對其師之為學為人，描述甚為詳備。錢先生說，即此一點，就顯出理學別出之儒與經、史、文學綜彙之儒的不同所在。其不同在於，重視於老師。這是師道之顯。從韓愈就露端倪。這是儒學在近世復興的跡象。錢先生認為，朱子作為「別出儒」，可謂承續北宋歐陽一派綜彙之儒之學而來。但朱子所特別立為學之宗主而予以欽佩與奉持的，則在濂溪、橫渠與二程，所謂別出之儒的一支。而在這四人中，特別推尊於二程。朱子著《伊洛淵源錄》一書，以孔孟道統直歸二程。

因而錢先生說，「朱子之學，可謂是欲以綜彙之功而完成其別出之大業者。」〔註1〕錢先生述儒學史，並不可能先於歷史而說話。對於歷史的評鑒，是基於對學術的具體考量，特別是基於對學術史的看法。「以綜彙之功完成別出大業」，一是言明，宋代理學於兩漢儒學傳統而言，是別出，是新生；二則言明，朱子之理學，其為學架構中，卻不乏文學、史學與經學，而非僅就當時代之理學而論理學，而有綜彙之風，與宋初儒相似。

〔註1〕 錢穆：《中國儒學與文化傳統》，《中國學術通義》，78頁。

於此話中，錢先生已對朱子有絕大的敬意。別出之大業，即是闡發儒學義理之學業，綜彙之工夫，即是會通理學與儒學之絕大工夫。錢先生對朱子的評價，是說朱子是儒學的集大成者，而這是在朱子集經學之大成、理學之大成之上而可以達到的。錢先生既別宋以前之經、史、文學舊儒與宋以後之理學新儒，又極稱贊朱子之會通和合之功，這其中，即藏蘊著錢先生對於儒學之一種絕大精神的體認，從朱子身上；也使錢先生對儒學之基本走向，即匯通和合之精神帶來的儒學今後之發展，深懷期待。

這種精神，是以「後學」會通於「先儒」之爲學精神。學術流衍雖好似漫肆無涯，其實卻有統歸，所謂「統之有宗，會之有元」（王弼語）；其所統會處，在於「通天人、合內外」（朱子語）。這即是錢先生所謂中國人之思想總綱。則錢先生是基於對學術史的梳理，統會先哲后儒的精神而得。錢先生說，朱子因而對經學傳統，亦予以甚大之改變。因爲經學代表朱子以前的儒學。經學一直是儒學發展的主脈。兩漢時期經學即儒學，爲全體大群政教本原創制立法，開召太平，此乃秦、漢儒家之大理想、大抱負，而以經學爲其學。自東漢以下，小己私人主義代興，莊、老玄學當路，而兩漢儒業只成一伏流，淪陷在北方；卻慢慢轉盛復蘇，經苻秦、北魏、周、隋數百年，陸續有些實際的貢獻。到唐代景運重開，房、杜、王、魏諸賢，「於政教大本原處少所開陳，經術僅止於劉炫、孔穎達之類。」〔註2〕宋王安石繼《五經正義》後，有《三經新義》，朱子對此並不滿足，以爲經學與儒家人物的精神相脫離，代所奉持，只是經學之不可撼動的學術地位，經學之重要性，轉在對儒家人物的尊崇之上。因此，他將《小戴禮記》中《大學》、《中庸》兩篇抽出，合《論語》、《孟子》而定爲《四書》。又另定《五經》讀本。

「四書」之出現，是儒學完成其義理體系的象徵。從其內容之構成看，孔、孟二人被尊爲儒家創始人物，其精神氣貌影響於世人，特別是孟子，受到前所未有的重視，還有顏子，也爲學人所尊視；《大學》作爲修身之要，給予來學者爲學之次第和儒學對爲學與做人的最大宗旨；《中庸》則詮釋了儒道相通的甚深義理。錢先生說，「『天人合一』之說，中國古人雖未明白暢言之，然可謂在古人心中，早已有此義蘊含蓄。下逮孔孟，始深闡此義。道家莊老，則改從另一方面對此義闡發。大較言之，孔孟乃從人文界發揮天人合一。而莊老則改從自然界發揮。更下逮《易傳》、《中庸》，又匯通莊、老、孔、孟，

〔註2〕 錢穆：《魏晉南北朝隋唐的儒學》，《中國學術思想史論叢》（三），365頁。

進一步深闡此天人合一之義蘊。《中庸》闡述天人合一，主要有兩義：一曰誠與明，二曰中與和。」〔註3〕《大學》言，大學之道，在明明德，在親民，在止於至善。《中庸》言，天命之謂性，率性之謂道，修道之謂教。二書都是開宗明義。而從文體上看，皆屬議論體。錢先生認為，「它們成文該在記言體的《論》、《孟》之後。」〔註4〕

　　「四書」之能成為新的儒家經典，在於其內在義理之能成條貫，並通於宋理學家想要發揮之儒學精義。朱子著《伊洛淵源錄》一書，以孔孟道統直歸二程。即是欲發揮他心中一套儒學義理。「道統」最先由韓愈提出。他起而提倡師道，推尊孟子，他說，「堯、舜、禹、湯、文、武、周公、孔子之道，至孟軻之死而不得其傳。」他起而攘斥老、釋，自比孟子之「闢楊、墨」，發揮孟子的心性義理之一套。而當時修養心性一套，群向佛門去求。李翱著《復性書》，提出《中庸》一書，認為《中庸》理論高於釋氏。韓、李學說影響到宋儒。范仲淹即授張載以《中庸》。歐陽修推獎王安石，希望他做韓愈後起。王荊公卻以孟子自期。二程正式提出「四書」，大力表彰《孟子》書中義理。其意味如何？錢先生說，「主要從教育方面著手，引導人走向理想的人生。」〔註5〕朱子繼起，以孔孟道統直歸二程。因而錢先生說，「大體說，宋代理學家接近孟子，近人稱為『新儒學』，漢唐經學家則比較只看重孔子，上與周公並尊，而不免看輕了孟子。所以宋代理學畢竟與漢唐經學有其不同。到了明末大儒，如顧亭林（炎武）、王船山（夫之）、黃梨洲（宗羲）諸大儒，嫌陽明學之末流陷於空疏，才有再由理學返向經學之號召。」〔註6〕

　　或可說，理學之「脫離」經學，而卓然自立，有其不可抹滅的貢獻。其所成就，即在儒家之義理方面，心性一端。論及孔子之「治國平天下」之一番道理，則不能不說由漢儒繼承為多。錢先生非能對「漢」「宋」學在清儒那裏的分立，有一己之專斷，他不過也是考之於歷史，並依之以情實。此一番「情實」，即是據孔學之大義，而與後世之學，相互參看。他稱先秦儒之學為「淑世之學」，而稱宋理學儒之學為「自淑之學」，即本上一段之議論而來。

〔註3〕　錢穆：《中庸新義》，《中國學術思想史論叢》（二），73 頁。
〔註4〕　錢穆：《四書義理之展演》，《孔子與論語》，256 頁。
〔註5〕　同上，264 頁。
〔註6〕　同上。

　　但朱子畢竟不同於當時代的理學儒，而有超越之功。即表現在他對經學與儒學發展的遠見卓識上面。朱子本人於《易》有《本義》，於《詩》有《集傳》，《書經集傳》則囑咐弟子蔡沈去做。於《禮》有《儀禮經傳通解》，以十七篇爲主，取《大戴》、《小戴》及其他書傳所載繫於禮者附之，又自爲《家禮》一書，以當時可通行之禮私定之。若非本於對舊有經學之研究，則朱子斷不能作出經學史上的絕大創新，也不能作出儒學史上的絕大貢獻。朱子曾評述魏晉南北朝人對諸經用力之深淺，說「《五經疏》《周禮》最佳，《詩》與《禮記》次之，《書》、《易》爲下」。〔註7〕朱子雖用功於《易》，卻說《易經》是卜筮書，可不深研，而《論語》爲要。而朱子於《詩》特所重視。此處都爲錢先生所深佩。文學方面，有《韓文考異》、《楚辭集注》，所下工夫也很精湛。史學方面，朱子承襲司馬溫公路向，認爲司馬氏之《資治通鑒》，即可比孔子當時之《春秋》，寓褒貶於中，有儒學氣貌，特爲加以綱目。錢先生說，朱子此舉，實遠承王通續經之意見而來，認爲經史同源。朱子於宋舊黨與新黨兩派，亦似沒有偏見，或皆從學術上來會通講求。對於王安石之經學一路，朱子承二程而有繼，而於司馬光之史學一路，朱子評價又甚高。若存學術上之門戶之見，則斷不能有甚深之學術造詣，這是顯然的；心存政治與學術的門戶之見，也不是儒學人物的最理想。在朱子身上，這些不理想都得以避免。但錢先生說，朱子之於高深的儒學造詣之外，又首創了狹窄、易斷的「道統」一說，影響及於後世，不能不說是一個遺憾。朱子之「道統」論，承韓愈而來，其正面作用在當時，是使儒學之心性傳統得以闡發備至，其副作用，則是造成了儒學的「門戶」。「道統」之論，本取自禪宗，而禪宗發展到後來，也取消了衣鉢傳人的說法，而使禪宗大盛；儒學「道統」說延續到清代，是「漢」、「宋」學分立爲門戶的遠源，又是「今文經學」別出之禍首。

　　錢先生將「別出」之理學，歸宗到整個儒學大統中去，其所用心，可說是他對中國歷史文化傳統一番愛敬的心情。此一「歷史文化傳統」，即錢先生以爲之「道統」，儒學之學術，源頭即在孔子。卻又是在孔子身上所充分體現之一番「文化心」、「理想心」。這是從史學意義上的前後相繼，古今貫通，是在經學範疇裏的「學」、「術」合一，是在文學裏面不存義理與修辭之別，是在學術與人生中將孔子所傳的學問義理盡量發揮的儒者之心。錢先生正是本此推尋朱子之心，孔子之意，這也是錢先生爲學與做人的最高境界。錢先生說，朱子在經、

〔註7〕　錢穆：《中國儒學與文化傳統》，《中國學術通義》，66頁。

史、文學三方面，皆有極深遠之貢獻，所影響於後來儒學的，可謂已遠超北宋歐陽一派綜彙諸儒之上。北宋綜彙諸儒，其綜彙之功，表現在於經學、史學與文學皆有涉獵，其學體大；而理學儒如朱子，其學不僅及於經學、文學與史學諸端，而且特別表達出一番義理，其學體大而精深。朱子之理氣論與心性論，融會道家精義，並與佛學分開疆域，又使得從孔、孟而來的儒學心性義理之學，有一融凝之處。此外，理學所改變的經學概念，它不僅是在內容上的重組，而且是經學與儒學的另一重關係。即是說，理學所代表的儒學，與經學所代表的儒學，有了顯然的不同。而這正是後儒區分於「漢」、「宋」之學的一個緣由。可以說，分別「漢學」與「宋學」本身不成問題，若使「漢學」與「宋學」分立成為門戶，方成為一問題。對於錢先生而言，他欣賞於朱子學帶來的這種改變，看重於宋儒對儒學「心性」學之研究，對於朱子所處的宋代，錢先生也有諸多的認同感。錢先生說，如果一定要說中國哪個時代像西方的「文藝復興」，那就是宋代。宋代儒者彷彿平地突起的一群，那個時代有開創的學風，令人感佩。錢先生認為，朱子所帶來的學術新風，直至清代乾嘉時代，亦受影響。

二、錢先生論朱子理學之現代性

　　儒家文化之影響於後世，特別是讀書人之修身、平民化的社會風俗之形成以及儒家處身為人之道的深入人心，不可謂完全本之於朱子，卻可說與朱子的學術主張與學術貢獻有著巨大的關聯性。然這是基於對朱子學的正向理解之上。陳來說，「儒學究竟是活的傳統，還是死的文化，從五四後到文革前，溫和的歷史唯物論傾向於把儒學看成是過去時代的產物，是既無超越時代的內容，也無無關現代的思想課題。故對待儒學只是一個對待歷史遺產的問題。」〔註8〕而激進的改革者與革命者，則把儒家思想視為革命或改革的根本障礙，不斷發起批判儒學的文化運動。某些激進馬克思主義者看來，儒學產生的經濟基礎和社會階級基礎已不復存在，從而，儒學及其殘留影響經過批判之後將推出歷史的舞臺。陳來又說，80 年代「新文化研究」，卻把儒學看作仍然存活的「文化傳統」（龐樸語），中國人的「文化心理結構」（李澤厚語）。「在此文化心理結構裏面，『傳統和現代』的問題，被一個特別的角度聯結起來了。」〔註9〕如「儒學與民主」、「儒學與人權」、「儒學與基督教」等問題，由於宋明理學是在時間

〔註8〕　陳來著：《宋明理學》，序，7頁。
〔註9〕　同上。

上最接近於近代之傳統，所以所有有關儒家思想與現代性的討論，都以宋明理學爲主要素材。朱子學研究，也因而置於一個文化研究的視野之中。

錢先生寫作《朱子新學案》，費五年時間，是他晚年的傾力之作。在《師友雜憶》中，有自述其治朱子學的經過：「一九六四年七月，余先租的青山灣一避暑小樓，臨海面山，環境幽靜，尤勝沙田。獲得新亞董事會開會同意余辭職之當晚，即徑去青山灣。夜半枕上聞海濤洶湧，滿身輕鬆，有凌空仙去之想。翌晨，坐樓廊上，遂預定此下閒居生活之計劃，首爲撰寫《朱子新學案》一書。每日面對近海，眺望遠山，開卷讀《朱子大全集》。居兩月，返沙田。」〔註 10〕則讀書爲學，就在錢先生的精神世界中，而朱子學，是他淘洗精神的最好方法。日自然，日人文，青山灣的這兩月，可全其情。「余夫婦去馬來亞，沙田舊居未退租。及歸，日夜寫《朱子新學案》，然亦疾病時作。越半年，體稍健，……時撰寫益勤。皆就前兩年來讀《大全集》《語類》錄下筆記，分題闡述。」〔註 11〕先讀，後寫。而以筆記闡述而成。仍守傳統讀書人之方法。一九六五年七月錢先生去吉隆坡。「人事稀疏，除規定課程外，盡日夜專讀《朱子語類》。是爲余在成都華西壩病中通讀全書後之第二次。相隔亦二十餘年矣。」〔註 12〕（一九四四年冬，錢先生胃病大發。「及稍愈，已春盡夏來，尚不能下樓，遂於樓廊置一沙發，日間臥其上，聊事閱讀。向樓下索取《朱子語類》最後有關討論宋代政治者各卷，逐條翻閱。倦則閉目小休，如是有日，精神漸佳，遂依次讀至最後，再向前翻讀。《朱子語類》全書一百三十卷，獲在樓廊上全部讀完，是爲余通覽《語類》全部之第一次。及讀《語類》既畢，余病亦良已。」〔註 13〕養病不廢讀書，讀書或促進了病癒，錢先生的生活可證。而錢先生對於朱子學心儀，不在其動筆爲文之時，而早在距離寫作之二十餘年前，埋下了種子。此則學問與生命之相互博洽，亦可對今人有啓發。）離開馬來西亞前之數日，錢先生僅留《朱子詩集》首冊在案，成《朱子早年思想考》一篇。他說，此「爲余正式撰述《新學案》之第一篇，後散入學案中。數日之生活，乃常留腦際，不能忘。」〔註 14〕著述生活之點滴，錢先生都融情於中。於詩而成思想，又表達了錢先生之治朱子學，是一

〔註 10〕 錢穆：《八十憶雙親・師友雜憶》，336 頁。
〔註 11〕 同上，338 頁。
〔註 12〕 同上，337 頁。
〔註 13〕 同上，239 頁。
〔註 14〕 同上，338 頁。

種通學。今人通於古人，學問通於生活，文學通於理學，這在錢先生看來，都是關乎學問旨趣的。錢先生撰述《朱子新學案》，得到哈佛協助，有三年著作費。錢先生說，「然余之此書，自六六年二月，迄於六九年之十一月，先後撰寫歷四年。又翌年續寫《朱子學提綱》一小冊，冠其首。共五年。其先讀《大全集》，讀《語類》，抄撮筆記，作準備工夫，亦歷兩年。」〔註15〕這是說，學問關乎性命之憂，生計有所不計。學問當盡其精髓，生活或簞食瓢飲。這就是孔顏之樂。錢先生也樂在其中。

　　青睞於朱子學，深研於朱子，本身即可表明錢先生之學術立場和儒學觀。觀其治朱子學，或可得出以下幾點：一、朱子學非僅爲一堆史料，儒學是活的傳統，而非死的文化，且儒學有如活在後儒的生命之中，朱子活現在錢先生的爲學歷程中，與其生命匯通爲一；二、由此，關於「傳統與現代」的討論，如果錢先生發言，則曰「現代寓於傳統」之中，現代由傳統中來，現代即傳統之所成，宋代社會是現代性的發源和端倪，但其仍承傳統而來；三、對於儒學是中國人的「文化心理結構」，錢先生應大體允之，然其對此種文化心理之成分與價值，則會是信多於疑，朱子學研究，因而也會樂多於苦。其所信在何，所樂爲何，豈不值得後學深研而有得？

　　簡而言之，錢先生信朱子使先秦之儒學更得闡明。朱子所綜彙之儒家義理，發前人所未發，影響至大，至爲深遠。錢先生對朱子學之信從，幾可與他對中國學術、文化、歷史、傳統之信從相擬。因而也與吾輩對朱子其人其學亦即中國學術、文化、歷史、傳統之疑相對照。「走出理學」，「走出儒學」，發爲治清學及近學的一種聲音，錢先生卻似反其道而行之，更深地「走入理學」，「走入儒學」。而至親切有感，中有所得。無怪有人要依「傳統與現代」之論，論其爲落後於現代之人！不知錢先生在治儒家言和儒學史中，已經獲知「傳統與現代」之理，因而道出「今人好言現代化，其實孔子最能時代化。一部中國史，五千年來，其過程則常在現代化中」之心語。〔註16〕而於「孔子之樂」，「朱子之樂」，錢先生於治孔學與朱子學中，深染其樂。他說，「學則由我來學古人，或學同時他人賢者，使吾心與古人心與同時他人心相通，乃見吾之大生命所在。這不就可樂麼？」〔註17〕又說，「周濂溪教二程兄弟尋

〔註15〕錢穆：《八十憶雙親・師友雜憶》，339頁。

〔註16〕錢穆：《中國文化特質》，《中國史學發微》，155頁。

〔註17〕同上，144頁。

孔顏樂處，所樂何事，此乃中國人生一最高理想最高藝術，一大本領處。此亦可謂是中國文化一特質。」〔註18〕而於「儒學與基督教」的對話，因而帶出對「理學」作為中國心理學與中國文化發言者的更高期待，這在錢先生的學術中，亦可見得。

三、錢穆論朱子理學之心性學特徵

在《中國學術思想史論叢》（七）裏面，收錄了錢穆先生在 1946 年 7 月的一篇《宋明理學之總評騭》。其中，引用西方心理學佛洛依德的人格結構理論，通過比較來闡明宋明理學家之理想人格。錢穆先生說，「據近代西方精神分析學者之意見，人生日常活動，多數受『下意識』或稱『潛意識』之支配。……引起人格分裂等種種變態的精神病。此一說可分兩方面探求，一是消極的人格分裂，另一是積極的人格完整。……此種（指後一種）人生，依然是一種內心對立的人生……〔註19〕在相較之下，他指出宋明理學之「尋孔、顏之樂」，其樂處即在於壓抑之解放。儒家對人生抱一積極態度，其理想人格的追求，即宋明理學的精神意趣。

錢穆先生說，「宋明儒之兩途，一重內心洗滌，一則以內心洗滌爲助緣。但此二者，同有一最高理想人格爲所嚮往。惟此種理想人格則完全以個人內心境界爲衡量。」〔註20〕這是說，內心洗滌是工夫，理想人格是宗旨，宋明理學就是這樣一種學問。錢先生說，「宋、明儒之所謂『天理』，……其實只是一種心理境界。」〔註21〕需要在心理上來完成。「尋孔、顏樂處」，之所以可以使壓抑得到解放，或可聯繫於錢先生概括的「向他人學」的爲學精義，亦即儒學之精義。在這樣的爲學理念下，「他人」非「地獄」（注：他人即地獄，薩特語）；「相人偶」，處爲人之道。個人之羞怯，自卑，遷怒，過錯，都可在此一種爲學精神下得到化解。儒家並以「仁」的觀念引領人與人相處之關係向最理想境界行去，追求理想人格。而自心之內在（如未發與已發），都攬爲修養之工夫。

《中庸》言：喜怒哀樂之未發之謂中，發而皆中節之謂和。至中和，天地位焉，萬物育焉。錢先生說，中國人言喜、怒、哀、樂，則從心上來講究，

〔註18〕錢穆：《中國文化特質》，《中國史學發微》，144 頁。
〔註19〕錢穆：《宋明理學之總評騭》，《中國學術思想史論叢》（七），312 頁。
〔註20〕同上，311 頁。
〔註21〕同上，313 頁。

又兼及「發」與「未發」問題，這與喜、怒、哀、樂從物理上講究的西方心理學有顯然的不同。《中庸》所謂「未發之謂中」，朱子釋此「中」爲「不偏不倚」。「以其未發，此心之喜怒哀樂既不偏倚在外面任何一物上，則其存於內而未發者，當至爲廣大，混然一體，無分別邊際可言，甚亦可謂之與天地同體。」〔註 22〕也可以說天地本有喜怒哀樂，吾心之喜怒哀樂，乃本天地之自然而有。(此處即揭示中國心理學之人文源自於自然之意）只是未發而無偏倚。如果設意尋求吾心之喜怒哀樂，則「吾心乃失其大，失其中，失其存在。」〔註 23〕此即中國人言養心工夫之所從來。中國人之「心」，是有時間性，又似盈天地而在，又是具空間性的。「時間屬天，空間屬地，時間觀更重於空間觀。發與未發，即在時間觀上生出分別，但亦兼寓有空間內外之別。」〔註 24〕這與西方人將時間與空間分割開又不同。(近代愛因斯坦始創四度空間，將時間一度加入空間三度之中）朱子《中庸章句序》，引《尚書》「人心惟危，道心惟微，惟精惟一，允執厥中」，來發明此「中」字。「道心即在人心中，惟隱藏難見，故曰微。若此心違於道，則但謂之人心，而此心則不易安定，故曰『危』。此『微』此『危』，只此一心。」〔註 25〕則中國心理學即是儒學。其科學性，亦其道義之所載。所以錢先生說，「天地良心」四字，非宗教，非科學，亦非哲學，但也可以說，天屬宗教，地屬科學，心屬哲學，中國人之宗教、科學、哲學之最高精義，可以此四字涵括，而融通合一。也可說中國文化傳統，即在此「天地良心」四字之一俗語中。一部中國《二十五史》先聖先賢上乘人物無不可以「天地良心」四字說之。則此天地良心，即是中國之儒學，儒學，即是中國人之天地良心。

　　故而中國人之養心工夫，與西方心理學之「精神分析」可以相通，卻仍有不同。就因儒學之心性學，是有理想人格之嚮往的，而經典精神分析理論，則著眼於病態之人格。西方第三次心理學思潮中湧現的人物、思想，如馬斯洛之人本主義心理學，其最高需要層次「自我實現」，更可與中國心理學相通；而超個人心理學，則以對包括莊子在內的中國心理學的詮釋爲本。

　　錢先生啓示我們以心學的眼光視理學，其學不可謂不具有「現代」的氣

〔註 22〕錢穆：《略論中國心理學》，《現代中國學術論衡》，74 頁。
〔註 23〕同上。
〔註 24〕同上，74 頁。
〔註 25〕同上，76 頁。

息。他常舉朱子言，來闡說中國之心理學。當在此時，則朱子之言，似有向世界說話的分量。錢先生說，西化已甚，「惟中國人乃獨尊西方，自卑自謙，西方乃屬新而可信，中國則舊而可鄙。……誠如朱子所言，當『即凡天下之物而格，而後眾物之表裏精粗無不到，吾心之全體大用無不明。』(《〈大學〉格物補傳》) 至少此亦是朱子個人一番心理學。凡治心理學者，宜亦有以善闡之。而凡治宗教信仰與治哲學科學者，亦所不當忽。」〔註26〕然後錢先生擬今人的心理說，「其然，豈其然乎？」令人自省而發笑。

的確，在中西文化比較中，對於自己不自信，因而不能對朱子、孔子生信。反之亦然。他說，近人疑先秦儒仍多不脫貴族色彩，宋明儒仍多不脫佛家色彩，其實是生世不同，那時社會自有那種色彩。近人之疑，是以今擬古，而學術是不能脫離時代而存在的，學人治學，應善體時代，才能超越於眼前處身之時代，而有對學術之通觀與博見。傳統與現代，即是「時間」之觀念，亦即是歷史之觀念，錢先生說，中國人是最最具有時間觀念的，因而中國人對歷史護祐得最長。中國人的史學觀念亦甚發達，此即「鑒古知今」、「知人論世」的一套本領。理學之有其學術價值，因其中寓有心，而心屬時間。對理學學術價值的判別，離不開判別者對於整個文化歷史與學術傳統價值的判別。於西化思潮中，幸有人於此有得。後學學於朱子，亦或能循錢先生問學之跡，得以親近和嚮往那樣一種悅樂的心境，重拾儒家學術之傳統。

錢先生喜言「心」，曾稱中國中古以下之學問，是一番心理學，而統一薈萃此心理學思想的，就是儒家人物。如他說，「可知陽明那個所講之良知，實是一種心理學。」〔註27〕儒家人物之心理與人格，有大可值得人學習之處，如朱子、陽明。向朱子學，立修齊志，讀聖賢書，可說這就是錢先生畢生的志願，而其學與教，就是他一生的躬行。生於韓愈後，而有對儒家師道的講求，這對於一生從教74年的錢先生而言，即是他對儒學的畢生講求；從文學而理學，由師道而學術。在錢先生身上，學術與師道是集於一身的。他的一生，充滿儒家的問學精神。

「徒有終身之言論，竟無一日之躬行。」(黃震語)〔註28〕錢先生於讀書人身上這一種現象亦所不恥，而十分講求於知行並進，為學與做人合一。錢

〔註26〕 錢穆：《略論中國心理學》，《現代中國學術論衡》，98頁。
〔註27〕 錢穆：《講堂遺錄》，161頁。
〔註28〕 錢穆：《宋明理學概述》，177頁。

先生說，顧炎武之「博學於文行己有恥」，黃震在宋末已先發。因而他不會同意乾嘉學風代表學術新風。這是由對宋學精神的褒揚而來的對乾嘉學風的貶抑。（錢先生認為顧氏學問承自朱子，所體現的是宋學精神。錢先生又認為乾嘉學者剗實為學，要比今人不讀書而空發高論強勝很多）在梁啟超先生的《清代學術概論》中，乾嘉學風，被視為是清學的全盛時期。事實上，「實事求是」，「無徵不信」的治學方法，錢先生本人亦受影響，然錢先生本此治學精神返回宋儒之理學，兩漢之經學，再孔孟之心學，深入此中，一以貫之，而非如梁氏所言，欲復古而求解放，「非至於孔孟而得解放焉不止矣」。〔註29〕此一種以「科學精神」解脫「儒學」的解放思潮，是為錢先生所不能接受的。林啟彥引余英時的話說，錢先生所不能接受的不是「科學」，而是「科學主義」，據此他研究了錢穆的「考信史學」，以其早年的孔子研究為例。〔註30〕因為科學與儒學可通，而科學主義全盤否定儒學。誤以為錢先生擁戴儒學，而缺乏科學精神，而在「五四」人物中被視為「文化保守主義」，則此一種「保守」，也如貶義。這將不利於儒學之傳承，也不利於識辨儒學所具有的科學性。錢先生說，「西方心理學屬於自然科學，而中國心理學屬於人文科學。何以必亦稱之為科學，以其亦據人生種種實際現象言，有實際材料可證可驗，故當稱之為科學。惟一重自然，一重人文，斯不同耳。」〔註31〕由此或可說，乾嘉之「科學」精神，仍當不起錢先生所謂「人文科學」之義。這是與今人從西方文化發展歷程看待中國文化學術發展分期與脈絡的觀點迥然有別的。

第二節　錢先生論儒學之「綜彙」與「別出」

一、與同時代學人相較，朱子之為學「異」趣

　　錢先生既已說明朱子的學術地位，其以綜彙之功完成了別出大業，錢先生又說，在朱子當時，即有與朱子極相反對之兩學派出現。一派自朱子好友呂東萊之史學，下傳而成浙東永嘉學派，如葉水心、陳龍川等。朱、呂兩人曾合編《近思錄》，朱子又特命其子從學於東萊。但是朱子、東萊兩人為學有異。一偏經，一偏史，門戶劃然，不啻如王安石和司馬光。而葉、陳兩人則

〔註29〕梁啟超著：《清代學術概論》，6頁。

〔註30〕李金強主編：《世變中的史學》，88～113頁。

〔註31〕錢穆：《略論中國心理學》，《現代中國學術論衡》，67頁。

明白反對朱子，其意見也很有力量。葉水心反對朱子所定的《四書》，否認孔、曾、思、孟一線單傳的觀點。陳龍川則反對朱子《伊洛淵源錄》之傳統，認爲漢、唐儒也各有地位，不得謂只有宋代伊、洛一派始爲孔、孟傳人。錢先生說，這兩種意見實有使朱子難以自圓其說之處。

或可說，朱子之貢獻，實即在經學上面。而與史學有隔。錢先生並不這樣認爲。錢先生說，「朱子以理學大師而蔚然爲經學巨匠，其經學業績，在宋元明三代中，更無出其右者。」〔註32〕朱子治經，於諸經都分別其特殊性，乃及研治此經之特殊方法與特殊意義之所在。且在具體方法上，除經之本文外，必兼羅漢唐以下迄於宋代諸家說而會通求之。其論《尚書》、《春秋》，每及於史。清代史學只成爲經學之附庸，而又或歸咎於朱子。錢先生意謂理學不廢經史之學，贊朱子是以「綜彙之功完成其別出之大業」者。

分析浙東永嘉學派之反朱子，其理由都在於狹窄的「道統觀」，無論是《四書》的釐定，還是《伊洛淵源錄》，都近於此，而這也是錢先生不爲朱子圓其說的地方。由此，錢先生欲闡發自己的道統觀。以歷史文化爲自己的道統說，反映在錢先生論學上，從不脫離「歷史」。其論儒學之「道義」，即本之於歷史，亦即本之於學人所處之時代，以及學人之所學。錢先生即名之爲「學術分野」，其中含蘊著學人爲學之想望。也即學人之心。因而可說，錢先生不喜脫離開具體時代，來論說儒學之道義精神，其本儒學人物之學而申闡儒學，即如孔子所說，「我欲載之空言，不如見之實事之深切著明也。」儒學有一種實事精神，儒學也爲一種實學。儒學因論史而實，因明心而實，亦因學有所尊而實。卻不宜脫開歷史而尊尚其言。

錢先生可以攘卻眾議，「獨尊」朱子。依錢先生話說，此因朱子已會通了時學；當思想欲統會於一，朱子必承其選。當然，朱子之受尊，其時猶可待。

錢先生說，當時反對朱子的，除了浙東史學一派外，尚有江西心學一派。主要人物即陸象山。象山也是朱子好友，「論學貴於簡易直截。」〔註33〕此簡易之風，似反對朱子而來，實是學有所本。當有人問象山學術傳統爲何，象山答：「我讀《孟子》而自得之於心。」象山又說，「學苟有本，《六經》皆我注腳，堯、舜以前曾讀何書來？」學貴自得之，歸而求之有餘師，這確係孟子的主張。當象山時，對《孟子》已有一份尊崇，這實啓自宋以前，由《四

〔註32〕錢穆：《朱子學提綱》，168 頁。
〔註33〕錢穆：《中國儒學與文化傳統》，《中國學術通義》，78 頁。

書》地位之釐定而定，而象山卻由讀《孟子》書自得其心，據以反對朱子。錢先生以爲，這是以一種心性主張反對於另一種。雖然象山之學，名之爲「心學」，但錢先生認爲，朱子之學亦可謂是「心學」，且朱子論心或有勝於象山及以後之陽明。

朱子詩《觀書有感》：

　　　　半畝方塘一鑒開，天光雲影共徘徊。問渠哪得清如許，爲有源頭活水來。

陽明《泛海》詩云：

　　　　險夷原不滯胸中，何異浮雲過太空。夜靜海濤三萬里，月明飛錫下天風。

比較此兩首詩，都有「心」寓於其中。朱子的心安閒，陽明的心跳脫。朱子由讀書而來此種心境，陽明則在人生境遇中獲此心境。此一比較，頗見朱子學與象山、陽明學之同異。其同，即在對心的講求，其異則在爲學之途轍。朱子更強調於讀書，由讀書而養心；陽明吃緊爲人，由發見心而了悟人生。故而錢先生說，「陸王從『心即理』出發，程朱則以『心即理』爲歸宿。」〔註34〕象山學因何與朱子有別，是因爲象山讀《孟子》書，注重卻在於心上之所得，而據此反對讀書，象山說，「即不識一字，亦將還我堂堂正正地做一個人。」則做人若受外來牽制，不如自識吾心，也可堂堂正正做個我。象山將此牽制，一併與讀書相聯繫。朱子看重於讀書，自然成爲象山論學之對立了。才有「鵝湖之會」，朱子與象山論學。論學不妨取友，直以「論學」來「取友」〔註35〕，此即古之爲學與做人之道。

錢先生說，儒學發展到了可以不讀一書，甚至不識一字，而可以自得於心，直接先聖眞傳，此誠可謂「別出中之尤別出者。」「別出」之謂，錢先生本爲說明理學之平地突起，以新經學匯通儒學，而此「別出之尤別出者」，錢先生似含委曲之情，即褒揚中含有貶抑。一則象山之學據以與朱子之學相抗衡，發生在朱子「理學」之同時，應是「別出儒」之屬；另一方面，象山身上，不僅全無宋初綜彙儒氣貌，而且對於朱子所欲在學問上求綜彙之功，斥其爲「支離」，似全然不予同情。故而，定其爲「別出中之尤別出者」，如朱子同時一特出之「別子」。其言「不讀書」，則少「歷史性」，不近「儒家言」。

〔註34〕錢穆：《孔子之心學》，《孔子與論語》，354 頁。
〔註35〕【先秦】《學記》，《禮記》。

然其本《孟子》而學，又確然儒家，且注重於心性。此一種心性，即致聖向學之心性，本於自心而學，因而象山其學也是不容輕忽的。

於此之中，錢先生心中所藏蘊的儒學眞意呼之欲出。錢先生本之於孔學，將不認爲讀書爲儒者所不必要；錢先生縱論以儒學爲核心的中國文化大統，也將不認爲堯、舜以下，若無孔子之讀書綜彙之功，則文化將可以繼。事實上，孔子賢於堯、舜，爲人文之師，這是錢先生所認同的觀點，也是《論語》中就已出現的說法。子曰：「不患人之不己知，患不知人也」。錢先生釋爲「非孔子，則不知堯舜之當祖述。非孟子，則不知孔子之聖，爲生民以來所未有。此知人之所以可貴，而我之不知人之所以可患。」〔註36〕由讀書而「知人」。知人乃爲學之重要意思，如朱子注重於讀書，而知縮合伊洛之統，又知會通孔孟之源，此即讀書知人之可貴。不讀書若知人，亦有可貴。此忠信之可貴，莫若讀書知人更可貴。

錢先生亦藉此探取儒家的人文大義，評述儒學在孔子以後的發展。錢先生說，朱子欲令人先從事於泛觀博覽而後歸之約。這是說先讀書窮理，而後融凝爲一，此處之「博」，是博學於文，廣泛地探求義理，此處之「約」，則是返回己身，約之以禮。象山則欲先發明人之本心，而後再及於博覽，所謂「先立乎其大」。「先立乎其大」是孟子語，發明本心是也。然孟子所發明之本心，在於「乃我所願，則學孔子」，其心還在於學，在於知人。此爲孟子之學通於孔子處。但孟子重在發明「心性」，高論「師道」，較荀子而言更不重在「儒術」，亦不重「勸學」，此或孟子之失。孟子又有「良知」之說，即是本心，象山後陽明，有「致良知」之說，將《大學》中「致知」與《孟子》中「良知」二語縮合爲一，而以「致良知」作自己的爲學頭腦。錢先生說，陽明的致良知，也是從千難萬險中來，不得已一口說盡；向陽明學，不可失陽明爲學之眞精神。則可知陸王之「發明本心」，須是在心體上眞下工夫，也是不容易做到的；如若在本心既明之後，再從事於泛觀博覽，亦將裨益於學人多矣；如若有「先」無「後」，則將流於一偏。

二、朱子學與象山學比較

朱子與象山同尊孟子，何以有異？究其原因，是否來自孟荀之異？此其一。錢先生說，「孟子重師道，荀子重儒術，孔子則兼其二者，道遠而分，有

〔註36〕錢穆：《論語新解》，21 頁。

此兩歧。」〔註37〕漢初經師，往往荀卿弟子或其遞傳。宋儒漸漸從經學擺脫來復興儒學，其於荀子，亦多不滿。「第二期宋學，即以周、張、二程，直接孟子。」〔註38〕象山意尊孟子，但朱子思想，「乃於孟子外又兼融及於荀卿。朱子主張憑藉各自的虛明靈覺之心來向外窮理，此一層極近荀子。」〔註39〕可知錢先生在辨析朱子學之特殊性時，確乎辨析到孟荀之異。其二，象山之「心即理」與朱子之「性即理」，據字面即有別，所別爲何？錢先生說，「照孟子意見，似謂天地間一切道理，本由人心展衍而出，」「人生一切道理，推本求源，全由此心。」〔註40〕故而可推出「心即理」而無疑；孟子又說，「盡心知性，盡性知天」，可知「性」即在「心」中，而非心外別有「性」。程朱則說「性即理」，那是針對禪宗說「心」過了分；性不即是心，心不即是性，這樣說，與孟子所說無別，卻使人對「心」的作用須格外斟酌。錢先生謂，程朱不肯說「心即理」，只同意說「性即理」，是「採進了道家自然義（即「性」）來釋宇宙，但仍保持儒家傳統之人文精神（乃「心」）於不搖不拔。」〔註41〕如此說心，「性即理」，更比「心即理」要精微篤實。

　　而「心即理」爲說更爲易簡，此亦事實。「易簡」二字作爲象山學之貌，也合於象山論學之精神。象山是期以此易簡之論學工夫，而可以裨益於人，使人生出致聖向學之心，堂堂正正爲一人。此一論學之出發點，應是可以同情的；而象山卻認爲朱子只是在謀一種「支離事業」，其貽詩有云：「易簡工夫終久大，支離事業竟浮沉。」認爲朱子如此做爲學工夫，離發明做人之本心竟如遠隔，皓首窮經一般，這樣的事業，是不會長久的；猶心之未明，常處於危殆之中，學業也只會浮浮沉沉。這是象山理會心未能如朱子般精微處。至少錢先生是這樣評價的。錢先生說，於此詩中，可觀兩人之相異。又可知象山與朱子論學，不離文學；錢先生以此著名詩說明象山學與朱子學異同，也是藉由文學。可知文學離朱子、象山之理學不遠，亦離錢先生很近；錢先生治朱子學，即從朱子之詩切入，〔註42〕錢先生治朱子學，又成《理學六家詩鈔》一書。錢先生即以讀詩勸學。他釋朱子《觀書有感》句說：「天光雲影，

〔註37〕錢穆：《四書之展演》，《孔子與論語》，262 頁

〔註38〕錢穆：《朱子學術述評》，《中國學術思想史論叢》（五），228 頁。

〔註39〕同上。

〔註40〕錢穆：《八十憶雙親・師友雜憶》，101 頁。

〔註41〕同上，106 頁。

〔註42〕同上，338 頁。

徘徊於水塘一鑑之上，是猶造化即在我方寸之中也。萬物皆有自得，正爲得此造化。造化能入吾心，亦正爲我心之有源頭活水，而此心源活水之本身，實即是一造化。如是則造化在我，何煩別立『無我』一義。有我，無我，正爲禪學與理學之疆界所在。」〔註43〕則詩即理學，理學即詩。其中含蘊有他對理學與文學相契合的甚深同情。

象山亦斥「孝悌」爲支離。（黃東發語）〔註44〕象山學之立意，是傳曾子「專心於內」之學。他說，「曾子之學是從裏面出來，其學不傳。諸子是外面入去，今傳於世，皆外入之學，非孔子之眞。」〔註45〕其說，源於謝上蔡。朱子說，「自謝上蔡一轉而爲張無垢，再轉而爲陸象山。」〔註46〕朱子仍欲綜他學以爲學。所在「集注」此章，並收尹、謝兩家之說。直到朱子後學，於此有糾偏。此即爲黃東發。錢先生說，「金履祥，純粹是朱熹傳統。黃震則夾有呂祖謙，王應麟卻兼可追溯於陸九淵。但兩人學術最後歸宿都在朱熹。」〔註47〕又說，「能深得朱子奧旨者，殆莫踰黃氏。」〔註48〕

究象山學之來源，則象山對明道、濂溪極佩服，尤其佩服明道。象山說過，「二程見周茂叔後吟風弄月而歸，有『吾與點也』之意，後來明道此意卻存。」〔註49〕象山此話也說得好。這裡有典故。「吾與點也」，是《論語》中孔子與弟子「各言其志」一段。對於曾點的「沐乎沂，風乎舞雩，詠而歸」說，夫子喟然而歎，心表讚同。錢先生釋曰：「蓋三人（指子路、冉有、公西華）皆以仕進爲心，而道消世亂，所志未必能遂。曾皙乃孔門狂士，無意用世，孔子驟聞其言，有契於其平日飲水曲肱之樂，重有感於浮海居夷之思，故不覺慨然興歎也。然孔子固抱行道救世之志者，豈以忘世自樂，眞欲與許巢伍哉？然則孔子之歎，所感深矣，誠學者所當細玩。」〔註50〕儒家心靈生活氣象，於此可見。「吾與點也之歎，甚爲宋明儒所樂道，甚有謂曾點便是堯舜氣象者。」錢先生說，「此實深染禪味。朱注《論語》亦采其說……後世傳聞有朱子晚年深悔未能改注此節

〔註43〕 錢穆：《理學與藝術》，《中國學術思想史論叢》（六），235頁。
〔註44〕 同上，2頁。
〔註45〕 同上，3頁。
〔註46〕 同上。
〔註47〕 錢穆：《宋明理學概述》，178頁。
〔註48〕 錢穆：《黃東發學述》，《中國學術思想史論叢》（六），1頁。
〔註49〕 錢穆：《中國儒學與文化傳統》，《中國學術通義》，79頁。
〔註50〕 《論語新解》，300頁。

留為後學病根……」〔註51〕對於象山所謂的「明道此意卻存」之「意」，即是「曾點堯舜氣象」之意。黃東發說，「夫子行道救世為心，後世談虛好高之習勝，單摭『與點』數語而張皇之，遺落世事，指為道妙……欲推之使高，而不知陷於談禪……」〔註52〕則談禪之習，終與宋明理學相終始，錢先生說，「是誠大可詫惋也。」〔註53〕而謂黃氏善學，學於朱子，而又能糾彈其非。

　　黃東發善學朱子，以朱子學之綜彙之功以為學。錢先生說，「謂黃氏深得朱學奧旨者，在其學博而能醇……東發以一理學大儒，觀其《日鈔》，經、史、子、集罔不搜羅……」〔註54〕黃氏有言：「萬事莫不有理，學者當貫通之以理，故夫子謂之一以貫。然必先以學問之功，而後能至於貫通之地，故曾子釋之以忠與恕……盡己之謂忠，推己及人之謂恕，忠恕既盡，己私乃克，此理所在，斯能貫通。故忠恕者，所能一以貫之者也。」〔註55〕博學歸宗于忠恕，此即孔門一以貫之者。忠恕由曾子得之，象山可謂同，而黃氏又盛倡於讀書，亦可謂綜彙於朱陸兩家。

　　象山對曾子「堯舜氣象」和「忠恕」之學懷有感應與珍重之情。宋代此時，學人都對孔孟先賢懷有嚮往，意欲探求儒學之源，由此亦可想見象山論學的出發點。所以「朱陸」異同，實在於其為學之門徑和方法，論其學源，是趨向一致的。所以錢先生說，「若謂濂溪、橫渠、二程為儒學之別出，則象山實當為此別出派中之尤別出者。」〔註56〕則錢先生並非憑空而作定義，仍是據於史實，據於情實而論。對於象山及後學陽明，錢先生既以「別出之別出」名之，仍期於「合異為同，又同中求異」。此一為學傾向，在錢先生比較中西學術文化中亦可見到，亦會用到，實是特別值得注意的。可以說，唯因錢先生有和合之想，錢先生才學有宗主；其「孔學是一種心學，心學是儒學之大體」這樣的通觀博論，以及「儒學是一種人文科學，俾可作為對西方社會的一份回禮」這樣的為學情懷，就是這樣一種博通之學的體現。而論人猶重於學，表現在錢先生對「朱陸異同」這樣的學界公案，以深細之思來化解。他之「別出中之尤為別出者」之議，就已巧妙地將朱、陸之異合於一體（即

〔註51〕《論語新解》，300頁。
〔註52〕同上，4頁。
〔註53〕同上。
〔註54〕錢穆：《黃東發學述》，《中國學術思想史論叢》（六），1頁。
〔註55〕錢穆：《宋明理學概述》，176頁。
〔註56〕同上。

共為「別出儒」），而又與整個儒學大統聯繫了起來。朱陸之同，即在於對孔孟氣象之共同尊奉與嚮往；朱陸之異，則在於讀書為學上。但此後儒學，終是朱子一派得勢。錢先生此說亦本之歷史。朱子後學終是於象山譏為「支離」者，最有成績，也即金履祥、黃震、王應麟下及胡三省、馬端臨等人，都兼通歷史，不鄙薄文學，一如北宋綜彙儒一派，雖承朱子上接伊、洛，卻與北宋綜彙儒一派未見隔絕，而且甚相近似。此一趨勢，錢先生說，可從《通志堂經解》得觀。

錢先生說，而陸學傳人，到底也仍回歸到這一條路上來。這最後一語說得遠，或須說到陽明學承象山學而來，陽明後學卻開出史學這一點上。此即清儒章學誠所謂浙東（經史）之學。錢先生說，此因「朱學已和二程不同，他自己實已轉移到書本考索上。因此默守訓詁傳注者，皆見為不勝任。」〔註57〕此一語似針對亭林之後學而發；「只有透進史學範圍的，始能再有所光大。」〔註58〕此即浙東史學。故而，浙東史學雖宗象山而來，「宗陸卻不悖朱」，浙東史學，因而也是朱子學的承傳。

對於錢先生而言，判別「別出儒」之最後歸宗在「綜彙儒」，即完成了他對於儒學學術主線的整體判斷。即儒學之與經學、史學和文學相融通而在創始之後有奠定、擴大與轉進的判斷。對於錢先生的判斷而言，也許可以說理學深化了儒學的內涵，是在於加深了儒學的主體意識，豐富了儒學的問學工夫，卻並未改變儒學本已形成的內容框架；儒學在理學出現之後，仍可以繼續其同時表現在經學、史學和文學上面的進展。這或許意味著儒學不能靠一種「義理之體系」而單獨存在，儒學之存在方式，有著廣泛的學術和社會基礎，同時也有著極其深遠的歷史背景。儒學與師道也是不可分的，此一點，從理學的發展上面，至為明顯。

三、宋學流衍

錢先生講到元代儒學。前述及黃東發綜彙朱陸，確乎其然，黃氏既批評「如陸學之專務踐履而忽講明」，又「指謫朱學末流之僅有議論而更不躬行。」〔註59〕此即元初儒學見解之代表。而顧炎武激於明學末流之病，特提「博學

〔註57〕錢穆：《宋明理學概述》，174 頁。
〔註58〕同上。
〔註59〕同上，178 頁。

於文，行己有恥」兩語以爲學的，其實黃震在宋末已先說了。錢先生說，近代國人講學，似對兩個時代有所偏忽：一爲忽視了魏晉南北朝人在經史儒學方面的貢獻；另一爲忽視了元代人的學問。錢先生認爲，元儒講經史之學，多流衍自朱子，其成就也可觀。他們所作的詩文也都卓有淵源，有傳緒可尋。明代開國規模，如政治制度、經濟措施、社會改革、教育設計諸要項，實全有賴於元代人的學業遺績。明初金華諸儒宋濂、劉基等，都在元代時孕育成材。這一情形，與隋、唐盛運之有賴於南北朝時代之學術餘緒相似。錢先生強調說，中國儒學最大精神，正因其於衰亂之世而仍能守先待後，以開創下一時代，而顯現其大用。這是中國文化與中國儒學的特殊偉大處。我們應鄭重認取。朱子以還，錢先生認爲未有如朱子者。而元儒即以朱子爲榜樣。或以朱子爲靶子。錢先生說，這都是因爲朱子立於文化之主位的緣故。朱子既逝，其所開新的儒學生命有繼。這就是學人之學術與文化傳統的關係。自朱子以後，時代更切近於今，而如何看待朱子學術的影響，成爲儒學史的一個很大的疑難。錢先生之看待，有其獨特之處。抉發其獨特之點，也是發揮其學術價值的關鍵。從某種角度說，錢先生學術的獨特之點，正在於他對中國儒學之特殊偉大處的抉發。錢先生盡其一生之力，抉發中國儒學、進而是中國學術與中國文化的特殊偉大處，這是值得讀他書的人鄭重認取的。

　　錢先生說，明初與唐初有許多相似處。明人有《五經》、《四書》大全，正如唐初有《五經正義》。明人是根據元代朱學傳衍，而此後即懸爲功令。錢先生說，一次大結集後，即不能急速再有新的創闢，因此明代經學不見蓬勃，這種情形也與唐代一樣。史學方面，元儒本在此方面未有大貢獻，如馬端臨、胡三省，都偏重在舊史整頓，而對於新史撰述則極少綜括性的看法，遠不能與魏晉南北朝相比。跨時代來看學術，能看到起承轉合，看到此消彼長的情形。彷彿學術合於某種規律。在錢先生看來，事實正是如此。如他屢次說到後代依託於前代之功，社會文化「貞下起元」的現象，這也便是學人「守先待後」之自律規則之由來。又如此處說一次大結集後，急速難有新創，也是一種學術規律：新創，結集，再有新創……學術就在這樣的過程中發展著。再如元儒注重於舊史的整頓，而非新史的撰述，也反映某種治學的心境。使人聯想到清代學人的治學情形。都是異族統治，確乎是元代與清代兩個朝代的共通之點。尋找朝代之相似點，也是錢先生論述儒學史所用的一種方法。錢先生說，唐、明兩代還有相似，唐代自臻盛治，即輕視了南北朝，明人一

入治平之境，也輕視元人。唐、明兩代人的興趣與心力，多著眼到現實功業上面去，因此而對前一代的學術傳統轉而忽過。錢先生之能議及於此，是在於他對於學術傳統開啓後代盛治的認識十分深刻，在他的意識觀念中，學術之地位不容忽過。單純著眼現實功業是不夠的。學術需要傳承，文化才有代興。僅以此觀錢先生之學術，亦可知他治學精神之所本。事實上，他對於「傳統性即學術性」的認識，是可供持「時代性即學術性」觀點的學人反思的。

錢先生再說到明代之文學，說主要是前後七子所倡導的「文必秦、漢，詩必盛唐」的擬古主義。從漢代董仲舒的「復古更化」，到唐韓愈之「古文運動」，明文學之擬古主義，其間似乎透露出從政治到文學到儒學的發展中，「古」的意義。孔子說，「好古敏以求之」，又說「溫故而知新」，則好古而識古，溫故而知新，其中透視了一種中國傳統的學問方法，爲學旨趣。錢先生說，明代的文學運動，卻並未把握到唐代杜甫、韓愈以儒學納入詩文之中的一種絕大主要精神。即是說他們沒有體會到韓、歐因文見道，以文歸儒的新傳統。這個判斷十分重要。錢先生在儒學史發展脈絡的梳理中所透視出來的儒學新傳統，他並不以爲這是他個人的發明，而確乎代表一種文學新趨向；繼承此一種新趨，可以因文見道，以文歸儒，而拓開文學的新境界，反之，則是固步不前。錢先生之對明代文學面貌寓於褒貶之中，所持看法即在於此。錢先生之梳理各個時期的儒學史，其所持論，也是從「傳統」與「傳統之開新」出發來談。這始終是錢先生論學的立場所在。他把這種立場，稱之爲是儒學及文學發展中的一種絕大主要的時代精神。這也是將傳統更新爲時代潮流的精神趨向。因爲缺少此種精神，錢先生說，前後七子提倡文學，只知模擬古人之軀殼和聲貌，卻未得古人之神髓。因此說來，這一運動，尚不及建安，建安文學雖無靈魂，卻能自見性情。靈魂是指儒學之傳統，性情是指文學創作者之心性。錢先生說，建安時代所開創的新文學，縱不與儒學合流，但仍還有在文學上自己的立場。此立場或即是發揮自己的真性情。而前後七子擬古，較之杜、韓以下之復古運動，實是貌是神非，與古相擬卻不見道，到頭來只落得一場大失敗。直到明嘉靖年間，唐順之起，始走回北宋歐、曾的文體風格，對當時文風有一種矯正之功。而唐順之是一儒家，他自稱是陽明門下王龍溪的弟子，雖未有師弟子之禮，但其學源在此可無疑。所以錢先生說到了唐順之，又能窺見「因文見道、以文歸儒」的大統緒。唐順之撰有《文編》，所撰大體依於儒家之準繩。即因文見道，以文歸儒，文中自有一種儒者

的情懷與境界追求。在他之前有眞德秀撰《古文正宗》，則太偏重在義理，而較忽略於辭章，則文學氣息未足，而儒學氣息過重，重理不重文，也非正道。由此可知，以文歸儒，其實質在於以儒家的義理觀（含審美觀），調適於文辭，也即調適於文人的內心；因文見道，是因人見道，如果太過偏重於義理，而忽略於辭章，亦即忽略於情感，則執理不放，以爲是學，卻會導致人與學離。這實非儒家爲學的態度。而唐荊川文、理兩重，青出於藍而勝於藍。唐順之下面有茅坤、歸有光。茅鹿門著有《唐宋八大家文鈔》，是承傳於唐順之《文編》的思路，而專選唐、宋人之文，八家之名乃定。可謂前有啓之，後有承之，文風傳承，就是這樣的。孔子說，「始作俑者，其無後乎」，這是一種信念，存乎人際之間和代際之間，是儒家對人文創制的信念；而此一信念，也在歷史中化爲現實。歸有光也是一個儒家，兼通經、史，沿襲唐、茅一路，仍然走的是文學納入儒學的新路向，此一路向，其顯然特徵，是文字中透出世道關懷，這於文學是一種「新」，於儒學，轉若是「舊」，因爲在孔子而言，其言辭之中，就是透出這樣一種世道關懷的；其修《春秋》，寓褒貶於文辭之中，也是因世道關懷而來。文學納入儒學，也可說是以「新」納「舊」，以「舊」更「新」，這即中國學術之變化。錢先生述一部儒學學術史，就是在述這樣一種變化。他述這樣一種變化，以抗衡「中國學術、文化是守舊而無創新」的時代之議。且在這樣一種先後承傳之中，如學人之間生命相感而興；一部學術史，因而充滿了學術生命力。歸有光下開清代桐城派。其文風在身後並未有即刻繼起者。錢先生說，嘉靖後此數人所興之文風，實難與唐、宋相比。

第三節　錢先生論陽明的學與人

一種學風之興起與寥落，此長彼消的現象在學術史上十分平常。錢先生說，學風興起並不會很快，不似時代流行如服裝之風那樣變化迅捷。學風與時代之風也不同，時代之風，過去了就過去了，而一種學風，卻還會跨時代發生其作用與影響。所以學人的感興常能跨越歷史的長河，而與千年前的學人發生心靈對話。也會與千年後的學人發生對話。如錢先生屢次提到歐陽修的故事：歐陽修深夜不睡，妻子笑他因何如此用功，歐公答，我是怕千年後的人罵我。錢先生爲此非常震撼。一種學問要立千年不倒，這是靠堅卓的人格才能做到的。也是從學問中看到「規律」。孔子說，「殷因於夏禮，所損益

可知也；周因於殷禮，所損益可知也。其或繼周者，雖百世亦可知也。」「因革」即是規律。「因」是有所繼承，「革」是有所變化。因何前後可繼？則是因為人性有其不變常存處，中國學術、中國文化篤信於此，稱之為「天命」。發明「天命」，即是中國人之所謂「道」。「時代」二字，所指稱是「變」者，但如果一時代沒有學術，則表明變中沒有常；學術是時代的靈魂。沒有學風可以承傳，這個時代就被後人所忽過。這是學人所貴自警之處。所謂「因文見道」即是此道。陳子昂說，「前不見古人，後不見來者，念天地之悠悠，獨愴然而涕下。」「獨」即己之「性」，此「天地」即「道」之所載。因文見道，即是要會得天地、人生之道；以文歸儒，即是要完成法天地之人格。

「論及明代之理學，自必提到王陽明。」〔註60〕在錢先生心中，王陽明的人格精神是十分突出的。陽明推尊象山，主「心即理」，並提出「良知」學說，後人合稱為「陸、王」。錢先生說，「講理學最忌的是搬弄幾個性理上的字面，作訓詁條理的工夫，卻全不得其人精神之所在。次則爭道統，立門戶。尤其是講王學，上述的伎倆，更是要不得。」〔註61〕這是期於陽明人生與情感的「深細曲折」處，去求陽明學的「簡易直捷」。如「良知」二字，是至為簡易的，如何會得，卻是陽明從人生遭遇的「百轉千難」中來。要理會陽明的「良知」學說，學者亦須體會於自己的人生與情感的「深細曲折」之處，才能會得陽明學的「簡易直捷」。陽明學到了象山的「易簡」工夫，存心於「堯舜」氣象；然「心即理」說，卻離不開與朱子的「性即理」說的切磋對話。這是陽明終其一生的掛念。錢先生如何評述陽明學，在他衡定朱子學之後？

錢先生稱陸、王之學是理學中的別出，而陽明則可謂乃「別出儒中之最是登峰造極者」。因別出之儒，多喜憑一本或兩本書，或憑一句或兩句話作為宗主，或學的。如二程常以《大學》、《西銘》開示學者。象山則專舉《孟子》，又特別提出「先立其大者」這一句。則學之易簡，於理學之中，傾向明顯。易簡或利於思，而朱子獨「支離」，欲綜彙經、史、文學。反為理學家中的「別出」。錢先生卻「是」「支離」而「非」「易簡」（非即「是朱子」而「非陽明」）。他說陽明專拈孟子「良知」二字，後來又會通於《大學》而提出「致良知」三字，作為學者的入門，同時也是學者的「止境」，徹頭徹尾、徹始徹終只此三個字。後來王門大致全是如此，只拈一字或一句來教人。直到明末劉蕺山

〔註60〕錢穆：《中國儒學與文化傳統》，《中國學術通義》，82頁。
〔註61〕錢穆：《陽明學述要》，序，3頁。

又改提「誠意」二字，總之是如此，所謂「終久大」之「易簡工夫」，已走到無可再易再簡。

「登峰造極」即指此問學工夫的特出易簡處。《大學》說，「是故君子無所不用其極。」這是在說君子日新其德，而止於至善。「登峰造極」之「易簡工夫」，只有追求的是「至善」的心性與人格，此一種極致之學問，才是「久大」的。不可否認的是，陽明及其後學，都從心性入手，在尋求至善之道。陽明之人與學，果爲儒學孕育之人品與學問中之極致。因而陽明學影響人至深，對於錢先生，也有很深的影響。當他因胃病劇作躺在初創之新亞書院某間教室的地上，他渴望讀的是《陽明全集》。陽明之學成於其人生之歷險與重大轉折處，其啓迪人處，也會是在此。愈是遇到如親人離喪這樣的時刻，反觀愈得自己的眞性情。錢先生道陽明學之原委，喜從其人生經歷、成學經過之「深細曲折」處入手，而絕不會只是就學論學一般，停留於字面而不及人物之深層精神。「易簡工夫」若離卻「深細曲折」，就會是「太簡」？仲弓與孔子討論及此。仲弓說，「居敬而行簡，以臨其民，不亦可乎？居簡而行簡，無乃太簡乎？」〔註 62〕所辯在人的「居心」。錢先生解釋此章說，「上不煩而民不擾，如漢初除秦苛法，與民休息，遂至平安，故治道貴簡。然須居心敬，始有一段精神貫攝。」〔註 63〕透過對陽明學的論述，錢先生正是強調爲學之道，之要；若拘於字面，看似爲學，而無精神融會其間，其結果是導致學絕道喪。這固是學人之所須忌憚，卻也是教人者所須警惕的。「無可再易再簡」，即是指此。話頭與心體綰合一體，如此緊密，若學人能本於此話頭（如陽明四句教）而悟道，則可；如果在話上有歧點，則心似亦無可頓放，學也不可繼（如陽明四句教「無善無惡是心之體，有善有惡是意之動，知善之惡是良知，爲善去惡是格物」之幾句，就引起其兩大弟子「德洪」與「汝中」之疑辨。）錢先生說，既然已登峰造極，同時也是前面無路。

錢先生對陽明晚年之《拔本塞源論》至爲推崇，認爲《大學問》和「天泉橋問答」（即「四句教」）都不免易於引起文義爭辯，都會在言說思辨中引入歧途；扣緊在《拔本塞源論》下，才有陽明講學一個確定的目標和繩尺。而陽明提倡「知行合一」，其本體論之眞精神，在於能切實指導人生，一味拘於文辭牽向於內，則將與行脫離；一味信由妄行，就落入狂禪和僞良知一路，

〔註62〕【先秦】孔子及弟子：《論語·雍也》。
〔註63〕錢穆：《論語新解》，139 頁。

並未見眞知，此二者或竟由「四句教」的歧點而來，都不合陽明「知行合一」的本意。對於陽明學，錢先生多次強調「不要走失了陽明學的眞精神。」〔註64〕陽明學作為「別出儒中之最是登峰造極者」，錢先生於此所論，是在於「否定」，否定其學之易簡，已到達無以復加的地步；但對於陽明其人，錢先生卻有一番眞心的欣賞。他說，當天泉橋遇弟子問，陽明本有其論學意旨，卻隨順兩弟子之意，使他們各自領取自己的一番意思。他以汝中提出的「四無說」，認為是「適於導上根人」，而對德洪提出的「四有說」，認為是「適於導中根以下人」的。陽明對兩個弟子吩囑：「我今將行，正要你們來說破此意。二君之見，正好相資，不可各執一邊。……二君相取為用，則中人上下，皆可引入於道。若各執一邊，眼前便有失了。便與道體各有未盡。」既而曰：「以後與朋友講學，切不可失了我的宗旨：無善無惡是心之體，有善有惡是意之動，知善之惡是良知，為善去惡是格物。只依我這話頭隨人指點，自沒病痛。此原是徹上徹下工夫。……」〔註65〕錢先生所欣賞的是陽明的為師態度。這種態度，可以用「和」字來形容，或即是《中庸》「執其兩端，用其中於民」的態度。為師者須是面對人的全體，特別不能執於一偏。此一種師道精神，亦即是儒學精神，而在陽明此時的人生中可以清晰得見。錢先生由此說，中國學術重人猶重於學，學或有漏，而於人無失。

子曰：「可與言而不與之言，失人。不可與言而與之言，失言。知者不失人，亦不失言。」〔註66〕若果如陽明能「知人論學」，如他對待弟子的疑問那樣，「隨人指點」，自是不會失人，也不失言；而如果弟子以話頭各參老師意，各執一邊，則必容易失人，又失言。錢先生說，「君子之貴於言，言重而後道貴」，又說，「君子貴識人，不識人，則將失言，然亦有恐於失言而遂至失人者。」錢先生說，「人才難遇，當面失之，豈不可惜。」〔註67〕陽明之後學，或將因恐於失言（謬解老師之言）而遂至失人（失去陽明講學之眞精神），這正是錢先生為陽明感到甚為惋惜的地方。此處之言，如以「為學」論，則錢先生懇切期望，學不離人，人不離學。學以成人，人以成學。而尤所重者，在人。雖然西方人很早就看到各種學問的分類，「認為每一項學問，都有其客

〔註64〕錢穆：《陽明學述要》，95頁。
〔註65〕錢穆：《陽明學述要》，83頁，引《傳習錄》卷三黃省曾所記載。
〔註66〕【先秦】孔子及弟子：《論語・衛靈公》。
〔註67〕錢穆：《論語新解》，402頁。

觀之存在，與其各自之終極境界，而有待於人之分別探討」，〔註68〕但中國觀念不同。「中國人似乎很早便認爲學只爲人而有。一切學之主要功用在完成人。人的本身則別有其存在。此一存在，則自有其理想與目的。即是說，人必該成爲如何樣的一個人。而其從事於學，則只爲追求此理想、到達此目標的一種手段與工具。」〔註69〕在中國，學以成人，是爲學之最上乘境界。錢先生屢稱「陽明學之眞精神」，其所稱許，亦即陽明其人。

　　錢先生說到陽明文學方面的成就，可惜王門各派無人來承繼，遠不及二程後面有朱子。二程並無文學方面太多成就，然朱子本著「綜彙」的精神，可以引宋初儒之「遠水」，而王門不然。陽明既有文學上的造詣，其後學卻等而視之，不僅失喪了儒學綜彙之意，而且直接散失了陽明治學之精神，可謂「不善學」。錢先生因而說這是王門別出儒中一大缺點。總的說來，明儒只有「別出」，而無「綜彙」。致使「理」越走越偏狹，終致學與人離。這樣的情形，到了晚明，卻又有大改變。

〔註68〕錢穆：《歷史與文化論叢》，135 頁。
〔註69〕同上。

第四章　錢先生述清代以來的儒學發展之走向

第一節　錢先生論清代儒學之「綜彙」

一、儒學學術大統在晚明至清代的復現

　　儒學之第六期，即清代儒學，錢先生仍名之爲「綜彙期與別出期」。則「綜彙」與「別出」，此相反之兩個概念，已成爲錢先生論述儒學史的「兩儀」：沒有綜彙，則儒學之發展趨於窄狹，其發展難以爲繼，或恐淪爲長久隱遁直至消失的命運（此處所謂「長久」，以一人或一時代人之年壽爲限，則在此一時代人之眼目中，儒學絕然沒有表現，似已亡命一般；）另一方面，在儒學發展的道路上，如有異軍突起，面對「強敵」壓境，儒學終於從其內部煥發出巨大的生命力，而在學術面貌上煥然一新（如理學崛起時情形）。

　　錢先生論述整個儒學史，是爲使人明得「儒學的內容」，即儒家學術都是些什麼。錢先生論及清代儒學，感到情形與宋元明時代相似，但「內容」大有不同。情形相似，是說清儒之中，也可分出「綜彙儒」和「別出儒」，分別代表與前一時代儒學傳統的「貫通」與「更新」；內容不同，則是說兩個時期間儒學有了新的變化與發展，縱然是「綜彙」，所綜彙的內容也有別；同樣是「別出」，所「別出」之內容也不同。這其實是當然的。因何說是當然的，則是因爲學術所寄託的時代發生著很大的改異，無論是從政治、經濟，還是科技、生活等方面，都彷彿發生著不可逆轉的變化；學術與風俗自然也發生著改異。

　　學術在上，風俗在下，是錢先生認爲的文化變化發展的兩維。錢先生說，

「欲考較一國家一民族之文化，上層首當注意其『學術』，下層則當注意其『風俗』。學術為文化導先路。苟非有學術領導，則文化將無嚮往。非停滯不前，則迷惑失途。風俗為文化奠深基。苟非能形成為風俗，則文化理想，僅如空中樓閣，終將煙消而雲散。」〔註1〕因儒學所代表的中國學術具有其特殊的思想見解和行為方式，所以，可以導俗利學，或則說正因儒學具有這樣一種學術特性，它才可以影響文化，引導文化，為文化導先路。所以說儒學在中國文化中的地位不可小覷。而「風俗」與「學術」，即構成錢先生論述文化之兩個相向統一的概念。故而討論學術，探討儒學，不能離了社會風俗；否則，儒學將化為雲煙，其所負載的「理想」，也將無法實現。透過對「學術」與「風俗」之兩維的探討，儒學作為學術所須承載的文化理想和實現此一理想的途徑，彷彿都一語道盡了。

說到陽明後儒學從「別出」向「綜彙」回歸，錢先生說，晚明三大儒顧亭林、黃梨洲和王船山，他們都又走上經、史、文學兼通並重即北宋綜彙儒一路，而都成為一代博通之大儒。這即是清代儒學的綜彙之風的起始。因何錢先生總在強調「北宋綜彙儒」一路？錢先生宜乎認為識此為「本」，循此方可知儒學之學術大體。此引《論語》一段。子游曰：「子夏之門人小子，當灑掃應對進退則可矣。抑末也。本之則無，如之何？」子夏聞之，曰：「噫！言遊過矣！君子之道，孰先傳焉，孰後倦焉？譬如草木，區以別矣。君子之道，焉可誣也。有始有卒，其惟聖人乎？」《論語·子張》篇中子夏回覆子游的話，可知在孔門教學的過程中，所辨在學之本末先後。從錢先生論述儒學史到宋元明之「綜彙」與「別出」之後，應可探問錢先生對儒學發展之「先後本末」的看法。論及「本末」，可說儒學與經學、史學、文學相較，儒學是本；而儒學又以何為本？在子游與子夏的對話中，使人感到，儒學注重於灑掃、應對、進退，以孝悌忠信為本。錢先生說，「君子教人有序，先傳以近小，後教以遠大。所謂循循善誘。若夫下學上達，本末始終一以貫之，則惟聖人為能。然則小學始教，人人可傳，根本大道，則非盡人可得。」〔註2〕

這裡，即牽涉到對孔學的看法，對理學的看法，以及錢先生對理學與孔學關係的理解。而於此處，「博通」二字透露出錢先生對於儒學之學術特性的理解。「博」，在「知識方面」，而「通」，則在「德性方面」。如果錢先生所重

〔註1〕 錢穆：《中國學術通義》，序，3頁。
〔註2〕 錢穆：《論語新解》，489頁。

在儒學於朱子時代的發展，則理由應在於：朱子博於儒學之知識，再者，朱子通達於聖賢之心和百姓之心。不僅是對於理學大儒朱子，對於陽明之褒貶，對於兩漢經學之態度、對於宋初諸儒之評議，錢先生皆應本此二字來說。那麼他對於晚明諸儒，又怎麼說呢？錢先生說，在此三人中，顧亭林大體一本程、朱，還是朱子學之路向。船山在理學方面，雖有許多不同意程、朱，而一尊橫渠之處，但其為學路向，則仍還是朱子遺統。此三人中，最可注意者，是黃梨洲。梨洲學宗陽明，但他的學術路向，「實與亭林、船山相彷彿，亦主張多讀書，亦博通經史，注重於文學，實亦極像北宋綜彙儒一路。」〔註3〕此亦浙東史學之承繼朱子處。

為學本之朱子，而可通於孔子。這是可以確定的。錢先生對於朱子的讚賞，正在於此。且從學於朱子，會選擇多讀書，走北宋綜彙儒一路。錢先生評議朱子時說，朱子是「以綜彙之功完成了別出大業」。朱子理學的特出貢獻，在於理學之學術形態，和其中所包蘊的儒家的道理。而朱子不是以狹窄自限而能完成此一番儒學新創之工作的。錢先生說到朱子之理學與孔學之關係，曾如此說，大意是，如果說「理學非儒學」，則非；如果說「理學即是孔學」，則亦非。這並非艱澀的推論，而是可以視之顯然的。理學以傳誦儒學之精義而能成其學，理學使後儒易於反之先儒所創的儒學大道；但是，在解說孔學時，理學極盡其精微之功，而由此理學帶上了自己濃重的「腔調」，而或不能盡孔學之廣大，特別是，不能還原孔學素樸之面貌。這是前後之時代之別，也是儒學發展歷程中必要面對的狀況。

在晚明諸儒中，錢先生尤稱梨洲為奇。謂其極有由陽明而挽歸朱子，再上溯於北宋綜彙儒之象。論「由王反朱」，確為錢先生論述清代儒學的一個重要的點，這種關注，可以視作是錢先生對儒學學術大統與整體走向在晚明而清代之表現的關注。這就是錢先生所說黃梨洲之學特別值得注意的地方。以梨洲論蕺山為例，錢先生說，梨洲於蕺山論學之糾矯王學欲以上返濂、洛、關、閩之精神，淹沒而未彰；然其自己之學問，仍並不排斥於讀書，而可以稱得上「綜彙」之一路。

錢先生說，「蕺山論學之主張由王返朱，其最簡易明白者，在主張教人讀書。」〔註4〕又說，黃宗羲「奉陽明為有明一代的理學的中心；而尊蕺山，

〔註3〕 錢穆：《中國儒學與文化傳統》，《中國學術通義》，83頁。
〔註4〕 錢穆：中國學術思想史論叢（七），302頁。

則若爲王學之殿軍。」〔註5〕錢先生認爲，梨洲固未斥濂、洛、關、閩於儒統之外，其推尊蕺山亦不可謂不至，但是，他卻未注意蕺山論學之糾矯王學欲以上返濂、洛、關、閩之精神的部分。因此，錢先生對梨洲所著之《明儒學案》評價說：「其於明代儒學之始終流變，乃及各家學術之大趨向，及其於儒學大統中輕重得失離合是非之所在，則頗少窺入。」〔註6〕錢先生最後說，梨洲以《明儒學案》宣傳於王門之學，然對於其師蕺山之論學精神，則不可謂無失。

此應是一學術上大是大非的問題。可知錢先生對於陽明爲「別出儒中之最是登峰造極者」之論，不是隨便下的。由象山開啓的爲學之異，錢先生雖不同意「門戶」爲見，但他確實認爲，象山與朱子，固有其異同。其同在於對「堯舜」氣象的共同尊奉，其異即在於讀書不讀書這個問題上。下迨晚明，當論及梨洲之學，錢先生也以此作爲判別。或在錢先生看來，綜彙之功即應表現在多讀書。而多讀書，卻靠的是一種綜合匯通的求學心境。如對於文學，當朱子在文學上亦有表現，與其理學前輩不同，錢先生是特爲欣賞的。朱子身上，正因於此一種「博通」的問學旨趣，才可以體現儒學的博通氣質。而少讀書或不讀書，只在心上求學問道，就易陷入孤陋，在錢先生看來，此絕非儒學發展的正道。所以在對《明儒學案》梨洲對蕺山的評議上，錢先生藉「讀書」一條而敏感到蕺山問學的宗趣，進而探問晚明儒學的絕大精神。只是在錢先生看來，梨洲雖未能把握明儒直至蕺山的爲學路子之主要地位與特徵，然其自己之學問，仍並不排斥於讀書，而可以稱得上「綜彙」之一路。

錢先生引梨洲的話說：「讀書不博，無以證斯理之變化。博而不求於心，是謂俗學。」則可以說梨洲論理也是兩面兼盡：一是「多讀書」，一則在於「反求於己心」；當他推重於陽明，卻「悟出」要多讀書的道理。以梨洲宗陽明的立場來看，陽明學被發展了；以錢先生的觀點看來，則此「多讀書」，即朱子一路可無疑。所以錢先生說，這兩句中更重要的是上一句。因下一句乃當時「別出儒」之舊統緒，而上一句則另開了新方面。錢先生根據自己對儒學學術史的總體判斷說，這是「由別出重歸到綜彙，則和朱子學風實已無大分別。」〔註7〕朱子雖也是別出儒，卻有綜彙之頭腦；象山是「別出之尤爲別出者」，

〔註5〕 錢穆：《讀劉蕺山集》，中國學術思想史論叢（七），305頁。
〔註6〕 錢穆：《讀劉蕺山集》，中國學術思想史論叢（七），305頁。
〔註7〕 錢穆：《中國儒學與文化傳統》，《中國學術通義》，83頁。

而陽明是「別出之最是登峰造極者」，到晚明，錢先生看到雖爲陽明後學，但綜彙之力尤顯；梨洲雖宗陽明這一「別出儒」，實則已可稱爲新一期儒學發展中的綜彙一路。

二、錢先生與章學誠見解之比較

對於黃宗羲之宗陽明，章學誠曾說，「梨洲黃氏，出蕺山劉氏之門，而開萬氏弟兄經史之學，以至全氏祖望輩尚存其意，宗陸而不悖於朱者也。」〔註8〕「宗陸而不悖於朱」，是章氏對浙東學術的判斷。章氏在此篇文章中，談及朱陸後學在晚明，前者爲顧炎武，後者爲黃宗羲。因何說「宗陸而不悖於朱」，章氏說，「浙東之學，雖出婺源，然自三袁之流，多宗江西陸氏，而通經服古，絕不空言德性，故不悖於朱子之教。至陽明王子，揭孟子之良知，復與朱子牴牾。」〔註9〕既曰「不悖」，又說「牴牾」，且說到宋儒「空言性理以爲功，」其情似有未平。通讀章氏此文，則對朱陸異同，門戶之見，感觸尤深。其所提出的解脫的辦法，即爲「言性命者必究於史」，並說，「此其所以卓也。」似是肯定於「浙東之學」。吾師蔣國保先生在《黃宗羲與浙東經史學術傳統的確立》一文中說，作爲繼承浙東經史之學傳統的殿軍人物，章學誠關於黃宗羲確立了浙東經史之學傳統的論斷應該說是合乎事實的。而他也十分明確地將浙東之學所以卓越歸結爲言性命必究於史。這即是「浙東學術」的內涵，蔣師稱其爲「浙東經史學術傳統」。

以上討論帶來新的看法：

其一，錢先生的學術歸宗是否要承續此浙東、浙西門戶之辨？既然他被視作「史家」，且很早就受到章學誠之《文史通義》很深影響；對於章氏所言，「言性命必究於史」的浙東學術傳統，錢先生是否有繼？他對儒學學術史的議論是否在章氏此番議論之上又加入了自己的新意？

其二，章學誠說，顧氏所開的是浙西之學，尚博雅；而黃氏所開的是浙東學術，貴專家。此處之「專家」，所指稱者正是黃梨洲，這與錢先生所說晚明三大「博通」之儒是否矛盾？

其三，朱陸異同，在章氏來說，似又變爲朱王異同；章氏提出浙東學術

〔註8〕【清】章學誠：《文史通義》卷五《浙東學術》，中華書局，1985 年 5 月第一版，523 頁。

〔註9〕同上。

的脈絡，究是否加深了門戶之見，錢先生怎麼看，對於學問宗主，又怎麼看。咀嚼章氏此篇，總似在指謫朱子「空言義理以爲功」的基礎上，提出「言性命必究於史」的觀點的；言浙東學術「不悖於朱」，倒似只是把朱子看作是一種「當然的」權威或擺設，而實則是個空。如此一來，章氏所稱道的梨洲，就是一種學術新風尚的開拓者，其學是一種注重於「史」的義理之學。對於「史學」，並有如下詮釋。章氏說，「史學所以經世，故非空言著述也。且如六經，同出於孔子，先儒以爲其功莫大於《春秋》，正以切合當時人事耳。後之言著述者，捨今而求古，舍人事而言性天，則吾不得而知之矣。學者不知斯義，不足言史學也。」〔註10〕

上面引述章氏此文而來的討論之價值，在於章氏此文中所提到「史學」、「經」、「經世」以及「性命」這些概念，可與錢先生在前稱引的「史學」、「經學」的概念相比較。蔣師在《黃宗羲與浙東經史學術傳統的確立》一文中，提出「經世史學」的概念，並分析說，此「經世」概念主要在「切於人事」。蔣師說，章氏竟似將「經世致用」，「規定」爲清代浙東學術最優良的傳統。對於錢先生而言，其「史學」概念爲何？是此「經世」概念，還是史籍概念？錢先生對於孔子所著《春秋》之價值，即對它開啓後世史學及在貫通儒學與史學關係方面的價值作了最大褒獎；但從《中國史學名著》可知，錢先生之史學概念，包含後世的全部史學著作。他曾提到對於唐以後集體合作製史感到遺憾，認爲它並非是一種進步。在錢先生闡述章氏的要點中，可知錢先生申闡章氏之意，主要也在於「經史同源」這一點上。章氏說，「三代學術，知有史而不知有經，切人事也。後人貴經術，以其即三代之史耳。」〔註11〕此意由錢先生承之。

對於「經」，章氏一方面提出「經史同源」這一嶄新的觀點，一方面指謫「近儒談經，別有所謂義理也。」〔註12〕蔣師說，此處「近儒」，即指「宋明儒」。宋明儒談經，別有所謂義理，重點在此「別」字，即是脫開經史而來談論義理。此一「別」字，與錢先生「別出儒」之「別」，意有不同。他們雖都用此「別」字，章氏主要在說宋明儒所談義理，離開人事；而錢先生所舉意

〔註10〕 【清】章學誠：《文史通義》卷五《浙東學術》，中華書局，1985年5月第一版，524頁。

〔註11〕 同上，523頁。

〔註12〕 同上。

涵在於，宋明儒之談義理，別有情由，爲拒斥佛學而來；其學問模樣，別於儒學既有傳統；其爲學方式，別於「綜彙」之功，喜拈出一句兩句話頭，或舉出一本兩本書來，只朱子是「別出儒」，而仍當得「綜彙」二字。

經此比較，可知錢先生論學有別於章氏。處錢先生之時代，朱子影響已不如從前，故而心中眞正不存朱陸「門戶」，無章氏論浙東學術時所背負的「宗陸不悖於朱」的說法背後的壓力。不僅如此，當西學壓境，對錢先生而言，通觀於儒學史，更對朱子倍加稱賞，而能將朱子所治之學與朱子學術成爲社會「功令」後帶來的威壓區別開來；再則，感通於朱子學成就的背景，以及用「綜彙之功所完成的別出大業」之對於儒學的價值意義，錢先生心中不僅有感於儒學生命在宋代的再興，且擬以理學復興儒學的精神來抗衡於西學對中國的侵擾。在錢先生用心所作的對儒學史的梳理中，「宋明儒」被區分爲宋初與宋明理學兩塊。朱子居於其間，雖別爲一家，卻上通於經史，這就是錢先生「修通」的歷史。他眞正修通的或即是「理學」之經學與三代兩漢之經學的關係。

另一則資料：蔣師在文章中提到，蕭萐父先生曾在《黃宗羲的眞理觀片論》〔註13〕中說：「『言性命者，必究於史』這句話，涵義頗豐。此語似從黃宗羲的『不爲迂儒，必兼讀史』脫胎而來，實指浙東學術的基本路向在於寓義理於史學，與顧炎武的『經學即理學』、言性命必本之經、寓義理於經學的學術路向恰相對應。就其反理學而言，兩者具有同等意義，即都以一定的時代自覺力求擺脫統治思想界五百年的理學桎梏，儘管他們都脫胎於理學，所謂『顧氏宗朱而黃氏宗陸』，所承學脈不同，不免帶上印記。」〔註14〕則蕭先生之言，一是道出浙東學術與浙西學派在爲學路數上的差異，正在於「承陸」與「繼朱」，學脈之承傳有別；其所持觀念，浙東學術可表之曰「言性命必究於史」，浙西則在「言性命必本於經」；二是認爲浙東與浙西學術，都欲擺脫理學之桎梏，儘管它們都脫胎於理學。則蕭先生與錢先生所持的觀點仍是有異：

一、如對於如何看待理學的問題上，錢先生對待學術路向的改變，即晚明時代與理學愈行愈遠，也許不會認爲其過程具有很強的革命性；

二、對於傳承於朱子的浙西學派，言性命必究於經，錢先生會認爲此處

〔註13〕蕭萐父：《黃宗羲論》，國際黃宗羲學術討論會論文集，浙江古籍出版社1987年出版。

〔註14〕同上，161頁。

的「經」應仍上通於「史」，因朱子具有匯通之工夫與精神。

三、事實上錢先生認為，朱子學之流衍，即在於史學，與浙東之學深切有關。這是綜彙一路的正脈。

總之，錢先生對於章學誠在《浙東學術》此篇中提出的「言性命必究於史」，基本是持與其一致的態度，認為這是黃梨洲所開出的一種令人矚目的學術新風，且與他對儒學史的考證可吻合，並對這種學風之綜彙特徵表示驚異與贊賞。從一側面，也可知「性命」二字，在此一時代，已成為大家共同關注的學術命題。它在何種程度上表徵儒學，代表學術的走向，則是可待繼續討論的。

錢先生說，黃梨洲的《明儒學案》是一部極好的明代學術史，或說思想史。它既梳通學術繁衍之脈，又析出學者思想之流。可以看出，在他著此書前，他所須誦讀之書，不下數百千卷。而且此書雖宗奉陽明，仍羅列各家，細大不捐。梨洲說的「讀書不博，無以證斯理之變化。博而不求於心，是謂俗學。」則梨洲問學的中心，固是講求於「心即理」，卻又是盛倡讀書的。且是此兩維之絪合。有別於「俗學」之只讀書而不論心，或只論心而不讀書。多讀書以證「斯理」之變化，則可知梨洲學的另一端為「理」；究極於「理」，是宋儒程朱理學之傳。所以錢先生說，此一路向，顯然與陸、王當時意味有了甚大不同。

學術亦是一味，可味之。晚明經史味濃，而「空」言性命味輕。錢先生說，「我們正須在此等處看出學術之變化來。」〔註15〕本來宋、明講學之風，主要是「別出儒」，尤其是陸、王一派所重，而梨洲特稱之為「講堂固習」，可想當時學術路向轉變之急劇了。錢先生觀史，似立於史「旁」，敏感於每個學者的心，各個看到儒學先賢們問學旨趣的不同點；考察歷史，然後形成對「儒學是什麼」的一種判別。對於影響後儒很深的朱子與陽明，錢先生皆所同愛，但據於對孔學的考察，又「是」朱子（之讀書）而「非」陽明（少讀書），同時又看重朱子與陽明的為學精神。其在評述儒學史時所理出的脈絡，無不著眼於「大」的儒學史總體發展的眼光，從而褒貶儒學史上人物之事功與德行；而他終於褒揚多而貶義少，一一稱量每個學術人物在歷史上的分量之輕與重，最終得到值得每個中國人養護的全部的儒學精神史。事實為，這部珍貴的儒學史得到每個儒學學術人物的愛護，如梨洲與陽明，正可謂是儒

〔註15〕錢穆：《中國儒學與文化傳統》，《中國學術通義》，83頁。

學學術的前後師承關係，而不惜將「問題」暴露於人前。此處之「問題」，即學術觀念之異同，亦即學術之「眞見」，即學術之眞發展。梨洲所謂「講堂固習」，應是指陽明後學愈來愈脫離讀書，偏於性命之議，而幾落入「狂禪」一路的學風與習慣吧。

　　黃梨洲之後有李穆堂，錢先生說，他崇奉象山，但他讀書之多，也堪驚人。回溯於儒學在清之前的歷史，象山之「即不讀一字，亦將還我堂堂正正地做一人」如捨卻枝蔓，直呈己心，而這顆心，是「堂堂正正做人」之心，亦實能使人感佩；而陽明之「致良知」，如接續了一種爲學的方法，其「良知」說亦可以感天動地。如果陽明學可信，則是其人格可信；如果象山學可敬，是其人格精神可敬。陸王之學，終有其特立獨行處，即如錢先生說的「別出中之尤爲別出者」，「別出之中之登峰造極者」，其所特出處，即在其人格，其學風感染後學，其從學者，亦固有之。

　　然承續於陸子之人格魅力，終不捨於朱子之讀書精神，生於朱子、象山、陽明後之學者，漸思融化其「異」，將讀書與做人再思融凝爲一。這是錢先生所樂見的。這樣一種人格，亦爲錢先生所敬佩。而錢先生所言的陽明後學讀書之多，表明其學風之變，與朱子學風幾無異，或更有倒向宋初綜彙之風之跡，則此處之「綜彙」，與宋初之「綜彙」，在內容上眞的十分不同：如果宋初諸大儒所綜彙的是儒學在奠基、擴大與轉進期與經學、史學及文學的血脈聯繫，那麼晚明諸儒之所綜彙，則是程朱、陸王之學了。而此一綜彙精神，晚明可與宋初通。其起到在近世儒學史上上下貫通之橋梁作用的，在錢先生看來，即是「以綜彙之功完成別出之大業」的朱子。朱子所綜彙的內容，上承於唐韓愈之「闢佛」運動，「因文會道」、「以文歸儒」之風，近取司馬溫公《資治通鑑》之史學精神，上探《春秋》之史義；不僅是周、張、二程所傳的理學本身，還有兩漢諸儒所定的經學的內容，故而其學貫通於經、史、文學，融通於孔、曾、思、孟及伊洛之學，雖其所舉的「道統論」不盡合理，卻可由此曉喻理學之疏通儒學經脈的爲學大義。儒學至朱子，而更有轉進，更有綜彙，也更別出。

　　梨洲之治學精神可謂宏大。《明儒學案》以陽明爲宗，羅列各家，匯通一學，而更有志於「宋元」。《宋元學案》由梨洲之子百家和其私淑全祖望續修而成，是梨洲存世的專著之一種。以蔣師考證，其論述「專門之學」的著作，有《明儒學案》六十二卷，經學著作《易學象數論》六卷、《孟子師說》七卷，

關於喪服形制的《深衣考》一卷。還有《破邪論》、《明夷待訪錄》等關於政治思想的專著。蔣師尤指出，《破邪論》中有哲學論述文字《上帝》、《魂魄》、《地獄》三文，此外梨洲還有地理、曆法等方面的著述。以梨洲自謂宗陽明而非尊朱子來看，梨洲之學一本於良知、性情亦可知也。以他記載晚明崇禎朝及南明歷史事件的《海外慟哭記》的書名，似可透露此一消息。梨洲之著述中，有對親朋師友往事的記載與回憶，有對晚明崇禎朝及南明歷史事件的記載，還有就是論述專門學問的著作。學以經世，言性命必究於史，本著這樣的學術信條，梨洲著述不輟。「黃宗羲著作總數一百十一種，除去由黃宗羲主持編選的宋、元、明人的著作十九種，餘下九十二種中，黃氏自著的專著爲六十四種，黃氏自著的詩文集二十八種；其中現今尚存的專著有二十六種，詩文集有十八種。」〔註16〕則錢先生所最爲看重的理學家的詩文修養，梨洲亦宏富。呂晚邨與黃梨洲有交誼，其詩曰：「何論門第與宗師，得見先人要有詞。止矣吾今眞止矣，思之君且再思之。」〔註17〕當時人切磋學問，於此詩可見一斑。或可以說，宗陽明者，有時事之逼迫，如陽明之龍場驛遇險，梨洲之遇崇禎朝及南明歷史，實皆由境遇而逼出學問；尊朱子，則其徜徉於書境的學人氣息濃鬱，學而未倦，止於至善。錢先生說，「我們講儒學，當將『學術』、『人格』、與『時代』三者聯繫一起講。」〔註18〕由梨洲之學，可見梨洲之人格，亦令想見梨洲所處之時代。晚明儒梨洲身上，則終是外境所逼，中顯偉力，在錢先生看來則是承繼了陽明、朱子的爲學通義，錢先生贊曰，如果尋繹儒者之風，晚明儒可謂是最正宗。「至言其性情，則此六七君子者，皆至誠惻怛，忠孝節義之人也。」〔註19〕

章學誠《浙東學術》有言，浙東學術貴「專家」。蔣師說，「在黃宗羲身上學問上的淵博與學問上的精深是統一的，他之偉大正體現在他在多種學問領域都成就爲『專家』，而不僅僅是某一種學問的專家。」〔註20〕貴「專家」與尚「博雅」，是章學誠的說法。考察章氏的觀點，竟似意不在「朱陸門戶」，

〔註16〕 蔣國保：《黃宗羲與浙東經史學術傳統的確立》，《杭州師範學院學報》社會科學版 2006 年第 2 期。
〔註17〕 錢穆：《記呂晚邨詩集中涉及黃梨洲語》，《中國學術思想史論叢》（八），195頁。
〔註18〕 錢穆：《講堂遺錄》，174 頁。
〔註19〕 錢穆：《述清初諸儒之學》，《中國學術思想史論叢》（八），2 頁。
〔註20〕 蔣國保：《黃宗羲與浙東經史學術傳統的確立》

卻實在意於「朱陸異同」。門戶之說，爲章氏所不齒。他說，「知性命之無可空言，而講學者必有事事，不特無門戶可持，亦且無以持門戶矣」〔註21〕其對浙東學脈的梳理，重點在於陸學之在當時代的新發展，即以黃梨洲爲代表的浙東學術其「言性命必究於史」的精神。竊謂章氏「專家」之稱，即是此不鑿空言，究極於史，自成一家之謂。與此若相對，「博雅」是對浙西之學，習於談經，尙發雅言之謂。《孔子》說，詩、書、執禮，皆雅言也。「博雅」之學，境界固高，然有離於人事之偏，在章氏來看，或不如「專家」之學那樣篤實懇切。

三、博通之爲學主張與人格

在爲學之主張上，錢先生向重視於「博通」，這也是他對於儒學特性的一番認識。錢先生對梨洲「讀書不博，無以證斯理之變化。博而不求於心，是謂俗學」這一經典語，欲窮其爲學之精神。他闡述說，「其前一語，正所以開時代之新趨，後一語則仍歸宿於傳統之舊貫，是爲梨洲論學之兩面。故梨洲爲學，門路雖廣，而精神所注，則凝聚歸一。蓋欲以博雜多方之學，融成精潔純粹之知，以廣泛之智識，造完整之人格，內外交養，一多並濟，仍自與後之專尙博雅者不同也。故梨洲論學極重統整而不主分析。」〔註22〕似可以說，梨洲之爲學精神，直與錢先生之謂儒學是博通之學，精神一貫。故而竟可以說，錢先生之謂「博通」，與章氏之謂「專家」約同。

錢先生之一生，著作總數有五十四種，其著述的種類，有史類，如上述《國史大綱》，《秦漢史》等，還有學術史著作《中國近三百年學術史》、《中國學術思想史論叢》（一至十冊）和思想史著作《中國思想史》以及發明中國學術特性的著作有《國學概論》，《中國學術通義》，《現代中國學術論衡》等；有文化類，如《文化學大義》等，更有歷史與文化相互闡發者：如《中國文化史導論》，《歷史與文化叢談》，《從中國歷史來看中國文化與民族性》等。他與儒學有關的著述，有孔學著述《論語文解》，《孔子要略》，《孟子要略》，《論語新解》，《孔子傳》，《孔子與〈論語〉》，《四書釋義》等，有理學書《陽明學述要》，《宋明理學概述》，《朱子新學案》等，還有經學書，如《經學大要》，又有《兩漢經學今古文平議》，其中包羅《劉向歆父子年譜》、《兩漢博

〔註21〕【清】章學誠：《文史通義・浙東學術》，524 頁。
〔註22〕錢穆：《中國近三百年學術史》，29 頁。

士家法考》,《孔子與〈春秋〉》,《周官著作時代考》等四篇重要篇目,還有子學書《先秦諸子繫年》等。錢先生在《經學大要》中屢講「學術分野」。學術分野代表當時代的學術意見,學術偏倚,依歷史之時序聯繫起來,也體現了古今學術流變,而對於其中某一部分的研究很重要。如對於不同時期的學術分野,他區分了漢時的「古文」與「家言」,三國時的「經、史、子、集」等。而「學術分野」之最要,是關乎怎樣做學問,也就是「做學問的理想、嚮往是什麼」。這是學問的基礎,是爲學者的宗主,也是治學者的情感所繫。使人印象深刻的是錢先生之稱許梨洲的「完整人格」,它是博雜多方之學,經精神所注,融凝歸一而成。這應是對錢先生有很深的影響。其所著之《中國近三百年學術史》,即從梨洲說起。而闡述梨洲之學,欲申闡宋學之真精神與朱子學之流衍矣。

如比較梨洲與錢先生,可以說「學術分野」有異:梨洲時有個「朱子和陽明」,梨洲所宗在陽明,而錢先生時有個「浙東與浙西」,錢先生所宗在朱子,似承浙西之學。事實上錢先生與梨洲,學術分野有同:錢先生品評梨洲之學,可知錢先生所宗在於「博通」,即知識與精神合一,此即他爲學的理想,對於朱子,對於陽明,對於梨洲,錢先生闡發所至,都在於此胸中所存之爲學精義。天長日久,日生日成,亦即成就錢先生人格的養成。

錢先生說,穆堂同時有全謝山,他上接梨洲父子有志未竟之稿而作《宋元學案》,此書之主要內容自在於所謂別出儒理學之一面。但謝山此書,顯然更是綜彙儒之軌轍。故而謝山說,「此書以濂、洛之統,而綜合諸家,如橫渠之禮教,東萊之文獻,艮齋、止齋之經制,水心之文章,莫不旁推而交通,連珠而合璧。」〔註23〕此種學風,與濂溪、二程以下理學精神顯有歧出。而與朱子之崇奉伊、洛而兼走綜彙諸儒之路,有其極大的相似。此處,錢先生再證朱子爲學之「綜彙」一路學風,更具後續之承傳,而有長久之生命力。亦證當晚明之時,梨洲所開學風,即爲「綜彙」一路。雖因時代不同,綜彙的內容有別,但「綜彙」之功即具學術活力。遙想宋初大儒歐陽修,集經學、史學、文學於一身,會通和合,融凝爲一,奠基了此種精神;綜彙之學,無不需要爲學多方,而精思合度,特貴精神貫注於中,以人格顯其學。當錢先生縱論儒學史,而一再拈出「綜彙」二字,其用意或即在此。他倡導一種學風,是知識與精神一體,爲學與做人一致的。這即是他從儒學變遷史中得出

〔註23〕錢穆:《中國學術通義‧中國儒學與文化傳統》,83頁。

的最大的結論。其成學過程，亦體現著此種精神。始終懷有民族情感，爲暢發民族精神，延續民族命脈，此即錢先生自任的學術使命，是錢先生志意之所在。其學與思，依託其德與志，一體並進。孔子所說「志於道，據於德，依於仁，游於藝」，就是他一生所信奉的儒學大義。

然疏通儒學史，既以「綜彙」與「別出」來提示儒學史中第一次（由唐到宋）和第二次（明到清）重大轉折，其中所蘊含的曲曲折折還是有一再闡論的必要。可以提出的問題有：

第一，唐儒如韓愈所開啓的「以文歸儒」、歐陽修所示範的「經、史、文學」「綜彙」的學風，其在近世的影響究如何；

第二，理學之「別出」對於儒學發展的意義亦即理學之學術地位今人評價怎樣；

第三，朱陸之異之同及其對後世學術發生的影響當如何作全面評價。

第三個問題，似是隱含其中，發生在上述「第一次」到「第二次」儒學轉折之間，影響著學脈的流轉，以使整個學術面貌，表現爲異同之辯，門戶之爭，而與第一、第二個問題結合一處。

錢先生之論儒學史，正表達他自己的看法，呈現一家之言。從對第三個問題的解答看，他十分重視於此一問題，且對此疏通時，一直聯繫到孟、荀之異與同。〔註24〕其觀點的特點，或是「主別尙合」。「主別」，是主「別出儒」即理學，尤朱子之理學；「尙合」也是向朱子，尤重其和合會通之精神。與前（如歐氏）與後（如梨洲）相較，錢先生尤其佩服朱子，不可不說在錢先生心中，朱子所成之「綜彙」之功，其意義價值爲最大。錢先生在《朱子新學案》的撰寫中用心申闡的問題，是朱陸異同？是「伊洛淵源」？還是朱子理學與儒家經學的關係？讀《朱子新學案》篇首，可知本書初擬三部分，即「思想」、「學術」與「行事」，最後，因前兩部分所佔份額已大，所以，行事部分未及詳述，只依前人如王白田《年譜》、夏炘《景紫堂集》所述。「思想」之部，分理氣與心性爲兩部分；「學術」之部，分「經」、「史」、「文學」爲三部分。經學中，分《易》、《詩》、《書》、《春秋》、《禮》、《四書》諸題。又在三部外添附《校勘》、《考據》、《辨僞》諸篇，並《遊藝格物之學》一篇。介乎「思想」、「學術」兩部分之間者，又分朱子評述濂溪、橫渠、二程諸篇，下逮評程門，評五峰，評浙學，「又別著朱陸異同三篇、闢禪學兩篇等，專以發

〔註24〕錢穆：《朱子學術述評》，《中國學術通義》，91頁。

明朱子在當時理學界中的地位。」〔註25〕

　　本書「敘述朱子，尤重在指出其思想學術之與年轉進處。在每一分題下，並不專重其最後所歸之結論，而必追溯其前後首尾往復之演變。」〔註26〕則可知錢先生之心目中的朱子學，毋寧說是朱子所傳達的一段完整的學術生命，其中寓有朱子之學術精神，這是較任何分部之結論，為更重要的。錢先生說，「前人治朱子，每過份重視其與象山之異同。但鵝湖之會，已在朱子成學之後。朱陸相爭，更是後事。固是兩家顯有異同，但若專就此方面研朱子，則範圍已狹，又漫失淵源，絕不足以見朱子之精神。」〔註27〕朱子之一生，既是學問的一生，則朱子之所學所問固是重要，其為學之精神更為緊要。朱子學有淵源，則淵源於何？此是錢先生探索之中心。

　　「此書可謂是研究宋明理學，以至研究中國學術史必讀之經典著作。至其本朱以述朱，上承固有學案之體例之精神，而復將朱子之學置諸中國文化之全體系與學術思想之發展史中闡發，亦確乎為學案著作啓一新頁。」〔註28〕「本朱以述朱」是一本於朱子原書稱述朱子，是「皆本朱子自己言說加以剖辨闡述，與徒引後人說者大不相同。」〔註29〕此一種述學的精神在於「信」於所述者本人，信其治學之精神之前後通貫。述其學，亦即學其學。而「將朱子之學置諸中國文化之全體系與學術思想之發展史中闡發」，此即《朱子學提綱》之所論列，不枝不蔓，不爭門戶，以顯朱子學術思想在中國全部學術思想史上之地位。

　　朱子為錢先生所重，更可以說，錢先生之所重，有超於朱子，而在於朱子的綜彙精神，此一種精神，承宋初儒而來，遠承孔孟而來，又下有接續，如晚明諸大儒。此幾等同於中國學術精神。錢先生說，「要之朱子理想中之顏子，與其理想中之聖學，則實在秦漢以下儒學傳統中獨開生面，迥不猶人。朱子實亦有意為儒學創出一新局面，亦要人天旋地轉雷動風行般去做。惜乎此後理學界，絕不能在此一方面，深識朱子之用心。」〔註30〕則錢先生所期，是復現朱子心中之儒學理想，是使這一種學術精神，影響及今。

〔註25〕錢穆：《朱子新學案》，2頁。

〔註26〕同上。

〔註27〕同上。

〔註28〕同上，出版說明。

〔註29〕同上，2頁。

〔註30〕同上，131頁。

第二節　錢先生論清代儒學之「別出」

一、清儒「別出」一派之學術主張及其演變

錢先生說，梨洲、謝山以後有章學誠，亦承黃、全學風，那時已是清代乾、嘉盛時。章氏分析並時學派，謂梨洲以下為浙東之學，屬史學；亭林以下為浙西之學，屬經學。又謂浙東淵源陽明，浙西淵源朱子。此一分別，錢先生說，在彼亦謂是根據史實。惟此處須再指出者，厥為當時學風之轉向。亭林嘗言：「古今安得別有所謂理學哉？經學即理學也。」錢先生說，「我們若套用亭林此語來替實齋說話，亦可謂『古今安得別有所謂心學哉？史學即心學也。』」〔註31〕錢先生說，「由陸、王一派之心學，轉出梨洲、謝山、實齋之史學來，此事大堪注意。故我謂清初諸儒之學，雖一面承接宋儒理學傳統，而其實已由別出儒回到綜彙儒。而最可注意者，則正是由梨洲至實齋這一派所謂的浙東史學。而同時他們亦都注重於文學。他們自稱承接陸、王，而學風之變如此，則浙西亭林一派淵源朱子的自可不問而知。」〔註32〕這裡值得注意的有幾點：

其一，在宋初一段，錢先生區分理學是「別出」，但朱子是「以綜彙之功完成其別出大業」。也可以說，身在當時理學家的氣息中，作為「別出儒」的一員，朱子是為「別出」者。其作為「別出」者，心懷「綜彙」之想。錢先生之所褒揚，也正在於其「綜彙」之功。這是對於錢先生之理學研究，必要澄清的一點。

其二，錢先生論學，不能不以「理學與心學」、「經學與史學」、「浙東之學與浙西之學」為話頭。章氏分析並時學派，謂梨洲以下為浙東之學，屬史學；亭林以下為浙西之學，屬經學。又謂浙東淵源陽明，浙西淵源朱子。錢先生於此存而不論。錢先生舉「經學即理學」，來說出「心學即史學」一語，意不在為「理學」與「心學」重下定義，而在於提出晚明學術之新風和在學術之開新之時，所透露出的「綜彙」的氣息。（章氏之提出「史學」，與亭林之重提「經學」，在乾嘉時代，仍表現出重「義理」與重「考據」兩種為學方法之辯，見下文講乾嘉學），在錢先生這裡，從朱陸，到亭林、梨洲，直至戴震與章學誠，在分辨其異時，都已化約為一種融通。如，若論朱子之學，傳

〔註31〕錢穆：《中國儒學與文化傳統》，《中國學術通義》，84頁。
〔註32〕錢穆：《中國儒學與文化傳統》，《中國學術通義》，84頁。

－111－

亭林而爲一種研經明道；陽明之學，傳梨洲，化約爲「經術史裁」。則在亭林與梨洲當身，其學都有當於儒學之眞傳統，博文、約禮兼得，「別出儒回到綜彙儒」，於晚明時代已成儒學之新統。

　　錢先生即以「浙東史學」名「浙東學術」，並明確說明，它帶動了由「別出」回返「綜彙」之路，「大堪注意」。這其中，心學而「轉出」史學，如何而能？錢先生在《近三百年學術史》第二章中，錄梨洲述陽明致良知一語之眞訓：「致良知一語，發自晚年，未及與學者深究其旨，後來門下各以意見摻和，說玄說妙，幾同射覆，非復立言之本意。先生之格物，謂致吾心良知之天理於事事物物，則事事物物皆得其理。以聖人教人，只是一個行，如博學審問愼思明辨皆是行也。篤行之者，行此數者不已是也。先生致之於事務，致字即是行字，以救空空窮理，只在知上討個分曉之非。乃後之學者，測度想像，求見本體，只在知識上立家當，以爲良知，則先生何不仍窮理格物之訓，先知後行，而必欲自爲一說耶？」〔註33〕此處可注意者，在於梨洲看待陽明，謂後之學者，未眞知其「致良知」學說；陽明先生之說，是以「行」字補「知」字之不足。則在梨洲看來，博學審問愼思明辨皆是行也。篤行之者，行此數者不已是也。「格物」即致吾心良知之天理於事事物物，則事事物物皆得其理。其格物之目的，在「吾心良知之天理」，格物之對象，在「事事物物」，格物之方法，即在一個「行」字，而非「空空窮理」，此即陽明學的本意。而梨洲基於對陽明學的此番理解，提倡讀書窮理，多讀書以證斯理之變化，讀書而貴反求於心，而非測度想像，求見本體。由此，心學轉出史學來了。

　　錢先生說到清代經學方面時說，自亭林下至乾、嘉盛時之戴東原，恰與實齋同時，經學之盛，如日中天。當在學風轉變之時，晚明諸儒似都有「走出理學」之想。亭林說「經學即理學」，其承朱子理學，而欲回返「經學」。亭林說，「理學之名，自宋人始有之。古之所謂理學者經學也。」〔註34〕亭林平生著述，著意專在《日知錄》和《音學五書》這兩書上。他爲學高唱明道救世，他說，「凡文不關於《六經》之旨，當世之務者，一切不爲。」〔註35〕所以錢先生述其學道，「故治音韻爲通經之鑰，而通經爲明道之資。明道即所

〔註33〕學案卷十，《姚江學案》，錄自錢穆《中國近三百年學術史》，25 頁。
〔註34〕文集卷三與施愚山書，錄自錢穆《中國近三百年學術史》，134 頁。
〔註35〕卷四與人書三，錄自錢穆《近三百年學術史》，133 頁。

以救世。亭林之意即如此。乾嘉考證學，即本此推衍，以考文知音之工夫治
經，即以治經工夫爲明道，誠可謂得亭林宗傳。」〔註36〕據此而論，考證學
確與亭林有關；以戴震爲其代表，考證工夫雖深，而錢先生心中「綜彙」之
風不得其傳。錢先生說，「但最先是由儒學而治經學，其後則漸漸離於儒學而
經學成爲別出，又其後則漸漸離於經學而考據成爲別出，此爲清儒經學之三
大變。」〔註37〕愈變而儒學之氣味愈淡。愈變而儒學之精神愈失。錢先生以
觀全部儒學史之功，觀此清儒經學一段，而得出此結論。

　　錢先生於清儒經學所變之第一期，舉閻百詩之辨《古文尚書》，胡朏明之
辨《易圖》與考《禹貢》，顧棟高之治《春秋左傳》，言其「經史兼通，綜彙
包舉，不失爲一種有體有用之學。」〔註38〕或謂清代經學，即承梨洲之風而
來，或與梨洲相呼應。此種經學之風，可以想見在亭林也不以爲非。後來經
學脫離了儒學，如將亭林之「博學於文」與「行己有恥」兩句相互脫開，而
言「訓詁明而後義理明」，則所重在訓詁，只講訓詁而把義理擱在一旁，學風
顯已有變。在此學風鼓動下，上溯於兩漢博士家法，專爲兩漢博士重立門戶，
於是變成「經學獨立」，漸與儒學無關。到此如將朱子匯通經學以入儒家的工
作全部推翻，清儒「漢宋之分」成立。此爲清代經學的第二期。

　　到了第三期，經學亦被解離一般，因「僅見爲是一種考據之學」。〔註39〕
此則學人之爲學風尚又一變，只顧考據，莫管經學，可脫開學術史；只顧考
據莫問儒學，可置身世之念於不問。則「爲學問而學問」成立。錢先生評述
此風說，考據獨立成爲一種學問，經學亦僅視爲一堆材料。他們用同樣的目
光來治史，史亦成爲一堆材料。材料無盡，斯考據工作亦無盡。此則有如皓
首窮經，別有滋味。如果經學爲義理之所重，那麼史學是義理之所載；以「材
料」視之，即可在義理一端上無感情，無講求，於是義理盡失。錢先生說，
我無以名之，則只有仍名之爲是一種「別出之學」，即宋儒別出之學之又一變
相，而不免每況愈下了。

　　如果說，宋理學家們之學，仍有其關乎儒學義理上的大關注，到了乾嘉
時期，已走向反面。雖都名爲「別出」，但不得不說，此一變相堪憂。錢先生

〔註36〕錢穆：《中國近三百年學術史》，134 頁。
〔註37〕錢穆：《中國儒學與文化傳統》，《中國學術通義》，85 頁。
〔註38〕同上。
〔註39〕同上。

說，此後清儒論學，乃若惟有考據一途始可上接先聖眞傳，此實可謂「考據學之別出」。又於考據學中別出了一種訓詁學，此即所謂「小學」。故清人乾、嘉以下論學，乃若孔、孟以下，特足重視者，惟有許書重、鄭康成兩人。其後又超越了許、鄭而特別重視漢博士中《公羊》一家，於是儒學傳統中，只剩了董仲舒與何休。錢先生說，「別出中之別出」者在晚清，即今文學《公羊》一派。

二、評康氏之學

錢先生說，康氏論孔學最尊《易》。不久康氏著《新學僞經考》，《孔子改制考》，則謂《六經》皆孔子託古改制，不獨《易》爲孔子之自著，於是又推翻己說。錢先生在《近三百年學術史》中錄康氏語：「孔子雖有《六經》，而大道萃於《春秋》……學《春秋》者在其義，不在其事與文，則公、穀是而左氏非也。《春秋》微言大義，多在公羊而不在穀梁。孔子所以爲聖人，以其改制……《春秋》所以宜獨尊者，爲孔子改制之跡在也。《公羊》《繁露》所以宜專信者，爲孔子改制之說在也。能通《春秋》之制，則《六經》之說，莫不同條共貫，而孔子之大道可明矣。」〔註40〕

論說康氏，錢先生一則以爲，康氏學問並不可謂根底深厚，故而屢變其說，如他對《易經》與《春秋》的態度即是；二則認爲，康氏謀「改制」，而託於孔子，其所主「今文經學」不立。錢先生在《劉向歆父子年譜》中說，「康氏舉列莽政本《周官》，不足即證《周官》由歆僞造。《周官》非周公書，而莽、歆誤信爲利民之道在是。且莽此諸政，漢武時均已有之。……」〔註41〕又說，「辨《周官》爲劉歆僞造以媚新莽者，其說起於宋，惡王荊公依《周官》行新法而云然。不謂清儒自姚、方以迄康氏，遂大肆其譣也。」〔註42〕民國十九（1930）年，錢先生撰《劉向歆父子年譜》一文，在《燕京學報》發表。北平各大學本開設有「經學史」和「經學通論」課，皆主康有爲「今文經學家」言遂多於是年秋停開。北平經學課停開，錢先生引以內疚。他說，他撰文主旨，本爲看重經學，特指出講經學不能專據今文家言。未料結果竟相反。〔註43〕則可知時代與學術，已然在矛盾衝突中。經學，似氣數已盡，只能靠

〔註40〕康有爲：《桂林問答》，錄自錢穆《中國近三百年學術史》，693頁。
〔註41〕錢穆：《劉向歆父子年譜》，115頁。
〔註42〕同上，116頁。
〔註43〕錢穆：《經學大要》（出版說明）。

個別學人一己之心力爲繼，而以經學爲本之儒學，也如大勢已去，似要逐漸淡出中國人視野。

錢先生說，乾嘉以下，是「考據學之別出」，以考據上接先聖眞傳。今文學「公羊」一派，是別出中之別出。康南海之學即爲此例。康氏在讀書意見上本有「以孔學、宋學爲體，以史學、西學爲用」〔註44〕的見解，錢先生以爲中肯，認爲比「中學爲體，西學爲用」之說較少毛病。其分別自然科學（指西學）、社會科學（指史學）與哲學（指宋學），也比只認有科學，不認有哲學者更勝一籌。但是，「習俗習入，雖豪傑之士有不免。」康氏誤聽了川人廖平的一夕話，誤以爲漢代經學有「今」、「古」兩種絕不同的東西，他便以爲後世流傳之經學，只可說是王莽新朝的新學，不能稱他爲孔學。於是，「要想在這上面入室操戈，摧陷廓清，把東漢以來迄於清代相傳的經學大統，一筆全寫在王莽、劉歆的賬上，然後他再提出一種新鮮的、道地的『新經學』出來。這即是康南海之學，而上託於董仲舒乃及《公羊春秋》。他要把考據工夫來推翻傳統的考據。〔註45〕

與康氏論學帶出的不僅是經學問題，還有中西學術與文化之爭。錢先生說，「西洋有教主，長素則以孔子爲教主；西洋有憲法，長素乃以《春秋》爲憲法。」〔註46〕康氏學說，言尊孔子，並不爲然，實際所尊，竟在耶教。總之，到康氏時代，不能無視西學而單論中學，而儒學之命運，如經學之面貌，愈新愈岌岌可危矣。這是清代經學走向了衰運。儒學如何繼起？這是擺在後儒面前的一大考驗；力當此任者，都不能不回溯於儒學一路行來的歷史，溫故而可知新；又不能迴避於儒學發展中所遇見的與西學的關係和矛盾，合其同異而可獲發展。錢先生即是這樣一位既起者。他在時代潮流中立定讀書宗旨，在「打倒孔家店」（康氏之後，時勢一變又至此）的呼聲中回溯儒學歷史，在西學的不斷衝擊下，找到自己作爲中國學人應對外來文化的姿態。對於儒學之能開出新境界，錢先生懷抱著極大的熱忱與期望。這是建立在他對本民族學術、文化的求知的基礎上的；也是他對儒學回覆生命力的極大渴望。

乾嘉考證學是否有爲學精神？錢先生說，「《四庫全書》《日知錄提要》，謂炎武學有本原，博瞻而能貫通。每一事必詳其始末，而後筆之於書。故引據浩

〔註44〕錢穆：《近百年來諸儒論讀書》，《學侖》，99頁。
〔註45〕錢穆：《近百年來諸儒論讀書》，《學侖》，106頁。
〔註46〕錢穆：《中國近三百年學術史》，702頁。

繁，而牴牾者少。語必博證，證必多例，此又以後考證學惟一精神所寄也。」
〔註47〕此處，再證亭林其學，對以後考證學的影響；而亭林之爲學精神，也成
爲以後考證學的惟一精神所寄。對於乾嘉以下清儒治學，錢先生雖認爲它是「考
據學之別出」，在某種程度上脫離了儒學發展的大軌，消泯了儒學博通的精神，
但是，考據學亦具某種治學精神，這是無疑的；比起不讀書而空發高論的學人，
錢先生認爲乾嘉學人是在「剋實爲學」，〔註48〕自有值得學習之處。

　　如果以乾嘉時代學人章氏在《浙東學術》中所指稱，「近儒談經，似與人
事之外，別有所謂義理矣。」〔註49〕又說，「浙東之學……多宗江西陸氏，絕
不空言德性，故不悖於朱子之教。」章氏所謂「近儒」，更應指稱的是浸淫於
考據之中的同時代學人。此一點，與我之前（見上文）的認識上發生了變化。
章氏在《文史通義》中，即已打通朱陸之別，而言其同也，正如梨洲在對陽
明學的評述中之所言。所以，浙東學術，正在於向時學，即考據學發出自己
的聲音。其對於學術上的門戶並不苟同，對於浙東與浙西的分歧，卻不能不
加以言明，以確立自己的爲學宗主。

三、評「漢宋分立」

　　當浙東學術「言心性必究於史」，找到自己的爲學宗主，浙西亭林一脈，
也在尋找。受王學末流之風的影響，當世學人終日講危微精一之說，心性欲
高於夫子，亭林對此現象深感憂慮。亭林說：「士而不先其恥，則爲無本之人。
非好古而多聞，則爲空虛之學。」故此，亭林提出「行己有恥，博學於文」
的爲學宗旨。〔註50〕〔註51〕亭林之學，固承於朱子，而反對王學。其「古今
安得別有所謂理學哉，經學即理學也」的論斷，如錢先生所說，「粗看這句話
好像只要講經學不要講理學，顧亭林是處在反理學的態度，這樣說最多講對
了一半。因爲顧亭林《日知錄》裏講得很詳細，宋朝、元朝都有經學，所以
那個時候也有理學；明朝人沒有經學了，有什麼理學呢？不講經學的理學，
只有明朝，王學不能叫理學，顧亭林是這樣的意思。」〔註52〕

〔註47〕錢穆：《中國近三百年學術史》，135 頁。
〔註48〕錢穆：《學問與德性》，《新亞遺鐸》，381 頁。
〔註49〕【清】章學誠：《文史通義》，525 頁。
〔註50〕錢穆：《中國近三百年學術史》，123 頁。
〔註51〕同上。
〔註52〕錢穆：《經學大要》，541 頁。

程朱與陸王之學於亭林，或在「好古多聞」與否上面。好古多聞，宜有一種謙遜之心，而自恃己心，傲視千古，亭林引以爲恥。亭林之學，以好古多聞自警，日新其知，其學蔚爲大觀。錢先生定「新七經」，亭林之「日知錄」，亦赫然在冊。

清儒因何有「漢宋」之別？追溯清學之此一時代特徵，似將學術源頭，自宋一直上溯至先秦。可以說，這是朱子學流衍的反向結果。漢宋學之分立，回溯學術源頭，有其積極的時代意義，然總結漢民族的學術精神，十分需要持中的學術判別。可以說，錢先生之梳理儒學史，亦是對清儒所主「漢宋之別」的一種回應。錢先生並不同意漢代人離孔子近，而宋人離孔子遠，因而漢代人的學術更爲可信的說法。可以說，錢先生所揚棄的，正是宋學精神，以此爲軸，而縱論儒學史之風雲流變。但細觀錢先生之「儒學史」，他屢次提到的「綜彙」二字，即如兩漢經學家鄭玄身上有，晚明諸儒身上也具備，錢先生褒揚朱子作爲宋學精神的代表人物，即是在透過朱子褒揚這樣一種「綜彙」的精神；此一種精神，在孔子身上，或體現得最爲充分，而錢先生說，這是文化的產物，是我們民族的文化特性在人物身上的體現。

漢宋分立，似是浙西與浙東學術分歧之後的又一種呈現。如果在章氏那裏，朱陸異同可以歸一，那麼在錢先生這裡，漢宋分立，也可以找到源頭，他在孔子身上尋到歸宗。解決「漢宋學之爭」，必須在「經學」與「理學」之間找到儒學的發展脈絡，分辨儒學與經學、理學與儒學的關係。這是關乎儒學存在的一個大問題。在與錢先生同時代的學人中，對於「漢宋」之分，或徑直找到了宗「漢」的立場，而與西學對接。此源於考據學之學術特徵，與西學有相似之處。而錢先生其學，則是由此徑返於先秦。「愈知孔子而愈知朱子」，由朱子而愈感佩於以孔子爲代表的中國學術與文化傳統。此可謂錢先生的爲學宗主。

在錢先生所處的時代，彷彿不能不分出「新式學人」和「舊式學人」。崇尚西學的，爲前者；仰慕中學的，爲後者。立於中西學術分流之際，錢先生的學問，對於中西之別屢加辨析。與康、梁論學，而深受其影響，這在錢先生成學的過程中確是事實。錢先生曾說，當他發現康、梁還活著，而不是「歷史人物」，他感到無比快慰！同樣憂懷於中國的時事命運，錢先生卻比康、梁，更長久更深地走進學問的世界，也許，這也是一個事實。而錢先生與胡適，主要是「中西之爭」。錢先生向胡適，力爭「中國立場」在世界學術舞臺上的

重要性。因為後者，更多代表著中國時代學人的聲音。錢先生與「海外新儒家」，也許都主中國立場，但學術路徑有別。深究其異，與對「道統」的認識有關。

第三節　錢先生之「道統觀」

一、主觀的、一線單傳的道統觀

　　錢先生說，宋代別出諸儒只尊孟子，此下即直接伊、洛。清代別出之儒只尊《六經》，許、鄭以下即直接清儒。「凡屬別出之儒，則莫不以道統所歸自負。」〔註53〕中國後半部儒學史，都受困於此「道統」問題。

　　錢先生對此「道統」是持否定態度的。自以為道統所歸而自負，是他否定的原因。錢先生回溯說，此一觀念，實由昌黎韓氏首先提出。《原道》云：「堯以是傳之舜，舜以是傳之禹、湯、文、武、周公，文、武、周公傳之孔子，孔子傳之孟子，孟子之死，而不得其傳。」韓氏則隱然以此道統自負。唐時佛教之盛，道統之說，源自禪宗，為中國前半部儒學史所無，而闢佛宏儒之所需。錢先生說，此一觀念，顯然自當時之禪宗來。因為只有禪宗才有此一線單傳的說法。而到儒家手裏，所言道統，似乎尚不如禪宗之完美。因禪宗尚是一線相繼，繩繩不絕。而儒家的道統則變成斬然中斷，隔絕了千年以上，乃始有獲得此不傳之秘的人物突然出現。這樣總不大好。所以，宋儒雖承受昌黎此觀念，但覺自孟子到昌黎，中間罅隙太大，遂為補進董仲舒、楊雄、王通數人。但還是數百年得一傳人，中間忽斷忽續，前後相望，寥若晨星，即求如千鈞一髮不絕如縷的情形而亦不可得。這裡，錢先生以文學語言描述「道統」，「忽斷忽續」，「前後相望」，「寥若晨星」，儒家人物之繼起，在整個中國學術史上，其情形或即如此，但，未必儒家文脈，未能前後延續，其人物之能繼起，即為顯例。錢先生之綜述「儒學史」，於魏晉南北朝一段，而能列舉其儒學成績，就是能在斷處看到前後之接續。並認為這就是中國儒學「貞下起元」的復興繼起的精神。錢先生說，到程伊川，又謂須至其兄明道始是直繼孟子真傳，中間更無別人插入。意態更嚴肅，而門戶則更狹窄了。

　　孟子之受尊，始於唐時，於宋為盛。朱子之定「四書」，《孟子》與《論

〔註53〕錢穆：《中國儒學與文化傳統》，《中國學術通義》，85 頁。

語》同受尊奉，又建立孔、曾、思、孟之學統。孟子成爲上溯孔學的關鍵性人物。道統所說，即儒家人物之「以心傳心」之路。象山曾說，「二程見周茂叔後吟風弄月而歸，有『吾與點也』之意，後來明道此意卻存。」〔註54〕象山即承此意，而曰：「即不識一字，亦將還我堂堂正正地做一個人。」又說，「我讀孟子而自得於心。」吾具此「心」，即可以上承孟子而來。或直通先賢，不假外物（指讀書）。故而稱，「學苟有本，《六經》皆我注腳。」這就是心學之易簡工夫。到陽明，發明「良知」學說，也從孟子來。或曰，孟子一人盡獲得了孔子之眞傳。孟子是心學之所宗。程朱以「孔、曾、思、孟到二程」爲道統之所歸，象山以孟子直接自己，則程朱、陸王之爭，也是道統之爭。

　　晚明梨洲著有《孟子師說》。當晚明時，梨洲倡「言性命必究於史」，其探究「性命」，上推及於孟子。從韓愈「發現」孟子，到陸王發展「心學」，儒家心性之學，在與禪宗的「比拼」中，似與「道統」說一道發展起來。只是道統說在外，而心學工夫在裏。錢先生說，「孔學乃心性之學。」〔註55〕又言，「心性學是儒學之主幹」。〔註56〕則錢先生並不諱言心性學與儒學的深切關係，卻不贊成「道統」說，其意義何在？錢先生說，「關於宋、明兩代所爭持之道統，我們此刻則只可稱之爲是一種主觀的道統，或說是一種一線單傳的道統。……若眞道統，則須從歷史文化大傳統言，當知此一整個文化大傳統即是道統。如此說來，則比較客觀。」〔註57〕所謂主觀的道統，錢先生說，或是一種一線單傳的道統。此種道統是截斷眾流，甚爲孤立的。又是甚爲脆弱，極易中斷的。我們又可說它是一種易斷的道統。正因爲它「截斷眾流」，只以自己出發，所以它是「孤立」的。因道統以自己歸於聖賢一脈爲宗，不免陷入淺近孤陋，只看到自己而看不到別人的存在，看不到道統之眞正承傳，所以，即便在歷史長河中加入了星星點點，作爲道統的標記，也像是各自獨立的，對於此道統之後繼者，也沒有信心，因此所建立的道統也是「脆弱」和「易斷」的。此是一種心境下的「作爲」。當韓愈之時，面對佛學風起雲湧，其對儒家之學脈，意欲繼承，但其心情之孤立，即是如此。這是一種文學心情，卻非儒學發展之實情。它可以代表後起儒家的境遇，卻無法展現儒家學

〔註54〕錢穆：《中國儒學與文化傳統》，《中國學術通義》，79 頁。
〔註55〕錢穆：《孔子之心學》，《孔子與論語》，354 頁。
〔註56〕同上。
〔註57〕錢穆：《中國儒學與文化傳統》，《中國學術通義》，88 頁。

說自創始以來縱橫開闔的眞生命，亦無以眞正確立各個朝代各家各派對儒學
發展的眞貢獻。錢先生疏通「儒學史」的立意即在於此。

二、歷史文化道統觀

　　錢先生將「歷史文化大傳統」，當作是「眞道統」。羅義俊先生在《錢先
生學案》中說，「1962 年 4 月，錢先生在新亞研究所學術演講討論會上明確說，
『今日仍應該提倡一派新的儒學，來爲中國社會、人生理想找一出路。現在
我們不難對他的新儒學思想包括中國文化觀作出整體的哲學概括，乃一心體
中心主義的唯道論——歷史文化大生命的哲學思想。』」〔註58〕羅義俊先生闡
發說，「道」是生命大總體，是宇宙萬有本體，亦人生本體，實乃本體宇宙論
的概念，解釋一切的概念。故要而言之，可概括爲「唯道論」；「心體中心主
義」是指此唯道論又強調與顯發儒家心性之學。以心性一體兩分、心爲生命
總體所在、人心爲宇宙中心、我心即天心、「心體始是一眞人眞我」而突出心
體即道體的核心概念；「大生命」的哲學觀，「爲一形上形下直貫融通的生命
形上學、一生命理想主義，以「道」爲生命大總體的本體宇宙論概念，也是
人生本體的概念；而「錢先生的新儒學哲學思想必然要通到民族歷史文化意
識，持儒學中心主義的中國文化本位觀，展述出『一天人、合內外』，乃中國
文化大生命所在，『歷史文化傳統，即民族大生命之所在，亦即全國人心所在』
的思想。」〔註59〕所以，羅義俊先生將錢先生其學稱爲歷史文化大生命的哲
學思想。但羅先生也指出，錢先生並未同意把儒學僅僅歸結爲哲學形上學。
儘管錢先生所指呈的「心」，具有現代新儒家們之所以爲「儒」之共性所在，
但是，「歷史主義是錢先生新儒學內在的基本特徵。而且，從這個意義上可以
說，錢先生是歷史主義的儒。」〔註60〕

　　羅義俊先生所綜括之錢先生哲學思想，幸能揭櫫錢先生思想之大義，然
「哲學形上學」觀念，終是錢先生所言與儒學不盡同屬的；錢先生更不願意
在他是否是新儒家上多論是非。即因現代新儒家們，也以道統自限。而他說，
「究是誰得了道統眞傳，其實並無證據，則爭辯自可永無了局」〔註61〕，徒
增門戶之爭。從錢先生所言「整個文化大傳統即是道統」之說，他心中已有

〔註58〕羅義俊：《錢先生學案》，《現代新儒家學案》，455 頁。
〔註59〕同上，457 頁。
〔註60〕同上。
〔註61〕錢穆：《中國儒學與文化傳統》，《中國學術通義》，88 頁。

其珍視的「文化傳統」，此一「道統」觀的建立，在錢先生也是其問學的中心，或即由那種「主觀」的道統觀刺激而來。錢先生所建立的「道統」觀，確係中國文化前後一貫的一個大體，而學術乃是此一大體的主脈，學術精神則宛如其靈魂，確切而言是「心」。錢先生之能建立此一「道統」觀，與其歷史觀和史學修養是分不開的；如果沒有對學術史進行細細剖白，則無法真實瞭解學人的見解，無法評價其學術貢獻，也無法對其學術之承傳作出客觀的分析。學術有承有傳，如果說整個儒學史上，各個朝代間、各時代之學人間的學術之承傳關係可以清晰化，則此正可作為錢先生「道統」觀的客觀支持。而在中國學術史上，每遇門戶之見，如孟荀、朱陸，又如浙東浙西、漢與宋，錢先生每能化約此一種門戶分立之見，而找到學問的歸宗。如以「創始」、「奠基」、「擴大」、「轉進」以及「綜彙與別出」名之，其言儒學史，如言一個人的生命史。尤「綜彙與別出」，實是錢先生之創意，最能表達錢先生心中那桿秤！

　　如視一條時間的長河，在錢先生看來，「時間則過去謂之前，未來謂之後。人之一生，自幼到老，乃從未來向過去，始謂之向前。」〔註62〕這既是他的時間觀，也是他的人生觀。而此一種人生觀，又通於他的學術觀和文化觀。因此，也可代表他的儒學觀。不是「過去向未來前進」（錢先生名之為「倒轉」），而是「未來向過去前進」，由此有「積」有「成」；如此看待儒學史，則每一個儒學史上的「新」流派，其能還本於「舊」學，乃始是其「向前」，也是儒學大生命之「積」與「成」。如錢先生一再言說的「綜彙」，尤朱子「以綜彙之功完成別出大業」，即以新儒學（即理學）之新，還本於「經學、史學、文學」所綜彙而成的儒學之「舊」，而理學又豐厚了儒學大生命，這是錢先生所最為激賞的。其對於同時代的學人之所期，亦即在此：期以匯通「西學」之新，還本融通於經、史、文學之「中學」之舊，此即儒學發展所遇見的新難題，也是儒學發展的新契機；期能更新儒學的生命，成就儒學的生命，而不是遏止儒學的生命，貶抑儒學的生命，這確是錢先生的期待。

　　錢先生說，真正是「道統」，則決不能只是「一線單傳」，亦不能說它老有「中斷之虞」。錢先生引韓昌黎的話：「『孔子之道大而能博，門弟子學焉而皆得其性之所近，其後源遠而末益分。』此說可謂近於情實！」〔註63〕「情

〔註62〕錢穆：《略論中國史學》，《現代中國學術論衡》，99頁。
〔註63〕錢穆：《中國儒學與文化傳統》，《中國學術通義》，89頁。

實」是謂「實有其情」，亦必「實有其理」。「情實」之判別，所據在「心性」。儒者貴通於「心性」之廣大處，亦貴能極於「心性」之精微處；韓昌黎此語，如辨教育之道理，卻道出了教育之常情。孔子之教育，即寓有後學之心性；其風雖源遠流長，但源遠而末益分。故後之儒學，宜仍可歸宗於先賢孔子。說到「孔學乃心性之學」，錢先生說，「首先孔子不是一位宗教家，孔子的話也不能算是一套哲學。因爲每一哲學家，都有一套思辨法軌，教人依照他的思辨法軌來作思辨。但孔子不是。」〔註64〕如何要懂心學，錢先生說，主要有兩個辦法：「一是問問自己，一是看看別人。」〔註65〕「諸位一定先要知道如何是心性學，才始能讀《論語》。」〔註66〕則錢先生這幾句話裏，只是去掉了「非」心性學的部分，對於何謂「心性學」，卻還要我們自己去判別；並說，懂了自己，才能懂孔子。儘管未給定義，但是於此可知，錢先生此處所謂心性學，是可以由每個人自己去研尋的，研尋的方法，就是問自己和學別人。若懂得回溯於孔子的心，也是須讀懂自己的心才可以。「心」、「性」、「情」，則是相互關聯的。橫渠說，「心統性情」，即是對其相互關係的一種揭示。錢先生說，「我們今天當研究孔子之心學，再由孔子下及孟荀乃至宋明程朱、陸王，將此一套心學發揮，即是發揮了儒家之最要義。而主要則在自己。從自己開始，到自己歸宿，且求自己此心常感悅樂，便是我學得失最親切之證驗。」〔註67〕由己心而貫徹學的，這真的是發明了孔子的心學；而此一套心學是否「靈驗」，則是可以與每個來學者共同體驗探究的。此即錢先生所看到的儒學的廣大共通義，也是錢先生所發明的「爲己之學」的新意。可以說，這不是錢先生一個人的發明，而是他綜彙了從孔子而下及孟荀、宋明之程朱、陸王之心學見解，再回返孔學而得。錢先生亦在己心上面獲得親切的證驗。

　　因有這樣一番「心學」觀，所以錢先生之「道統」觀不會是易斷、脆弱的，他說，「自孔、孟以至今日，孔、孟之道，其實則何嘗中斷！亦可謂：『孔、孟之道未墜於地，在人，賢者識其大，不賢者識其小，何莫非有孔、孟之道！』」這是錢先生以子張答衛公孫的一段話而來。衛公孫問於子貢曰：「仲尼焉學？」子貢曰：「文武之道，未墜於地，在人。賢者識其大者，不賢者識其小者，莫

〔註64〕錢穆：《孔孟的心性學》，《孔子與論語》，365 頁。
〔註65〕同上，378 頁。
〔註66〕同上，366 頁。
〔註67〕同上，364 頁。

不有文、武之道焉。夫子焉不學？而亦何常師之有？」〔註68〕錢先生釋《論語》此章說，「文武之道，謂文王武王之道。禮樂文章，孔子平日所講，皆本之。」〔註69〕歷史已往之跡，雖若過而不留，但文化之大傳，仍在現社會，仍在人身。如僅於古器物或文字記載考求而想見之，則若「墜地」矣。「蓋孔子之學，乃能學於眾人而益見其仁，益明其道。」〔註70〕孔、孟以後，也是靠好學之心而使孔、孟之道維繫於不墜的。孔、孟之道，即此好學之心；既有此一番好學之心，則何必將此非懸爲「孔、孟之道」不可？錢先生之轉論是如此成立的。錢先生說，這樣一說，好像把講孔、孟之道者的地位抑低了些，但卻把孔、孟之道的地位更抬高了。因何能如此效果，則是因如此一說，孔、孟之道爲所識之對象，它繫於能識者之識辨能力；孔、孟之道的地位隆高，必因是我們的識辨能力提高。我們若不能識辨孔、孟之道的好處，必因我們識辨能力有限，卻無損於孔、孟之道本身。而若定要抬高自己的身份，認爲只有他乃始獲得孔、孟眞傳，如此則把孔、孟之道反而抑低了。因何會如此的？則是因爲將孔、孟之道拘限爲只有「識者」能識，只爲「賢者」性之所近，則其範圍自然縮小了。如此也盡失聖人學於眾人而益見仁道之意。

　　錢先生之所謂「道統」，莫若說是觀歷史之變，得文化總體。雖不倡爲「道統」的傳人，卻是使孔、孟之道益顯益高。從孔子身上，錢先生亦看到其「文學氣息」、「藝術心情」、「史家態度」，唯孔子不以聖賢自居，其寫《春秋》，寓褒貶於中，亦爲推重別人。這就是孔子了不起處，也即儒學創始之貌。而孔子以下儒學之發展，經學、史學、文學一體互通，亦可謂承孔子之意。

三、錢先生依歷史文化道統觀如何看待清學

　　說到清代史學，錢先生說，近人常說清代史學不振，此亦未必全是。清人只於近代史方面多所避諱，而少發展。但清儒在史學上仍有大貢獻。即就浙東黃、全一派，其最大貢獻有兩方面：一爲學術史與人物史方面，如清人之《碑傳集》，實爲一種創辟之新文體，不僅有超於唐、宋古文家昌黎、永叔，而且《史》、《漢》以下各代正史列傳也不能「範圍其所成就」。〔註71〕此一新文體淵源於《梨洲學案》，迄於謝山《鮚埼亭集》中所爲之新碑傳而「棟宇大

〔註68〕《論語・子張》。
〔註69〕錢穆：《論語新解》，496頁。
〔註70〕錢穆：《論語新解》，497頁。
〔註71〕錢穆：《中國儒學與文化傳統》，《中國學術通義》，85頁。

啓」，規模始立。錢先生說，這是清儒在史學上的一大成就。錢先生之《中國近三百年學術史》，《宋明理學概述》等書，其在學術史與人物史的撰寫上，應有得於此。錢先生說，清儒史學的又一貢獻，則爲章實齋所提倡之方志學，此爲歷史中之方域史或社會史，其淵源乃自謝山表彰鄉土人物遞禪而出。則可以想見的是，錢先生對自己故鄉七房橋的社會變遷，其論述於地方自治和士人地位，亦攜有實齋方志學的眼光。於此史學上的新創闢，錢先生說，如果更遠追溯之，則東漢及魏、晉諸儒，已開了此史學之兩面：新碑傳與方志學，實已遠有端緒；而全、章新有創闢，也不該抹殺。此即錢先生論史。

對於清代文學，錢先生說，清代桐城文派，此派承續明代歸有光，上接唐、宋八大家，主張「因文見道，以文歸儒」這一路。其中心人物姚鼐，與同時經學大師戴震，均倡「義理、考據、辭章」三者不可偏廢之說，應可說均是綜彙儒之主張。可惜當時經學諸儒興趣已太集中在考據、訓詁方面，而桐城文派中亦少有大氣魄人，真能從義理、考據、辭章三面用力。他們只在修辭方面，遵守宋儒義理，如不虛飾、不誇大、不失儒家榘矱。讀到此處使人想到「朱子讀書法」。如朱子說，「大抵義理須是且虛心，隨他本文正意看。」此即是「不虛飾」、「不誇大」、「不失儒家榘矱」的宋儒義理。不過一則在爲文，一則在讀書。修辭或注意到此，但論其文章內容，則頗嫌單薄。直要到曾國藩湘鄉派，由姚鼐《古文辭類纂》擴大而爲《經史百家雜鈔》，又主於義理、考據、辭章而外，再增「經濟」一目。——文學上的講求，卻擴大到「經濟」，錢先生說，可謂求於文學立基而加進綜彙工夫，可以上承北宋歐陽遺緒。這裡，錢先生再以「綜彙工夫」一語，表達儒學之轉進和儒學關懷世道人生卻不廢文辭學問的特徵。

清代經學又如何？如前所說，經學在清代的發展，日益「別出」，每況愈下；而經學家中阮元下逮陳澧，亦漸有主張經史兼通、漢、宋兼採的趨勢，雙方漸相接近。這裡的「雙方」，可說是「經」與「史」，尊漢與宗宋之兩維。「陳氏既發見了漢學考據之錮蔽，遂漸漸轉移方向，注意於宋學義理之探求，與學問大體之玩索。其最先完成的第一書，爲《漢儒通義》。其書取名「通義」，即是主張從事學問該從大體上探索義理之表示。」〔註72〕風氣漸轉，「雙方漸相靠近」的表現，不能不說有章氏所稱的「浙東學派」的功勞：浙東一派，既有「經史相通」的意識，也有「統會經史」、「引史證經」、「經術史裁」的

〔註72〕錢穆：《學龠》，《近百年來諸儒論讀書》，64 頁。

方法。其「宗陸而不悖於朱」，章氏在《浙東學術》中的此一說法，將朱陸異同之爭，轉向為從經史合一角度的探求（如對儒學本源之探求）。章氏說，「末流失其本，朱子之流別，以為優於陸、王矣。然則承朱氏之俎豆，必無失者乎？」〔註73〕章氏之議，聚焦於考據之時學，其用意或在消泯朱子時勢之炎，而針對時學之弊，加以澄清。錢先生或曰：攻朱者亦承朱者矣。從陳澧學問之轉向看，自考據學而探義理之源，名之為「漢、宋」兼採，事實上是宋學精神的再體現。

　　除卻偏狹的「道統觀」，朱子所代表的宋學精神，是一種「綜彙精神」。其最大的貢獻，是以對經學的重整，發明了儒家之精神。這是無法否認的學術價值。而清代考據學之別出，即使以宗朱自任（如戴震所興動之乾嘉考據一派），如果偏離了此一種精神，也是對宋學精神的偏離。對於漢學、宋學的爭論，錢先生以為，其實際情形，並未有近代學術思想界所想像的那樣聲勢大。他認為，清初是可謂「漢、宋」兼採的，如顧亭林、閻百詩，當中大約一百年的時間「漢、宋」分立，清末又講漢宋兼採。〔註74〕即如乾嘉時的經學，也並非專講漢學。他舉吳派經學大師惠棟家大廳的楹聯：「《六經》尊服（服虔）鄭（鄭玄），百行法程朱」，來予證明。錢先生說，當清儒立意反宋學一段，卻想不到又來高抬漢學，嚴立門戶，似乎孔、孟之學，到宋儒手裏，反又中斷了。〔註75〕錢先生講到朱子，則屢屢言及其詩，認為朱子寓性情於學問之中，如此方為學問之正道。錢先生的意見，是與考據學以功力代替學問的意見不同的。對於「功力與性情」等話題，後屢見之錢先生對治學的談吐中，此或承章氏之意而來。章氏在糾彈乾嘉時學之弊時說：「學又有至情焉，讀書服古之中，有欣慨會心，而忽焉不知歌泣何從者也。功力有餘而性情不足，未可謂學問也。」〔註76〕可謂至情至真之言。

　　錢先生又說，不僅如此，即宋儒以前之《十三經注疏》等，清儒也看不起，就只看重了鄭康成一人。後來連鄭康成也不信任，定要推到西漢董仲舒，但又不得不牽上了東漢之何休。「這直可謂進退失據，而末流推衍所及，出來一個康有為，自認只有他，才能再接上此一統緒。」〔註77〕末流所衍，只有

〔註73〕【清】章學誠：《朱陸》，《文史通義》，264 頁。

〔註74〕錢穆：《經學大要》，543 頁。

〔註75〕錢穆：《中國儒學與文化傳統》，《中國學術通義》，89 頁。

〔註76〕【清】章學誠：《博約篇》，《文史通義》，162 頁。

〔註77〕錢穆：《中國儒學與文化傳統》，《中國學術通義》，89 頁。

一個偏狹的「道統」，存心要反宋儒之理學，卻陷在理學家的道統圈裏。錢先生認為，「宋明道學諸儒在中國儒學傳統裏有其甚大之成就與貢獻，但此一狹窄的『道統觀』，卻不能不說由他們創始。」〔註78〕錢先生雖主宋學，然對其所創「道統」觀所帶來的學術破壞力，卻也不能有絲毫祖護。

漢、宋學分立，其弊流於徒有功力而不講求性情，即喪失學問之本源矣。如此說法，是錢先生對清代儒學實際發展狀況的再求證。當錢先生寫《中國近三百年學術史》之前，梁任公已有《清代學術概論》問世。梁啟超承康有為之學而來，他認為，清代是「中國的文藝復興」，而把宋朝人講的一套學問，叫做「中古黑暗時期。」〔註79〕其主要觀點，是「以復古為解放」，如此解說清儒由反宋學，又至返漢學這一路。這卻是錢先生不能同意的。他說，「梁任公不僅看錯了顧亭林，也看錯了閻百詩。他始終有個『漢學』、『宋學』的成見，認為清朝人是反宋學的。……我認為清朝初年人並不反宋學，……他們反的是明學，不是宋學。」〔註80〕

在此學術是非面前，有對學術史的不同考證，也有著對儒學大統的不盡相同的情感。而對於學術史的不同認知結果，是影響學人對學術史的不同情感的重要緣由。作為「史家」之錢先生，在評述同時代人的學術之時，無不以「史實」為據；以自己「讀書」所獲得的「史實」為據，他對於「時代」所犯的錯誤是深切感懷的。他說，一個人做錯了事要改，一個時代怎麼辦？他說，「我們應該學宋朝，不應該學清朝。」〔註81〕這是他對時代與學術主要想供給的意見。

在論述一部儒學史之尾聲時，錢先生說，陳澧亦極重韓文，且有主張經史兼通、漢、宋兼採之意，「但此雙方之力量，依然抵不住後起今文學家之掩脅。而終於別出一派單獨主持了一時的風尚。」〔註82〕此處今文學家之掩脅，或即指康氏。學術既變，政論橫起，預示著時代與世變之風潮。錢先生居於鄉間，讀康梁書，深受鼓動，某日讀康氏《新學偽經考》，卻生疑竇，感到疑辨太過，不能生信。於是撰寫《劉向歆父子年譜》，與康氏商榷。《年譜》一書，震動視聽，以其引動了對今文經學的懷疑。於是倡為今文經學的北平各

〔註78〕錢穆：《中國儒學與文化傳統》，《中國學術通義》，88頁。

〔註79〕錢穆：《經學大要》，564頁。

〔註80〕同上，542頁。

〔註81〕同上，566頁。

〔註82〕錢穆：《中國儒學與文化傳統》，《中國學術通義》，86頁。

大學的經學課停開，錢先生引爲內疚。在《經學大要》中，錢先生曾說，我是把生命跑進了學問中去。如果此一語爲特指，則此一番與今文經學的對話可當之！本想對經學有更好的重視，情形卻相反！錢先生心中之疚不啻如負痛在身。直到 1974 年錢先生在臺北重開經學課……

可以想見，錢先生一生的學問是關乎其身世的。這也即是錢先生對「學問」二字的理解。所以他說，當是「學術、時代與人格」一起看。從錢先生自身的學風來看，其學兼及文學、史學和經學。他對文學藝術，有很深的感情，自小受到啓蒙；他在史學上的造詣頗深，學界以「史家」名之。他高度褒揚春秋時期歷史人物身上的道德精神，引爲士子讀書爲人的榜樣，並據此品鑒經學的發展、學術的高下；他高度評價藝術與道德在中國文化中的地位，藝術即是錢先生生活與著述的心境。（他的一位深通藝術的學生說，他常活在音樂之中。）以史論學，史、學相證，「博通」似是錢先生論學的特點，他的史學通於他的心學……

將錢先生其人、其論學相併來看，忽想到章氏有云：「浙東之學，雖源流不異，而所遇不同。故見於世者，陽明得之爲事功，蕺山得之爲節義，梨洲得之爲隱逸，萬氏兄弟得之爲經術史裁。授受雖出於一，而面目迥殊，以其各有事事故也。」〔註83〕事事不同，錢先生得之爲「誠明」。其於中國文化、學術之一番赤誠之心，而於中國學術、文化獲一番深切之理解。可以說，學術、時代與人格此三方面的問題，對於述「錢先生之儒學史」十分關鍵，但這些問題，並非爲錢先生所專屬，或經錢先生鄭重提出，而成爲時代之問。因爲，正如錢先生所說，學術在此一兩百年間，發生著的變化，已使這一「綜彙」的脈絡變得模糊不明；理學在學界，也氣數已盡一般，似要淡出視野；而門戶之爭猶然，錢先生自身也如受困此中。事實上，錢先生對於經學的理解，確乎超於那個時代，也一直影響到他身後這個時代：經學究竟爲何？經學是否當尊？經學與儒學關係怎樣？經學、理學與儒學又關係如何？這些個問題，經過一百年的擱置，其普及性已大不如從前了。在新的時代中，文化之痛卻仍揮之未去，那麼，儒學學術，又當做些什麼呢？

〔註83〕　【清】章學誠：《浙東學術》，《文史通義》，524 頁。

第五章　錢先生之儒學觀綜述

第一節　錢先生述儒學史的方法、意義

一、史的方法

錢先生說，中國歷史分兩類，一是編年，逐年的記載。一是紀傳，分人的傳述。這不僅比較更近於「科學客觀精神」，而且中國歷史，因注重人物，故能兼具了「教育的意義與功能」。〔註1〕由人物活動和時間組成的歷史，以人物為重。這是錢先生以為的中國歷史的特點，也是中國歷史的人文內涵。這是與西方歷史注重於「事件」，由「事件」而及於「人物」的記史方式不同的。

錢先生說，「歷史成於群心群業，並必有時代累積。後一時期之歷史，必已有前一時期為之準備開端，斷無可以斬然截然前一代，來嶄新創出下一代。」〔註2〕這是對歷史與群業關係的基本看法，也是對時代與歷史之關係的看法，其中還寓有對「因」與「革」的看法。可以說，歷史非僅為時間的過去與未來，它還是事件的因與果，還是人物的育與成。歷史是時間的藝術，是時間的科學。研究人文社會的各種項目，各種規律，必究於歷史。時間中寓有心。因而說歷史中含蘊有人文心。

又說，「人物乃在歷史中產生，不能脫離歷史突然出現一人物。」〔註3〕也即說歷史有教化之功用，可以影響到人物之培植與成型。人物之為人物，

〔註1〕　錢穆：《中國史學之特點》，《新亞遺鐸》，138頁。
〔註2〕　錢穆：《中國文化傳統中之史學》，《中國學術通義》，132頁。
〔註3〕　同上。

即以影響一個時代。而人物之能成爲時代之影響力，必依託於歷史而能積攢其內力。其積攢之過程，即是「學」。

學以成人，人以成學。錢先生說，「欲求瞭解一民族之文化，當先瞭解此一民族之人生，即此民族中人之所以爲生者，而更要則在瞭解其所學。」〔註4〕錢先生認爲，在中國人觀念中，「學只爲人而有。一切學之主要功用在完成人。人的本身則別有其存在。此一存在，則自有其理想與目的。」〔註5〕貴爲人物，即該是有理想的人。而「人物之理想，都該從文化之理想中來。」〔註6〕人生內本於「性情」，外致力於「事業」，此即人生之兩面。錢先生說，在中國人的觀念裏，性情猶重於事業。不能一眼盯在人生之事業上，該一切要反求之於個人的自己內心所獨知處，這即是本性情而學。亦即儒學之眞義。

錢穆對於儒學史的記述，每以人物爲重。由人物，而直指其內心。如述及象山、朱子學的異同，即舉詩證其差異。述及陽明學，即反覆申闡，其學自人生之「百轉千難」中來，所以，治陽明學者，不可輕忽了陽明之精神。此一精神，即可說是一種「人文精神」。

錢先生所謂之「科學性」，即是「人文科學性」。在儒學史的敘述中所透視的人文學內涵，也即由儒學所透出的人文內涵。錢先生說，儒學對建設人文科學有借鑒意義。錢先生認爲，人文科學之建立，有兩個條件，一是仁慈心，一個價值觀，而儒家思想中都有。人文科學研究的是人類自身。錢先生說，「雖說人與人是同類，但其間差別太懸異了，不能不有一個『價值觀』。抹殺價值觀，抹殺階級等第來研究人文科學，要想把自然科學的一視平等的精神移植到人文科學的園地裏來，這又是現代人文科學不能如理想發展的一個原因。」〔註7〕儒家之價值觀，是儒家之人品觀，如對君子的界定；儒家之價值觀，也是儒家之德行觀，如對「鄉愿」的看法；另一方面，錢先生談到仁慈心對於人文科學建立的必要性。他說，「所貴於人文科學家者，正在其不僅有理智上的冷靜與平淡，更應該有情感上的活潑與激動。這不是說要他喜怒用事愛憎任私。這是要他對研究的對象，有一個極廣博極懇切的『仁慈之心』。」〔註8〕因何儒家可以具此「仁慈心」，此即關乎孔子所論之「仁」。錢

〔註4〕 錢穆：《學與人》，《歷史與文化論叢》，134 頁。

〔註5〕 同上，35 頁。

〔註6〕 錢穆：《人物與理想》，《歷史與文化論叢》，257 頁。

〔註7〕 錢穆：《如何建立人文科學》，《文化與教育》，153 頁。

〔註8〕 同上，154 頁。

先生說，「仁」是「人與人之間一種溫情與善意。」〔註9〕仁心修養到極深，可以護祐到極廣之人群。可以說，價值觀，即是人文科學家用智，而仁慈心，是人文科學家依仁。而「智」與「仁」，孔子說，「知者樂水，仁者樂山；知者動，仁者靜；知者樂，仁者壽」。孔子又說，「不仁者不可以久處約，不可以長處樂。知者利仁，仁者安仁。」仁者安仁故而靜，知者利仁故而動。孔子兼「仁」、「智」兩面而說之，「分別」而後「和合」。價值觀與仁慈心，也宜分述又合說。

　　一部儒學史，也可以看作是一部教育史。儒家人物，每以教育為重；或在著述中，其思想也含有教化的因子。論孔子之教，亦即孔子之學，而孔子之學，兼「儒術」與「師道」之兩面。錢先生說，中國學術傳統最大稱儒家。〔註10〕中國人群尊孔子為至聖先師。中國學術傳統之所重，經由孔子而發揚光大，此即是一種重歷史、重教育之傳統。而中國之歷史文化特質、教育特質，特因孔子其德、其行、其言而益彰益顯，不可磨滅。在儒學之發展進程中，朱子理學之重要貢獻，即是使先秦儒家人物如孔孟之精神氣貌重光。

　　朱子之理學，更多發明的即是孔學注重於德性修養的部分。以德性修養立學嚴身，孔門第一科即為「德行」，餘三科則為「言語」、「政事」與「文學」。「言語」可用於外交，「政事」則是管理，「文學」用來記載歷史。孔門弟子，即以此為學。《論語》中關於「德」字，有「直」，有「重」，有「信」，有「謹」，則孔門之德目，值得體而察之！經朱子釐定「四書」，《論語》而外，儒學之精義更在《孟子》、《大學》、《中庸》等篇目中得到展演；朱子、陽明，孔孟後學又承儒家德行、心性學而有大發明。「德性」在「自然」與「人文」之間，是儒學所據之本；「據德」之學人人可行，代有其發展！生命力無窮！

　　儒家治學，重於德行。孔門設教之所以有意義，不僅在孔子當身培育的弟子，還在於傳之久遠的儒學教育與歷史文化傳統！錢先生注重從學術流衍來看一個人。他說，「我們可由他的流變和影響，反過來瞭解王學本身。正如我們可以由孟子、陽明等人的學問，來瞭解孔子一樣。」〔註11〕讀錢先生的《宋明理學概述》，讀到心齋、念菴而感到「明亮」。此皆陽明後學。陽明學之「必有事焉」，是在心體上下工夫，此一工夫真切在茲，不應有斷！錢穆先

〔註9〕　錢穆：《論語新解》，7頁。
〔註10〕　錢穆：《中國教育思想史大綱》，《中國史學發微》，201頁。
〔註11〕　錢穆：《講堂遺錄》，168頁。

生自述其學時，亦講到王艮（心齋）講學，有擔柴樵夫在窗外聽，飽足而去的故事，此與「程門立雪」的故事，味道又不同。思中國社會與中國學術，其本眞何在？

錢先生說，在《詩》、《書》中所表現者，極充分地表現了中國人之清明的理智，及其人本的，道德的，文治的文化傳統精神。這是中國學統的尊嚴，而又是儒學特性的最早表現。錢先生概括爲「清明的理智」、「人本的精神」。此兩種精神，亦即同於前之所述「智」與「仁」。而以人爲本，亦即以德爲本，文治亦即德治或學治，這在錢先生對於中國政治、社會、文化、教育的闡發中都是屢次提到，會通一致的。

總之，史有所本，史有所積，史有所重。錢先生述儒學史，其中寓有人物精神與爲學內涵。在傳統學術中，學什麼和怎麼學的問題，常常含蘊深廣；而儒學史上這些學術人物，無不以學爲其人生之內核，其學其人都可以作爲後學的榜樣。

二、學術史的意義

《中國儒學與文化傳統》，〔註12〕是民國五十年（1961）十月新亞書院講演，刊載於《新亞生活》四卷第十期。它所回答的問題，一是儒學的內容，即儒學學術究竟是些什麼；二爲儒家在中國文化其地位之比重究竟如何。〔註13〕爲了回答這兩個問題，錢先生發前人所未發，作了一番儒學學術史的梳理。

於此一文，錢先生對於「孔子與六經」、「兩漢經學與儒學的關係」、「經學與史學的關係」、「文學與儒學」的關係、「理學與經學、儒學的關係」、「清學與漢、宋學的關係」等問題，都以人物與其學術爲線索，力求透視其在整個自先秦至清代的儒學演化史中上下通貫的關係。甚至來說，其所論述，又不限於此一段歷史，而於孔子以前之歷史以及清儒以後之時代都述及到。這正如錢先生在《中國史學之精神》中所說，「歷史不能和時間脫離，時間有過去現在和未來。一位理想的史學家，由其所觀察和記載下來的歷史，不獨要與史實符合，且須與其所記載之一段歷史之過去未來相貫通。」〔註14〕

讀錢先生所述之「儒學史」，不能忽略其觀察的視角。此即「史法」。如何

〔註12〕 錢穆：《中國學術通義》，62 頁～90 頁。
〔註13〕 同上，62 頁。
〔註14〕 錢穆：《中國史學精神》，《新亞遺鐸》，250 頁。

觀察記載是法，而如何瞭解歷史之意義與價值爲義。正可以說，錢先生對文化史、社會史、藝術史的觀察法，都影響到他對儒學史的觀察。如他對唐代「以文通儒」、「因文會道」的文學運動現象的觀察，又如他對門第社會於保存儒統的觀察，再如他對魏晉南北朝玄學興盛時期儒學精神的觀察等等。有觀察才可有對歷史的記述。然記述於歷史，最要在於發現歷史之意義與價值。錢先生在《孔子與春秋》（本文以外另一篇兼論整個經學史與儒學史的文章，收錄在《兩漢經學今古文平議》一書中，寫於 1953 年）之末尾說，「本文宗旨，僅爲闡述孔子作《春秋》之精神，至於孔子《春秋》本書之研討，則其事既甚難，亦非本文之所重。有時作學術史研究，其重要不亞於學術著作本身之研究，此亦其一例。」〔註15〕則學術史研究，有別於對學術著作本身之研究，而有研究學術著作本身所不能及之義。此即「史義」，經由對學術史的闡發而來。史法與史義是不可分的，「我們寫歷史，必須先經過一番主觀的觀察，即對此史實的看法，直到對此史實之意義有所瞭解後，才能寫成爲歷史，」〔註16〕因而說史實必然是與史義相結合的，世界上絕沒有純客觀之歷史。

　　那麼錢先生所述之儒學史，帶著他怎樣的主觀性？最主要的一點，則在於他對於「眞道統」的抉發。這是依據影響於中國後半部儒學史很深的「道統」觀而發的。他說，「若眞道統，則須從歷史文化大傳統言，當知此一整個文化大傳統即是道統。」〔註17〕「道統」二字，揭示出中國歷史文化大傳統是「統之有宗、會之有元」的。這一句「統之有宗、會之有元」是王弼說的。「統之有宗」，即是爲學有共同的尊奉；「會之有元」，是說思想如生命，必有它一本源。錢先生說，「文化的傳統，亦必與它的開始共同一體，始成爲一生命。這就是中國人的觀念。」〔註18〕

　　「道」，即喻此歷史文化大傳統是中國人的大群與共業，也是中國人之性情與心地。致力於「從中國歷史來看中國民族性及中國文化」，錢先生去港後三十年不輟投身其中；辨析儒學史，斟酌儒家人物之精神，是此論學總題中最要部分。思忖中國文化大道，錢先生說，中國思想分成兩大派，一個是孔子，一個是老子，而王弼是其中間一個極特殊的人。

〔註15〕錢穆：《孔子與春秋》，《兩漢經學今古文平議》，277 頁。

〔註16〕錢穆：《中國史學之精神》，《新亞遺鐸》，250 頁。

〔註17〕錢穆：《中國儒學與文化傳統》，《中國學術通義》，88 頁。

〔註18〕錢穆：《中國人的思想總綱》，《從中國歷史來看中國民族性及中國文化》，77 頁。

　　返孔學，張儒學，可對中國文化的特質思入。欲真知孔子，益明孔學，則仍離不開整個儒學史！清儒如康氏繼今文家言推尊於孔子，卻又完全切斷了歷史傳統而言孔子，這都不是錢先生立言之要。在《孔子與春秋》之結尾，錢先生說，「儒學傳統，自然也不能盡如宋儒程、朱之所說。漢、唐諸儒，從事實際政治的，自然也是儒學之一支。……我們必須上承周公，下接孟子，會通漢、宋，才始能瞭解得孔子論學全部的精神呀！」〔註19〕則在學術人物與學術人物之間，彷彿含蘊有「氣」。一時代與一時代之間，貴於聲氣相通。此即學術發展的必要條件。氣有變化、活動。或聚與合，或散與分。「宇宙間只是那些極為相似的氣在活動，……便有形象可觀，有體質可指。」〔註20〕孟子說，「吾養吾浩然正氣」，這是指個人的私德修養；而「風氣」之說，即指社會群眾行為。風氣是群眾性的，又是時代性的，皆由「氣」之極微能動之表現而來。我們即以時代之風氣來論時代之是否合於理想。這是每個個體都有發言權的。而學風，即此時代風氣中處於引領地位者。學風有超於時代風氣之上者。

　　錢先生屢有提及的「傳統之共同性」，也是一種氣之聚合。朱子《大學格物補傳》說，「即凡天下之物而格」，又說，「因其已知之理而益窮之」，錢先生說，此即「必於傳統之共同性上用心，而奇聞異見有所不顧。」〔註21〕此「傳統之共同性」，即人生之修齊治平大道，亦即儒學之精義。儒學對中國知識界有聚合之功即在此。而西方知識界則分別離散，不能集中。「氣」即「玄通的」、「抽象的」、「不分別」、「不具體」之存在。宋儒說，性即理。心即氣。因此，中國知識界每重「通識」，「常識」，易於和合，而不尚新異。在中國人生中，和合之中有分別，分別之中，必貴有和合。其道理在此。

　　中國學人修養此心，即如聚合在傳統之共同性中為學、做人。其氣象風骨，正為識大體，有篤論，與傳統之學術氣脈合。學人身上，有續經的氣度，有學術批評的眼力，有遠承於孔門四科的教育關懷。此是一種學術承傳之精神。錢先生說，「學術內容由師道來，時代風氣中則無師道，無內容，乃不能有傳統。」〔註22〕則儒學傳統即師道精神之所從來。由師道而學術，儒學所代表之學術傳統性方顯。於今之日，「傳統之共同性」，即是對中國長久醞釀的學術文化精神的一種通識，而又貴於個人生活與整個時代進程中，貫通於此

〔註19〕　錢穆：《兩漢經學今古文平議》，276 頁。
〔註20〕　錢穆：《中國思想通俗講話‧氣運》，72 頁。
〔註21〕　錢穆：《略論中國心理學》，《現代中國學術論衡》，92 頁。
〔註22〕　錢穆：《談當前學風之弊》，《學籥》，188 頁。

一種傳統精神。傳統性即學術性。時代性非即學術性。這就是錢先生的看法。

　　由己通於人，由內通於外，由今通於古，由此，德可修，學可立，人可成。事實上，儒家學人皆能以古爲學，能知古人信古學。在此「知」與「信」中，修成己德，證成己學。如陽明，學象山，亦以朱子爲學。陽明子說，「見師之學與朱子無相謬戾，則千古正學同一源矣。」〔註23〕此一語中可見學人之先後求相通，也可證其學有「共同性」，於今言之，即爲「傳統之共同性」了。

　　錢先生又每以學風論儒術。學風所衍，必至於學人之身後。其學之意味、價值，因獲傳承而有生命力。可知歷史價值，亦即儒學價值。教育價值，也即儒學價值本身。

　　總之，學術史也是一部民族精神史，人物、情感、歷史、文化和合統一，錢穆先生之所謂「道統」，即體現在這種和合統一上。在錢先生的敘述中，這一部儒學史體現著中國古已有之的經學精神；在每一個時代，常有學術人物出現，復現此一種精神，人物在歷史的時空裏，前後相望，同氣相求。在對儒學史的評定中，錢先生不同於時賢，主張以宋爲上，而非以清爲上，這是與他對中國整個學術、文化傳統的認知分不開的。對於朱子在儒學史地位的發掘，使他觀察和記載下來的歷史，在其治學理想中，不獨與史實符合，且與儒學發展的過去、未來相貫通。

三、中國儒學與文化傳統

　　錢先生認爲，「若要指陳中國文化的特點，其人民對於歷史的重視，以及其史學之成就，亦當爲主要一項目。」〔註24〕史學以時間上通貫古今爲其學術面貌；儒學則以「通天人、合內外」爲其學術特徵。史學即儒學。

　　「中國尚通學」，此即儒學的學術特性。〔註25〕錢先生舉孔子「弟子入則孝、出則弟，謹而信，泛愛眾而親仁，行有餘力，則以學文」一句，闡說中國之「通學」是「行事」與「學問」爲一，亦即「德性之學」。行有餘力，乃始及於一切典籍文字。學問從實踐做起，又歸宿到實踐。與「通學」相對，「專業」則由各人分別練習，能於此，不必其能於彼。又言，「孔門之教，主要在教人以『爲人之道』。爲人之道必相通，故謂此種學問爲通學。」〔註26〕孔子

〔註23〕【明】王陽明：《陽明傳習錄》，300 頁。
〔註24〕錢穆：《中國史學之特點》，《新亞遺鐸》，134 頁。
〔註25〕錢穆：《中國學術特性》，《中國學術通義》，183 頁。
〔註26〕同上，185 頁。

之德，則不僅通於其門人弟子，且上通古之仁聖先賢，下通兩千多年中國人之心。即因孔子之心，通於千萬人之心，故曰中國儒學，化約爲文化傳統。

「化」是積漸成變的過程。常曰「氣化」。氣雖極微，卻是能動而漸變。在中國文化史上，對於孔子的學問與人生，並非一直有感而聚，因爲各時代之學風，亦有異。倘觀此歷史長河之中，每有向孔子之人格氣貌聚合的現象持續不斷地顯現，即可說，孔子是影響此一文化傳統之最主要之力量。錢先生即以爲然。此與孔子學術本身之學術特性息息相關。如若孔子學術本身即是一種關懷於世相、關懷於歷史的學問，則其學術生命，即因歷史而長存，因社會興盛而壯大。事實上，在錢先生看來，儒學是影響世道人生之一最要之力量，且這一種力量，在社會興盛之時，有可能被沖淡；恰在時運不濟時，卻又悄悄地聚合。如他說，唐之盛運重開，「當時北方儒統所僅僅凝聚的一些精光寶氣，卻爲時代統一盛運的大潮流所沖淡了。」〔註27〕而此處所謂「北方儒統」，指蘇綽、王通等人，他們卻是對唐代之盛有其貢獻的。其所聚合之力量，又與門第不無關係。此即可知錢先生觀察、記述儒學史的主觀性所在。亦即其價值判斷之所在。

對於儒學之在魏晉時代門第中之存在與價值，錢先生曾詳細剖解其致思的過程：「一個家庭只賴政治、經濟特優背景，就可維持數百年之久於不墜嗎？」〔註28〕於是推尋。推尋之下，發現當時門第中人都極重講「禮」。然後問，莊老反「禮」，當時人崇莊老、尚清談，爲何又愛講禮？從此又得推尋。由此他得出魏晉時代，時風之下，儒風依然健旺的結論。這也是對於儒學使文化傳統連續不墜的一個例證。所以錢先生說，「人世界總得有人事，人事總得人的心意與氣力來支撐。如何支撐此人世界萬事的義理與條目，研究最圓密最深透者爲儒家。」〔註29〕此一種「推論」，毋寧說較之「事實」本身，更給人以啓發性，此即治儒學學術史的意義。對於學術作「推尋與會通」，即是本事實而作推論，錢先生認爲，這是百試不爽的。「一切有憑有據，只要你肯推尋」，〔註30〕而中國學術文化之「綜彙性」特徵，毋寧說即是此一方法得以奏效的內在原因。

在整個儒學史的梳理中，錢先生屢次用到「綜彙」這個詞。他說，宋初儒以歐陽修爲代表，其學有「綜彙」之功，於文學、史學、經學上都有建樹。

〔註27〕錢穆：《縱論南北朝隋唐的儒學》，《中國學術思想史論叢（三）》，365 頁。
〔註28〕錢穆：《推尋與會通》，《學龠》，165 頁。
〔註29〕錢穆：《縱論南北朝隋唐的儒學》，《中國學術思想史論叢（三）》，365 頁
〔註30〕錢穆：《推尋與會通》，《學龠》，165 頁。

又說，宋理學家朱子是「以綜彙之功完成其別出之業」者。他的為學興趣不僅在於理學本身，還在於文學和史學，以及經學和儒學。其綜彙之功，即以伊洛學統上溯及於孔孟儒家的功績，又旁及宋初經史之學。錢先生第三次用「綜彙」，闡明的是晚明三大儒的歷史功績。顧亭林、王船山和黃梨洲之學，由理學還本於經學、由心學綰合於史學，其為學趨向是「綜彙」的。也即是「會通」的。正是因為儒學史上不止一個時期和不止一個人物，有此綜彙之膽魄，儒學方不至於成為一個死學。

　　錢先生之盛讚朱子之功，即在於經由朱子的努力，儒學至宋而能與原始儒家合流，儒學方成為有生命、有傳統之學。即使有清代對中國學術的「蓋棺定論」，儒學自身的學術生命力，也透過朱子的詩情而對後學續有感染。再者，朱子之理學，並不完全拒斥禪宗、佛學。錢先生說，蘇綽已是一個「內釋外儒」的人。後來宋、明理學家便走此路。「宋儒闢佛，並不能謂他們與佛學絕無淵源。」〔註31〕且朱子言「心」，正是在與禪宗所言「心」商榷之上而得明瞭的。如，禪宗言「心即理」，朱子言「性即理」，而有「德性」之謂。可以說，儒家之義理之統要，是禪宗「逼」出來的。而儒學之義理，終得以與道、佛兩家並立而成為影響中國文化傳統之三足。

　　佛學是外來文化生根生息於中國文化中者，到今天，它已然是中國文化傳統中之一部分。錢先生亦以此寄望於中國文化對西方文化的吸收與融通。此即他在《中國文化史導論》（成書於 1943～1944 年間）中所闡明的觀點。中國文化的推擴與充實，是其聚合性的又一番表現，其聚合之力量，足以使中國文化推擴到各個方面，充實到各個部分。中國文化基於它的核心學術儒學之通學特性，而始終有使人內外通貫、天人相合、轉型、更新的力量。錢先生即以朱子之「通天人、合內外」，作為中國人生與文化之最高理想。也是中國儒家學術之最高通義。

　　總之，中國人具有對於道德的好尚、對於歷史的謹重和對於文化與人生相融通的心習。這是儒學化約的心習。儒家一直是支撐此人世界的心意與氣力，因而說它在中國歷史的整個發展中，一直發揮著不可或缺的作用。今日社會仍離不開這一種心力；父母子女間的愛和對於家庭、國家的憂交織在一起，構成中國人的人格特徵。儒家學術既帶來很高的人生與文化理想，它又表現在人之常情中，喚起今人對自身情感與文化的自覺。

〔註31〕錢穆：《縱論南北朝隋唐的儒學》，《中國學術思想史論叢》（三），358 頁。

第二節　錢先生之孔學觀

一、錢先生論孔學與中國學術之演變

　　錢先生持「中國文化傳統，盡由孔子思想爲中心而演成」的觀點。又抱《論語》一書，是研究孔子思想的出發點和最後歸宿的看法。所以，錢先生舉《論語》中談及「忠信」與「好學」之兩維的一句話，（即子曰：「十室之邑，必有忠信如丘者焉，不如丘之好學也。」）來奉爲孔子思想的綱宗所在；又以此一句話，來判斷此下孟荀、朱陸、漢宋之種種爭辯。總的來說，「同爲學孔子，而其學之蘄向與途徑則有別」，〔註32〕這是錢先生對先秦儒以及漢儒、魏晉南北朝隋唐儒、宋元明儒、清儒之間異同與遠近的看法。孔子是學之歸宗，所以不能不說孔子思想之與儒家學術，「乃爲中國學術思想一主幹。」〔註33〕

　　錢先生認爲，除卻孔子思想，將無由有中國人與中國文化。說到人，錢先生認爲，人的主要成分，主要不出兩端，其一是「性」，即人的天生本質；其二是「習」，乃後天之「學」影響而成。孔子說，「性相近，習相遠。」所稱謂的即是人的兩端。又說，「學而時習之，不亦說乎？」學與習相貫通，人生乃有悅樂之境。

　　「孝悌」、「忠信」，皆可謂是人的天生本質，大都相似；而學習則因時、因地、因於外面環境種種不同，而各有傳統，各有需要。孝悌、忠信是在始學基層相近處；逮其學成行尊，乃成相遠。如學之蘄向與途徑有別，則同爲學孔子，也相去甚遠。

　　而今一切大思想、大理論、大發明，大創造，「莫要跑得過快過遠，先要照顧著十室之邑，愚夫愚婦，人所同然之『忠信』本質。」〔註34〕這是錢先生由孔子思想推導出來。他說，孟子主「性善」，荀子主「性惡」，孟子信從「忠信」之質爲人的本質，故而後人以孔孟連稱；然荀子雖主「性惡」，其對學習的看法，卻多受到兩漢儒者的推尊。朱子其學，自言以「道問學」爲重，而道象山以「尊德性」爲上。則象山尊「性」而朱子重「學」，一如孟荀。孔子本忠信之質以爲教，學不厭，教不倦，卻不極言「忠信」，而屢說「好學」；不似孟子之「人皆可以爲堯舜」，陽明之「滿街都是聖人」，誇大了性，而貶

〔註32〕錢穆：《孔子思想與此下中國學術思想之演變》，《孔子與論語》，275頁。
〔註33〕同上。
〔註34〕同上，278頁。

抑了學的重要性。清儒重在「考據」，則所學與孔子有異，也與孟荀、朱陸不同。考據之家，雖有忠信之質，然「學非所學」，所以章氏提出「性情」二字，以爲學問所必須。

錢先生說，孔子本忠信而教，又別立標準曰「仁」與「智」。孔門之教，務使人皆爲一孝悌、忠信之人。由此以學，及其所至，則尚有更高標準。孔子之「志道、據德、依仁、遊藝」，其間層累相通。孔門弟子分四科，曰德行、言語、政事、文學，要之必以孝悌、忠信爲本。錢先生疏通儒學史，匯通「文學、史學與經學」以論儒學，區分儒家與經學，褒揚朱子之學，皆本於孔學之意。

由儒學言及文化，則「中國文化之特點，在其注重人性，尤在其注重人性之善良部分，而繼之以後天之學。」〔註35〕《論語》即是教善良人如何知禮達智歸仁。非善良之本性，則無以爲學；非學無以盡善良之本性。錢先生依《中庸》而續論此一種文化特點，則曰：學以求儘量發揮先天之善良本性而求至乎其極。「至乎其極」，即是「止於至善」，這是儒家教人之最高目標。如此，本於「性」以爲「學」，「有諸己」而自信有得；本於「學」以盡其「性」，則是以他人爲榜樣，擇善固執，善性日顯。「故中國人傳統論學問，論德性，尤重於『天人合一』。德性原於先天，然貴能致力於後天之學問，以期其暢遂發展。學問起於後天，然貴能一本於先天之德性，以求其圓滿歸宿。」〔註36〕此即爲中國人的宗教，高度信從於學，亦即信從於好學之最高榜樣孔子。宋儒亦以顏子之好學精神爲榜樣。儒家立教，是一種涵義深廣的「人文教」，也可說是「德性教」。

《論語》一書中孔子論學語，屢見不一見。孔子自己說，他忠信與人同，好學與人異。錢先生說，我們要學孔子，也只有從我與孔子同處，學孔子與我異處。如孔子對後世生信。如我不具此一種信，則向孔子學。故而向孔子學，可以學到孔子的「好古敏求」與「人文自信」處。好古敏求，是說孔子對過往的時間懷有情感，念茲在茲；人文自信，是說孔子自信我們的文化有未來，深情脈脈。所以錢先生說，學孔子，即是學孔子之「好學」，也是向孔子的性情和心地學。善學者，即能如孔子一般，習得對文化傳統此一番深情，也能具有對此一番文化傳統的極大信心。錢先生倡學孔子，其意在此。他說，

〔註35〕錢穆：《孔子思想與此下中國學術思想之演變》，《孔子與論語》，276頁。
〔註36〕同上。

「學孔子之『學而時習』,『學不厭』,此是惟一正辦。」〔註37〕總結來說,學孔子之所學,是向歷史學,是在文化傳統中學,是以天生德性為基底來求學,是求學以達至至善之境,是將先天與後天統一起來教與學。受此一番學的教誨,每個人都可以反躬自問,本忠信之質以為學之起始。而如何能「尋回」自己的忠信之質,是否仍離不開學?

下迨西學、中學的交融之時代,本忠信以為學,好似受到極大的挑戰。自然科學日新月異,這是西學之成就;如果違於人性,「種種技能術藝,適足增人之不安,滋人之苦痛。」〔註38〕則是否違「性」以成其「學」,是錢先生看待學之正確與否的主要標準。錢先生說,中學重人猶重於學,西學重學猶重於人。「道問學」與「尊德性」,其事相因,一切自然科學,仍應是一種「明性、盡性」之學。面對西學對中學的衝擊,錢先生闡發孔子之本忠信以為學,也即在闡發「中學」之質。「中學」是否保存了「忠信」之質?這是為錢先生所深切關注的。新亞時錢先生講演「丁龍」的故事,即是在闡發中學固有的此一種忠信之質。不僅孔學有此一種忠信之質,理學也有,考據學也應有,這是錢先生對中國學術特性的一種判斷與界定。有「忠信」之質,即為一種人學,所重在人次及於學,學以成就人,而非人以成就學。這裡有一番甚深意涵,不可動搖。

「宋明理學家最主要之宗旨,即是要認取孔顏之心,探討其心所樂何在。此乃程朱、陸王共同精神之所在。而孟荀精神也莫能外此。」〔註39〕所以錢先生說,孔學是心性之學。孟荀以及程朱、陸王,都是一種心學。孟荀、程朱與陸王都向孔子學,即皆本孔子之心以為心。「我們今天當研究孔子之心學,再由孔子下及孟荀乃至宋明程朱、陸王,將這一套心學發揮,即是發揮了儒學之最要義。」〔註40〕儒學所重之「忠信」,揭櫫一「己」之心,如何既不一味封閉自我,擺脫大群,亦不專為供奉大群,犧牲自我,求人、我各得,群、己兩遂。在錢先生看來,儒家之所以對己待人,所以用心,綿延了四五千年,化約為中國文化之傳統,為歷代學人所共尊共信,幸能求尊信於今人。

〔註37〕錢穆:《孔子思想與此下中國學術思想之演變》,《孔子與論語》,272 頁。
〔註38〕同上。
〔註39〕錢穆:《孔子之心學》,《孔子與論語》,356 頁。
〔註40〕同上,364 頁。

總之，孔學成為錢先生儒學觀的支撐。錢先生不僅以孔子思想詮釋整個中國文化，且以孔子為標尺，區分孔子後學之不同蘄向與途徑。他又以簡約的語言概括孔子思想與文化精神，拈出「忠信」等字眼促使今人反觀己心；他又將對孔子的學習的必要，說到最徹底。因為他堅信孔子思想塑造了中國文化，所以對於「丁龍」故事的深蘊，有他特殊的發見；對於孔子的贊美，也是與他對中國人的「性本善」的人性觀點的極大肯定。他堅信向孔子學，可以幫助今人處理好群己矛盾；保持中國人的做人傳統，也可以使中國人找到尊信。

二、錢先生論孔子之史學與心學

章氏在《史釋》中說，「故無志於學則已，君子苟有志於學，則必求當代典章，以切於人倫日用；必求官司掌故，而通於經術精微；則學為實事，而文非空言，所謂有體必有用也。不知當代而言好古，不通掌故而言經術，則鑿枘之文，射覆之學，雖極精能，其無當於實用也審矣。」〔註41〕錢先生說，章氏所明之「史」，是一種「學」。章氏釋史，以求通孔子之學。

錢先生說，孔子「好古，敏以求之」，孔子乃就古代典籍，就其歷史演變，而推尋研求人文社會之一切義理之學。所以孔子注意於古代典籍，有其注意之特點。孔子固非僅務見聞之博，記誦之廣；孔子是思慕仁聖賢人，而求會通發見人文社會之大道。「故孔子之所為學，以今語述之，固不妨稱之曰『史學』。」〔註42〕則錢先生之稱孔學為「史學」，亦承章氏之意而來。

在錢先生梳理儒學史中，以兩漢時期，稱為儒學之奠基期。而魏晉南北朝時期，稱為儒學之擴大期。而此兩個時期，正以儒學奠基於經學和擴大為史學為其特徵的。進一步論及「經學與史學」及與「儒學」的關係，錢先生說，經史分隔，是在東漢時期，從此經史有如「河漢」。其帶來的後果，是儒學不彰。錢先生認為，尊經是為尊孔，所尊僅在書冊，而不及人物精神，非學之正辦。孔子之學，本於歷史人物以為學。其學所彰顯，是一種歷史的通觀通識，是本於歷史而發現的人文社會大道。

錢先生說，清代乾嘉考證學，仍是經、史兩立。「清儒之『求是』，乃自限於求古經籍之是，非能直上直下，求人文社會大道之是；非能求當身事為

〔註41〕【清】章學誠：《文史通義》，231 頁。
〔註42〕錢穆：《孔子與經史之學》，《孔子與論語》，196 頁。

之理之是；亦未可謂之求人心之是。而捨乎人心，捨乎當身之事爲，捨乎人文社會之大道，更何所謂『實事』？」〔註43〕經史之學而寓經史精神，此一精神，即爲錢先生對孔學之認定。此即錢先生闡發「儒學史」之意。也是錢先生闡發之「儒心」。「當儒學於晚清淪爲一種「非經非史、非漢非宋之學，無當於事理，無當於人心，而徒自揭櫫之曰：『此經學也，此孔子之眞傳也。』是乃晚清末流之學病。然若不察於此，即以晚清之學病經學，即以晚清之學病孔子，則又別自成爲又一種不通之見矣。」〔註44〕故而「通」字是儒學的重要特徵，不僅是「經」與「史」通，亦爲「心」與「史」通，更爲人文社會之見聞與受感在每個人的心上相通。

所以說，孔學是一種經史之學，孔學也是一種心學。說到孔子是心學，錢先生仍以「忠信」二字立言。他說，「孔門言學，必從『忠信』立根。」〔註45〕忠信如孝悌，但孝悌是在家庭中做子弟，而忠信，則指社會中每個人獨立爲人。孝悌、忠信都是「仁」，都是人與人相偶時一種心態。錢先生說，如果人心沒有孝悌，便不能有家庭；如果人心沒有忠信，便不能有社會。如果人心沒有「仁」，就不能相人偶，不能有禮，也就不能有種種人與人相處之道。

「禮」是外面的節文，而「仁」是禮之本原。錢先生說，孔子研窮史學，欲爲種種因革變遷的禮找出一個本原，這就成爲是孔子的歷史哲學。孔子認爲一切禮的本原，不在外部，而在創始禮與守禮者之內心。這是孔子之心學。「孔子的心學，是孔子的歷史哲學之最後的結論。」〔註46〕這就是錢先生認爲的孔子之心學與史學的關係。孔子研窮歷史與人心，是爲探究人文大道。其本「忠信」立言，立學，立教，即以此爲理想之人文社會的起點。

因爲孔子自身之爲學精神，所以儒學中經史精神常存。孔孟之學作爲一種心性之學，它可以貫通由孔子下及孟荀、程朱、陸王這一線，後學亦不斷啓悟與發見著先賢的心意，這就是儒學之最要義。而當對此一經史傳統的認識在「五四」時代遇到分歧，錢先生顯以「忠信」立根，好學求索，欲會通發見人文社會之大道。

〔註43〕錢穆：《孔子與經史之學》，《孔子與論語》，211 頁。
〔註44〕錢穆：《孔子與經史之學》，《孔子與論語》，211 頁。
〔註45〕錢穆：《孔子之史學與心學》，《孔子與論語》，352 頁。
〔註46〕錢穆：《孔子之史學與心學》，《孔子與論語》，349 頁。

三、錢先生與宋明儒商榷孔學大義

　　錢先生說，「我們今天的教育，正應該效法孔子通六藝，開四科，不該專講「性與天道」，卻忽略了「文章」。〔註47〕錢先生如此說，是對程朱所發明之「心性」化的儒學之矯挽。

　　子曰：「志於道，據於德，依於仁，游於藝。」（《論語‧述而》）朱子說，「所謂道者，只是日用當然之理。」「志」，是「思量講究，持守踐履，皆是志。」「志於道」，只是存心於所當爲之理，而求至於所當爲之地，」不是欲將此心繫在一物之上。〔註48〕韓退之說，「德，足乎己，無待乎外。」朱子認爲好。這裡，「德」通「得」，德是得之基址。合而言之，「道者，人之所共由」，「得者，己之所獨得」。有人問「志道、據德、依仁」，朱子說，「『志於道』，猶是兩件物事。『據於德』，謂忠於君則得此忠，孝於親則得此孝，是我之得於己者也，故可據。依仁，則是平日存主處，無一念不在這裡，又是據於德底骨子。」〔註49〕又說，仁是全體，德只是一事之德。……據德，是因事發見底，依仁，是本體不可須臾離底。據德，如著衣吃飯；依仁，如鼻之呼吸。縱觀三句，朱子說，「德是道之實，仁是德之心。」「依於仁，是自朝至暮，此心無不在這裡。連許多德，統攝貫串都活了。……雖然，藝亦不可不去理會。如禮樂射御書數，一件事理會不得，此心便覺滯礙。惟是一一去理會，這道理脈絡方始一一流通」……

　　錢先生說，朱子是後儒中最似孔子者。他常舉朱子的話：「是以《大學》始教，必使學者即凡天下之物，莫不因其已知之理而益窮之，以求至乎其極。至於用力之久，一旦豁然貫通，則眾物之表裏精粗無不到，吾心之全體大用無不明矣。此謂物格，此謂知之至也」。〔註50〕這是朱子釋「格物致知」。朱子即身而格，對於身邊的事物逐一深究其理；用力既久，「豁然貫通」，於理於心一齊通透，而達致「理一」、「心通」。錢先生說，這至少代表朱子一個人的心理學。朱子的心理學，是「本末精粗無不到，全體大用無不明」的，是有體有用之學。有一例，即朱子同安路上一悟。錢先生說，「朱子當時同安路上一悟，實是思量甚苦後乃得之。即今讀此條，當時情況，猶可依稀想見。」

〔註47〕錢穆：《四書義理之展演》，《孔子與論語》，268 頁。

〔註48〕【宋】朱熹：《朱子語類》，卷三，863 頁。

〔註49〕【宋】朱熹：《朱子語類》，卷三，865 頁。

〔註50〕錢穆：《朱子新學案》（二），621 頁。

〔註 51〕而朱子於同安路上所悟為何？是在於依明道之「君子教人有序」還是依程子之「明精粗本末，分雖殊而理則一，似若無本末，無小大」。朱子思量「子夏之門人小子」章，深夜聞子規聲不眠，檢書思索而得。結論是，事有本末，有大小，在學者仍須下學乃能上達，而聖人則始終皆備。錢先生說，此處即見朱子之「格物窮理」精神。

　　朱子總論此章曰：「此章言人之為學當如是也。蓋學莫先於立志，志道則心存於正而不他。據德則道得於心而不失。依仁則德性常用而物欲不行。遊藝則小物不遺而動息有養。學者於此，有以不失其先後之序、輕重之倫言，則本末兼該，內外交養，日用之間，無少間隙，而涵泳從容，忽不自知其入於聖賢之域矣。」〔註 52〕可以說，朱子期超入聖賢之域，而本此立學言教，此正為朱子之可敬處；而朱子對於孔學，不免於此聖學之境誇大其圓密，而不及其平實。從朱子釋讀此章，也可以讀出來。朱子是本孔子以為學。但錢先生指出，孔孟與程朱，因為成學的時代有別，其學是終有不同的。在論述「天」與「性」上面，在對待人生上面，雙方都有別。而朱子，有欲縮合二程而上通孔子的心意。在《本論語論孔學》一文中，錢先生即以「君子教人有序」這一朱子大悟，來詳解孔學。錢先生說，如果說儒學始於孔子，那麼孔子倡導的「學」究竟如何？錢先生亦依據「志於道」、「據於德」、「依於仁」、「游於藝」四項展開論述；但錢先生將為學次序改變為「遊藝之學」、「依仁之學」、「據德之學」和「志道之學」，並認為這樣一變，不違程朱「君子教人有序」之意，而更宜於孔學之傳。此處不啻寓有錢先生治學之苦心。

　　如對「游於藝」，錢先生的理解，「藝，六藝」，即禮、樂、射、御、書、數。先書數，次射御，而至於禮樂。由藝而文。文指文字，文獻。錢先生說，孔門論學，絕不斥讀書為非學。此為針對象山、陽明學而發。錢先生說，「多習藝，多讀書」，即是孔子「博學於文，約之以禮」之意。以下對比於朱子，其言曰，「遊藝」則「小物不遺而動息有養」。「遊」字，或如朱子論讀書法之意「涵泳其間」。朱子的弟子黃榦說，「其（朱子）於讀書也，必使之辨其音釋，正其章句，玩其辭，求其義。研精覃思，以究其所難知。平心易氣，以聽其所自得。然為己務實，辨別義利，毋自欺其謹獨之戒，未嘗不三致意焉。

〔註 51〕 錢穆：《從朱子論語注論程朱孔孟思想歧點》，《孔子與論語》，253 頁。
〔註 52〕 錢穆：《本〈論語〉論孔學》，《孔子與論語》，163 頁。

蓋亦欲學者窮理反身，而持之以敬也。」﹝註 53﹞此處可證朱子的讀書涵養工夫之深密與周到。朱子闡發讀書大義時，將「精思」、「謹獨」等要訣貫穿其中，而教導來學者。這是朱子綜彙自己之學與孔學，而得出的一番教導後學的道理。錢先生說，朱子之「敬」字是涵養操持不走作。朱子之「敬」字，綰合已發未發、涵養省察而求工夫之一貫。﹝註 54﹞在心上用功，可謂朱子學的精微處。錢先生則以「時習」釋「遊藝」。他說，各項生活技藝貴在熟練掌握；浸潤其間，則儒學的工夫、路徑、方法都有了。錢先生意欲在爲學次第上教授於後學，故而以「游於藝」爲先；錢先生求在意境上不違於朱子，而在工夫上，卻取孔子。孔子曰：「學而時習之，不亦說乎。」錢先生釋曰：「學能時習，所學漸熟，入之日深，心中欣喜也。」﹝註 55﹞錢先生釋讀《論語》，亦反求諸己，由其在爲學與做人的眞修實踐中來。「無此眞修實踐，即無由明其義蘊。」﹝註 56﹞則朱子所釋在「心」，而錢先生所務在「行」。心寓於行。錢先生即以「爲學次第」立論，使學者從行上下工夫，再明得己心，此即錢先生所說的眞修實踐；錢先生亦即以自己的眞修實踐，逐一明得《論語》，亦期會通朱子。這是錢先生以爲發明孔子以下一套儒家心學的關鍵。

錢先生之發明孔學，其所致力，即在於明得後儒之所承於孔子處。此即爲錢先生所看重的以「後學」明於「先學」。孔學若眞有道理，其後學應是有生命力，這是錢先生縱論儒學史的基本邏輯。錢先生說，「朱子不免教人以讀書爲重，而顏元不免偏重於教人習藝，是皆各得其一偏也。」﹝註 57﹞而孔子於讀書、於習藝二者無有偏廢，這是孔學的高明處。與其說錢先生對孔學至爲褒揚，莫若說錢先生對後儒之學有當身之一種反省。如，他欣賞於朱子，卻言明只重讀書之失。這即是錢先生治學之理。錢先生認爲，終不可謂宋儒沒有走失孔學原樣的地方。他引孟子的話說，「大匠能與人以規矩，不能與人以巧。君子欲其自得之。」錢先生說，「惟其巧不能以與之，而欲其自得之，故大匠之所能與人者，僅止於規矩。故學必重於多見多聞。」﹝註 58﹞遊藝就是多見多聞，而宋儒很強調的或是自得。朱子與孔子，有貫通處，也有分別

﹝註 53﹞ 胡美琪著：《中國教育史》，366 頁。
﹝註 54﹞ 錢穆：《朱子學提綱》，99 頁。
﹝註 55﹞ 錢穆：《論語新解》，4 頁。
﹝註 56﹞ 同上，5 頁。
﹝註 57﹞ 錢穆：《本論語論孔學》，《孔子與論語》，168 頁。
﹝註 58﹞ 同上，192 頁。

處。貫通即貫通於平實處，如朱子言道，注重「從實理上行」，而「不從渺茫中求」，但仍未及於孔子之即事而明理；其分別則是朱子之言心性道理，終似著眼於「境界」處，喜從「極致」處求，而孔子則在己心上立學，罕言「性與天道」。錢先生說，宋明儒之言「性天」，有其時代的原因，無可非議，然「自儒學大統言，宋明儒終自與先秦儒有不同。不僅陸王爲然，即程朱亦無不然。」〔註59〕依此「爲學次第」，導人入孔學之大門，錢先生說，「依於仁」，即「以言行爲學，即是學爲人。」〔註60〕先則強調習藝與讀書，再則強調人道。「仁」，即爲人之道。「依於仁」，則主「孝悌」之學，因爲孝悌乃爲仁之本。孝悌即爲學者與父母兄長間發生的情感與行爲。依於仁，則是不違背此種內心情感，依此情感去行動。以上二者，即「游於藝」與「依於仁」，錢先生認爲是古今爲學之通誼。孔門教人爲學，注重於行爲、生活，重視內心情感。錢先生說，「學苟不在性情上用功，則學非其學。性情苟不得力，縱夙夜孜孜，博極群籍，多才多藝，兼有眾長，終不可謂之好學矣。」〔註61〕此一段解說，使人想到章氏之「性情與功力」說。「游於藝」或有功力，「依於仁」方見「性情」。二者相合，就是學了。此二者雖爲孔子所談及，錢先生卻認爲乃古今爲學之通誼。則孔學雖爲古學，雖爲中學，而不悖於西學，不悖於今學可知。拾級而上，而有「據德之學」與「志道之學」。「據於德」，錢先生認爲是「爲己之學」。他說，孔子以爲「德性」爲人之主。《論語》中孔子說，「天生德與予！」德是天所賦予人之性，可終身據守。「據德之學，則使學者一一就其所學而反之於己之心性，而得見其本原，得有所歸宿；此即所謂『爲己』之學也。」〔註62〕此處，錢先生藏蘊有一個觀點，即學問本於德性而來！此觀點，即本孔學而有。錢先生認爲，孔子所倡之學，即爲開發德性而設。爲己之學，即開發一己內在善性的過程。由此德性，而可深入人生內部，且這是孔門設教的轉折點。錢先生說，「必本乎此人所同有之忠信本質而爲學，以成其德而躋乎聖，此乃孔門據德之學之所以爲獨特而超卓，而他之言學者或未之能逮也。」〔註63〕此處，錢先生仍以「忠信」二字統貫「遊藝」、「依仁」之學，而稱成德之學，亦本此忠信而可有；忠信之質雖眾人皆具，成德躋聖

〔註59〕 錢穆：《本論語論孔學》，《孔子與論語》，192 頁。

〔註60〕 同上，171 頁。

〔註61〕 同上，175 頁。

〔註62〕 同上，186 頁。

〔註63〕 同上，177 頁。

卻是孔門對學者之所期，這裡面有一種超拔之力，乃孔子言學之卓絕處。

　　錢先生說，「德性之一部分雖為自然稟賦，其另一部分則屬人文修養。如中國古人講『心性之學』，乃是偏於人文修養的。而近代西方人所講『心理學』，則可謂是偏於自然稟賦。」〔註64〕他說，即舉此一例，便見中西雙方學問趨向大勢。錢先生本孔學立言，此有一顯例，按之可尋繹錢先生學問之軌轍，亦自有錢先生為學之精神卓絕處。

　　最後「志道之學」，也是孔子、朱子所先言者。「道」有大有小，在孔子而言，「道」貫通於「德」、「仁」與「藝」，為學之統貫；在朱子，則說「志於道」，還是物我兩分，但又說，至於其極，「道」無所不包。朱子是在「行」之起首處與「思」之最高處言道。這使「道」成為孔學之出發點與最後歸宿。錢先生則釋「志道」為「思通之學」，乃孔學之歸宗和最高一境。錢先生說，「游於藝」之學，其對象是自然界；「依於仁」之學，其對象是人文界；「據於德」之學，其對象是內心世界，那麼「志於道」之學，其對象是以上之全體。錢先生的原話是：「學必有標的，有對象。如『游於藝』之學，乃以事與物為學之對象。『依於仁』之學，乃以人與事為學之對象。『據於德』之學，則以一己之心性內德為學之對象。而孔門論學之最高階段，則為『志於道』。『志於道』之學，乃以兼通並包以上三學，以物與事與人與己之心性之德之會通合一，融凝成體，為學之對象。」〔註65〕又，「物與事與人與己會通合一，融凝成體，此即所謂『道』也。故志道之學，實以會通合一為對象。」「『思通』，則志道之學之首務。」〔註66〕「觀其會通，即用思之功也。」〔註67〕錢先生釋「志道」為「思通」，即是以「思」當作「行」之最高意，以「通」作為「學」之理想境。精神貫注，方能「融凝成體」，錢先生曾以此評述梨洲之學之匯通；致思之功，是「心」的最高功用，是「德性」的最大發揮，也是「道」的最終體現。如此，孔學即綰合了「德」與「道」，「心」與「性」。故而此章可當孔學之精義。

　　陽明亦說到「志道」一章。陽明說，「藝者，義也，理之所宜者也，如誦詩讀書彈琴習射之類，皆所以調習此心，使之熟於道也。」〔註68〕則陽明論

〔註64〕錢穆：《學問與德性》，《新亞遺鐸》，380頁。
〔註65〕錢穆：《孔子與〈論語〉》，175頁。
〔註66〕同上，182頁。
〔註67〕同上。
〔註68〕【明】王陽明：《陽明傳習錄》，271頁。

孔學，仍依宋學軌轍。注重在「心」，在「理」，在「心即理」。錢先生在闡說中，則參入了理學家的學問。「以物與事與人與己之心性之德之會通合一，融凝成體，爲學之對象」，此一語中，即有對理學家「格物窮理」之說的吸收與發揮；而以此釋學，終是以孔子爲尊，向孔子學；並綜彙後儒，以論孔學。錢先生之《本論語論孔學》，即是匯通朱子以明孔學之一證。錢先生又說，「細味孔說，……正足以益明朱意。」〔註69〕此即錢先生前後兼學之論。朱子論「志於道」時說，「從心所欲不逾矩，隨其心之所欲而自不過於法度，安而行之，不勉而中也」，〔註70〕更多在境界那邊說話，而錢先生於孔學之次第爲學之徑，逐一剖析，揭示出孔學上下層累貫通之境。

對於孔學，錢先生先生終其一生，表達其尊崇之心，嚮往之情，這是同他對於孔學的理解分不開的。他說，「至其由下學而互通層累躋於上達之一境，此則爲孔學教學之所以異於夫人之學者。」〔註71〕此處之「層累互通」，重在「層累」與「互通」之兩維。前者，言孔學之深，後者，言孔學之廣。亦可謂孔學乃「極高明而道中庸」、「致廣大而盡精微」之學，引人漸入勝境，亦即「集大成」之所在。錢先生說，「孔子『志道』之學，亦即其游於藝、依於仁之學也。惟是所謂孔子之『集大成』，則其層累相通之間，實大有事在。蓋學必至於集大成，乃始見道。」〔註72〕此「大有事在」，只有學到精深，方有所悟，所悟即思通之功也。又說，「遊藝、依仁之學，皆『下學』也。知據德，志道，則『上達』矣。『上達即在下學中』，學者當從此細細參入，乃可悟孔門之所謂一貫。」〔註73〕「下學」，「上達」，則錢先生縱論孔學，仍以《論語》之所論爲本。

錢先生說，「孔子一生重在教，孔子之教重在學。孔子之教人以學，重在學爲人之道。」本章『學』字，乃兼所學之『事』與爲學之『功』言。孔門論學，範圍雖廣，然必兼心地修養與人格完成之兩義。學者誠能如此章所言，自始即可有逢源之妙，而終身率循，亦不能盡所蘊之深。此聖人之言所以爲上下一致，始終一轍也。」〔註74〕在1960年除夕師生聯歡晚會上，錢先生以

〔註69〕 錢穆：《孔子與〈論語〉》，185 頁。
〔註70〕 同上，190 頁。
〔註71〕 同上，193 頁。
〔註72〕 同上，181 頁。
〔註73〕 同上，187 頁。
〔註74〕 錢穆：《論語新解》，4 頁。

《讓我們過過好日子》爲題發言。他說:「任何人,只要會過,便都有好日子。」
對於如何過日子,錢先生說:「我又要引《論語》上的話:『子曰:志於道,
據於德,依於仁,游於藝。』過日子,第一要懂得道理,不懂道理,是不能
過好日子的。第二要根據德性修養,壞良心,壞脾氣,也不能過好日子。第
三是依於仁,人不能離群獨居,不能單獨一人過日子,在家有父母兄弟姐妹,
出外有同學同事朋友。一個人不能偏愛己身,應開曠心胸,泛愛眾而親仁,
而後才能過得好日子。第四是游於藝,過日子要多花樣,要多才多藝,使日
子過得多彩多姿。」則錢先生所說的好日子,還是學習孔子的一份心得。

　　總之,對於孔學之深意的解析,貫穿在錢先生一生的治學中,也主宰著
錢先生的儒學見解。然深味孔子方能深體朱子,錢先生於朱子讀書爲學的苦
心,也是深爲體恤的。並以朱子爲其治學的榜樣,而甘願花費巨大的精力,
對朱子讀書、爲學的整個人生作出梳理。矯挽宋儒心性學之偏,而提出效法
孔子通六藝、開四科,倡導德性之學和文教之風。孔學在錢先生看來,是一
種可資憑藉的生活道理。

第三節　錢先生對儒學精神特質之界說

一、儒學是「向孔子學」

　　孔子說,「十室之內,必有忠信如丘也,不如丘之好學也。」(《論語・公
冶長篇》)孔子論及「忠信」與「好學」之兩端,使後人有所省,得所悟。錢
先生說,中國民族之人文理想,「尤以儒家教義爲中心。而中國儒家,則共奉
孔子爲宗極。」〔註75〕儒學之「忠信」、「好學」與「力行」之意,皆依孔學
而來,儒學是「向孔子學」。

　　「忠信與好學」如前所述。「篤行」即「讀書」與「立教」,必先有「養
心」才能讀書,先能「志學」方能「立教」。錢先生對曾國藩之立學於士大夫
之煩冗生活中頗有敬。其新亞辦學,亦依曾氏「守死善道」而來。可知力行
之於心性上所本之深。

　　朱子《力行》篇,皆承孔子而來。朱子說,「學之之博,未若知之之要;
知之之要,未若行之之實。」〔註76〕又說,「善在那裏,自家卻去行他。行之

〔註75〕錢穆:《民族自信心與尊孔》,《孔子與論語》,335頁。
〔註76〕【宋】朱熹:《朱子語類》卷第十三,學七,《力行》,222頁。

久，則與自家爲一；爲一，則得之在我。未能行，善自善，我自我。」

朱子說，「人言匹夫無可行，便是亂說。凡日用之間，動止語默，皆是行處。且須於行處警省，須是戰戰兢兢，方可。若悠悠泛泛地過，則又不可。」〔註77〕

朱子說，七十子從孔子，如果只是說便了，那麼只兩天便說盡了，不需要許多年隨著孔子不去。不然，就是孔門弟子都是無能的人。恐怕不是這樣吧。古人只是日夜皇皇汲汲去理會這個身心。到得做事業時，只是隨自家分量以應之。如由之「果」，賜之「達」，冉求之「藝」。只此便可以從政，不用他求。〔註78〕

力行則實，動止語默，處處警省，日夜皇皇汲汲去理會這個身心。錢先生說，朱子於「知行」兩者實非有輕重。朱子平日論學，知行相顧並到。「生知不可以爲訓。格物即教人所以爲學知。就聖人言，生知固高。就眾人言，力行尤要。格物則是兼學知與力行二者。朱子只就眾人立教也。〔註79〕朱子正在「力行」一端，最與孔門教育相親。

如此而言，錢先生對於「忠信」與「好學」兩端，喜舉而同語。忠信是眾人之質，好學是仁聖之品。孔子以忠信立學，而以好學行教，忠信兼好學，錢先生視之以爲儒學之品質。錢先生又以「知」與「行」相提並論，朱子之格物兼論兩義，陽明承之，倡「知行合一」論，錢先生亦以「知行合一」倡爲儒家言。

「忠信之質」，「好學之心」，「力行之意」，可以同歸於「好學」。儒家之學，是本忠信之質以爲學，是知行合一之學。此一種「學」，知之不如好之，好之不如樂之，可志可願可安可樂，人人可行。

二、儒學是經學、理學與孔學會通之「學」。

此依儒學學術發展史的脈絡而來，重在恢復經學、理學、孔學與儒學的貫通，即由經學之「道」、理學之「理」以及孔學之「教」，而見儒學的真趣。

兩漢時期是經學的開創時期。那時，《論語》是作爲小學存在的，不似宋代，《論語》與《孟子》、《大學》、《中庸》一起，置於五經之上。這是經學向儒學的回歸。錢先生說，「儒家在漢朝人的學問中，是第二等的」。〔註80〕而

〔註77〕【宋】朱熹：《朱子語類》卷第十三，學七，《力行》，222頁。
〔註78〕同上。
〔註79〕錢穆：《朱子新學案》，第二冊，507頁。
〔註80〕同上，480頁。

「宋朝人在中國思想史裏有一極大的貢獻，……宋朝人的觀念變了。……就是宋朝人看重儒家了。」〔註81〕錢先生更為看重的是宋儒的做學問的方法，這也即是錢先生的論學立場。

　　錢先生說，「我們一定要在中國的學術史裏分別出這二者，要講清楚，一個是『經學』，一個是『儒家』。經學不即是儒學。儒家中間有經學，經學也算是儒家，但是兩者要有分別的。不是今天由我來提出這個分別，至少我們是按宋朝人講法。」〔註82〕則錢先生學術之所依尊，在宋朝可知。錢先生說，宋儒歐陽修、王荊公是「在儒家中間來讀經學」，而漢以後是「在經學中來通儒家。」〔註83〕這是顯有區別的。區別在何處？可以說是學人為學的心態上，也是做學問的方法上。

　　錢先生說，「在中國學術史上，是有了儒家而才有經學的。也是有了新儒家而後有所謂新經學的。如果儒家精神漫失了，專來講經學，那也是一種無靈魂的經學，不是真經學。清代經學便有此趨勢。但若我們忽略了一向的經學傳統來講儒家思想，那也是一種無骨骼的儒家，也非真儒家。民國以來講儒家的，便有此傾向。」〔註84〕

　　因此，經學與儒家是不可分的。在儒學史上，朱子之一套「新經學」，即以「四書」放在「五經」之上，以提撕儒家道德精神為新經學之所本，此即經學之「新」；而在清儒一段，由儒學而別出經學，由經學而別出「考據學」，由考據學而別出「小學」，又「今文經學」，此則如金子淘洗殆盡，而剩留沙礫。不僅朱子「新經學」之工夫失喪無幾，而且儒學也不能不走入「沒落」的境遇。此即經學與儒學離散的必然結果。

　　經學與儒家最大的不同，是在「對《論語》上」。〔註85〕在今天，復興文化，是否要讀經？錢先生認為，首要在讀《論語》（而有勝於讀《易經》等）。他又提出新「七經」，即《論語》、《孟子》、《老子》、《莊子》、《壇經》、《傳習錄》和《日知錄》。在此新七經中，是容納了儒釋道的。

　　錢先生說，「理學家風氣，正在要論道，朱子將論道與解經分開，最為明通之見。」既分開，又要相合。說到融通經學與理學，錢先生說，惟朱子，

〔註81〕錢穆：《朱子新學案》，第二冊，479 頁。
〔註82〕同上，507 頁。
〔註83〕同上。
〔註84〕錢穆：《四部概論》，《中國學術通義》，13 頁。
〔註85〕錢穆：《經學大要》，488 頁。

一面固最能創新義，一面又最能守傳統。其為注解，無論古今人書，皆務為句句而解，字字而求，此正是漢儒傳統章句訓詁工夫，只求發明書中之本義與真相，不容絲毫臆見測說之參雜。此正是經學上傳統工夫。明得前人本意，與發揮自己新意，事不相妨。故經學之與理學，貴在相濟，不在獨申。合則兩美，分則兩損。朱子學之著精神處正在此。此一條可作為研尋朱子學的方法論。

　　具體而言，朱子學有理氣論和心性論。說「儒學是理學之『理』」，是指理學家所揭示的儒學新意，也是儒學發展至宋而提出的最高哲理。錢先生說，「敘述朱子思想，首先當提出其主要之兩部分。一為其理氣論，又一為其心性論。理氣論略當於近人所謂之宇宙論及形上學。心性論乃由宇宙論形上學落實到人生哲學上。」〔註86〕又說，「亦可謂理與氣乃此宇宙之體，仁與神則是此宇宙之用。必兼此體用來看，乃見朱子宇宙論之全貌。」〔註87〕錢先生說，朱子論宇宙萬物本體，必兼言理氣。「氣指其實質部分，理則約略相當於寄寓在此實質內之性，或可說是實質之內一切之條理與規範。」〔註88〕朱子說，「天下未有無理之氣，亦未有無氣之理。」〔註89〕這是說，理與氣是相即不分的，氣中必寓有理，理掛搭在氣中。如果必分出先後，朱子認為，理先氣後。儒學發展至理學，而獲得某種不變不易之特性。

　　從理氣論而心性論，朱子說，「性屬理，心屬氣，」講究於「條理與規範」，是「理學」之顯著之特點，猶如理學所本之「性」，也是「條理」與「規範」化的。欲明此「性」，欲正此「理」，則必要抉發此「心」之功能。所以，錢先生講儒學，又認為儒學是兼及「心」、「性」、「氣」、「理」，又及先秦儒所講的「道」與「命」的。此一條，待下面闡發。

　　宋理學儒即本此心，發明孔子與儒學之大義。心屬氣，性即理，如同理與氣相掛搭，心亦與性相掛搭。朱子言，性即理，卻不肯說，心即理，其原因在於，心不都是理，而有違理之處。發揮心的功能，即是使心明得理。此一番過程，也即孔子一生所志之學，也是孔子一生所行之教。所以，儒學是一種心性之學，又是一番性情之教。孔子所行之教，即可說是一種心教。

〔註86〕錢穆：《朱子學提綱》，32頁。
〔註87〕同上，54頁。
〔註88〕同上，32頁。
〔註89〕同上。

　　錢先生指出，宋儒所行之教，終有對孔學未盡處。孔子以「德行、政事、言語、文學」四科設教，這一種師道精神，不限於己身之修養，而志在政治而人文大道。言其區別，錢先生認為宋理學家身上，是一種「自淑精神」，懷此精神，為己之學不輟；而先秦儒家身上，是一種「淑世精神」，懷此精神，「修、齊、治、平」，一以貫之。

　　錢先生論朱子與孔子之別，其質固相通。錢先生說，「我說朱子，可把來講中國的全部學術思想，而又該從中國的全部學術思想來講朱子。」〔註90〕此語很重。又說，「在中國歷史上，前古有孔子，近古有朱子，此兩人，皆在中國學術思想史及中國文化史上發出莫大聲光，留下莫大影響。曠觀全史，恐無第三人堪與倫比。孔子集前古學術思想之大成，開創儒學，成為中國文化傳統中一主要骨幹。北宋理學興起，乃儒學之重光。朱子崛起南宋，不僅能集北宋以來理學之大成，並可謂其乃集孔子以下學術思想之大成。此兩人，先後矗立，皆能彙納群流，歸之一趨。自有朱子，而後孔子以下之儒學，乃重獲新生機，發揮新精神，直迄於今。」〔註91〕則今日之儒學精神之中，融凝了朱子學與孔學，錢先生名之以「新」，因為此一精神中，有對此「心」、「性」、「理」、「氣」等意涵的抉發，為孔子時代所無；又因為抉發此一些「心」、「性」、「理」、「氣」的概念，而意在與孔學相通，事實也能相通。「故此兩人，實不僅為儒學傳統之中心，乃亦為中國學術思想史上正反兩面所共同集嚮之中心。不僅治儒學者，必先注意此兩人，即治其他百家眾流之學，亦必注意此兩人，乃能如網在綱，如裘在領。」

三、儒學是中國人之心學

　　此是依理學乃及心學之理論而來。重在以此區辨儒家心性學與佛、道、西學之異，以在西學來襲的時代，保持國人對儒學的一種尊與親。

　　錢先生說，朱子團和於宋儒，而為心性的新說。這既是將先秦儒之心性之辨發展成熟，又將儒學與佛學疆界分開。「程、朱立說，似乎較之孟子，跡近牽向外去，然內外合一，與孟子原義，並無大相歧。故程、朱雖認心只是一個虛明靈覺，若與禪學無殊，但於虛明靈覺之外，或說虛明靈覺之內，有一理之存在，此則與禪學之大異處。」〔註92〕程、朱學派只言心即性，不言

〔註90〕錢穆：《經學大要》，626頁。
〔註91〕錢穆：《朱子學提綱》，1頁。
〔註92〕錢穆：《朱子學術述評》，《中國學術通義》，102頁。

心即理。心固是虛明靈覺，但兼包有情感，有傾向，有他自己的嚮往、趨勢和要求。若只從其虛明靈覺處看，心便成為性空。朱子言心性，上承二程。但另一方面，則把濂溪、橫渠的思想來彌縫二程之所缺。其思想圓融，具體可分為「心性論」與「理氣論」。

錢先生說，大體說來，朱子「氣」的觀念，全近道家。朱子說理，則既不近於佛氏之涅槃佛性，而與道家自然之理復不同。蓋朱子思想，不僅綜合會通了二程與周、張，並亦綜合會通了道家與釋氏。而能不為道、釋、不為周、張、二程所縛，而調和折衷，別成一套，「此見朱子思想之卓然不可及之集大成處。」〔註93〕

朱子將性、氣兩分，正亦猶《大學格物補傳》之心、理兩分，錢先生說，這實為朱子思想之中心主幹。朱子常說理掛搭在氣上，又說，性是一物在心中。性即理，心即氣，性在心中，即如同說理附於氣。理氣說，窮盡了宇宙間氣運的道理，融會了道家的說法和儒家的說法。如理氣關係一樣，在心性關係中，「性」先於「心」，心是性之表現。「盡心知性，盡性知天」。朱子說，性即理，他不同意心即理。錢先生釋曰：「心非即是理，只是一虛靈。惟其是一虛靈，故能明覺此理。」〔註94〕又說，「心是氣之靈，惟人類獨得此氣之靈，故能有此心，能覺此理。……心只是覺，須待此心所覺全是理，滿心皆理，始是到了『心即理』境界。」〔註95〕

性無生命，理無氣力，這看起來是朱子學的毛病，其實，錢先生說，它恰是朱子思想之極精卓處。因為，此一種理氣說和心性說，不至於使生於宇宙間的人與物，成為死人與死物，而使得遠自孔孟以來的儒學傳統，人文精神，經由道家自然義之發揮而可以不搖不拔。

朱子說，「心與性自有分別。靈底是心，實底是性。靈便是那知覺底。如向父母則有那孝出來，向君則有那忠出來，這便是性。如知道事親要孝，事君要忠，這便是心。」〔註96〕又，「性便是那理，心便是盛貯該載、敷施發用底。」

朱子說，「天下之物，至微至細者亦皆有心，只是有無知覺處爾。且如一草一木，向陽處便生，向陰處便憔悴，他有個好惡在那裏。」錢先生說，朱

〔註93〕 錢穆：《朱子學術述評》，《中國學術通義》，105 頁。

〔註94〕 錢穆：《朱子學提綱》，45 頁。

〔註95〕 同上，44 頁。

〔註96〕 【宋】朱熹：《朱子語類》卷二，《大學》三，323 頁。

子此等處講心，似乎正是《孟子》、《中庸》書中之所謂性，而性之中則必有情，此處又說成其有心。

　　「張子曰：『心，統性情者也。』此說得最精密。」〔註97〕宇宙間萬物，只要他有一定的傾向與趨勢，這便是天地間萬理之所從出，如此則宇宙總是一合理的宇宙。人文之理，孕自自然之理，又不能違背了自然之理。今說性為自然之理之主，則「心應為人文之理之主。」〔註98〕錢先生說，朱子頗有主張「心即理」說之傾向，但從朱子思想之大體看，則朱子只肯明白說「性即理」。因朱子之「理」之觀念中，包含有自然之理與人文之理兩頭，所以，他既要說明，人之主宰此宇宙，不能違背了天；又認為在理的主宰下，人還是有他一份自由，可以自作主宰。錢先生說，朱子思想在此等處，誠可謂既圓通，又卓越，有待吾人再來闡揚。〔註99〕

四、儒學是一種人生態度

　　錢先生說，文化即人生。儒學是錢先生解讀文化特質的出發點，也是錢先生解讀人生的歸宿處。錢先生對儒學的闡發，其特點是從文化與人生一體之兩面出發，也於人生與文化為歸宿。

　　重視於人生，即「尚質」的表現。錢先生說，中國人以「忠信」為質看待人。為學而不離於其忠信之質，此即孔子所創儒學之倡導。〔註100〕

　　孔子的人生，分身生活與心生活，則身生活為輕，心生活為重。重道義而不存功利觀，斯見道義之真。注重於心生命，由此樂在其中。自孔子以下，中國人之思想，正是在發明此心生活的意義價值。如《中庸》對喜怒哀樂之講求，再後由宋儒來發揮，變成中國人的一種心學。錢先生曾說，儒學即心學。而中國人的文學、藝術等作品中，無不濡染此一顆心。「故中國人生亦可謂乃一文學人生，亦即一藝術人生。文學必在道義中，而道義則求其藝術化。中國之人生樂處，即在是矣。此非中國之文化特質乎？」〔註101〕故而，錢先生之論中國文化特質，是本於他對孔子人生的理解，和對儒學史的解讀而來。

〔註97〕【宋】朱熹：《朱子語類》卷二，《大學》三，323頁。
〔註98〕錢穆：《朱子學術述評》，《中國學術通義》，108頁。
〔註99〕同上，108頁。
〔註100〕錢穆：《中國文化特質》，《中國史學發微》，127～163頁。
〔註101〕同上，142頁。

儒學所尚，即文化所尚，儒學所尊，即文化所尊，儒學所本，即文化所本。這是錢先生之推論。

錢先生以文化與人生相擬。文化近於人生，但二者又不同。其異在於，「文化屬大群，人生屬小己。」但文化與人生，其質又相通。錢先生說，中國人重德不重業，尊品不尊位。盡在抽象虛無處著想，不在具體實有處用力。這樣做，卻建立道義共通之大，避免了功利分割之小。中國乃成為五千年廣土眾民大一統之民族國家，而此即為中國文化一特質。而對「德」與「品」的尊崇，即儒學的特性。儒學著眼在「心」，此一心是全身之會通和合處，是一「抽象」概念。故而說中國文化盡在「抽象虛無處著想，不在具體實有處用力」。儒家向道義，不計功利，此一種道義上的講究，亦即成為一種文化特質。

錢先生又說，「中國人言人生，則曰性命。此之謂『一天人，合內外。』」〔註102〕性在內而命在外，所以要「一天人，合內外」。對於人生的看法、講求，是對「性」的看法，講求；而同時，還有對「命」的看法，講求，此即是對文化的看法與講求。錢先生說，「文化即人生，人生有其長成之過程。在此過程中，時時變者為生活。而有其一不變者貫注其中，此之謂常，乃生命。惟生命有長有成，乃生活之目的。而生活則僅為生命長成之手段。」〔註103〕與此相應，從文化角度說，不變者為「性」，此一過程與終極目標，中國人謂之「道」。錢先生說，「性道合一，乃為中國人生最高理想，亦中國文化一最大特質。」〔註104〕

性在內，為己本有；命在外，為人所不能主宰者。一天人，即體認到本己之性；合內外，是身內之心與身外之物相合。是己與群相合，相通，打破人與人之相異，而能在心上互通。錢先生說，中國文化特質，可以「一天人，合內外」六字盡之。由「天」與「性」的觀念，而生出「道」的觀念來。道屬抽象，非具體。錢先生說，中國五千年來常同為一中國，中國人常同為一中國人，此即由中國人之道來，亦由中國人之性來。乃亦可謂由中國人之天來。此「道」與「性」與「天」，又似有無可指稱處。故而錢先生說，「中國人用心在其無可見、無可指，無可說處來見到，來指定，來說出。」〔註105〕

〔註102〕錢穆：《中國文化特質》，《中國史學發微》，128 頁。
〔註103〕同上，127 頁。
〔註104〕同上。
〔註105〕同上，131 頁。

「一天人，合內外」，也是將自然與人文融爲一體。性實自然，而德性是在自然與人文間者。《中庸》曰：「致中和，天地位焉，萬物育焉。」此即中國人最高嚮往之自然，也是最高嚮往之人文。錢先生說，它不啻爲中國人之宗教信仰。「一天人，合內外」，必須會通和合以求。錢先生說，中國人之觀念與意義，必多能會通和合、融爲一體以求之，將可得曉，而惟賴此心之明。如孔子之心。當孔子對人生看得更廣泛，更深入，乃於自己心境亦益臻於中正和平，此即爲中國人觀念中理想之人心。如何明此心，則反之己而心自在，亦即可以自知而自明之。這是在工夫上說。孔子從五十到七十，都有這一段養心工夫。則中國之人文，雖曰還歸於自然，而此「自然」已有不同。

在中國文化與人生中所表現的「人文」與「自然」相合，因其「合」而使自然人生具有人文深意。他說，孔子言仁，言智，言禮。仁即人心，智即是心之明，而禮爲生命之體。人與人相交始有禮。禮出於仁，本於人心之自然，乃於禮中必有樂。中國人生乃一禮樂之人生，人生乃有至安而無樂可言者，乃爲死。生必有死，亦一自然。中國死生之禮，視死如生，有哭有踊，有葬有祭，有墳墓有祠堂，錢先生說，此未脫離自然，而顯成爲一人文。「盡其心，斯知性，斯知天，此亦依然是一自然。而人心仍亦於此得安得樂，此則不得不謂乃中國人之大智矣。」〔註106〕他說，「中國人之大智，則莫大於其能爲人生制禮作樂。」〔註107〕

依據中國之人文精神，如何度此人生？錢先生舉孔子之智說中國人生之智，舉孔子之仁，說中國人生之最不當輕忽者。探討文化，於是與探究人生之價值與意義相縮合。錢先生說，過日子要有許多花樣，文化就是這花樣。禮似一種規矩束縛，樂則人心共同所求。但禮樂如何相即？錢先生說，周公制禮作樂，乃教人與人相接。孔子增出一仁字，曰：「人而不仁如禮何，人而不仁如樂何。」乃教人心與心相通。這是身生命與心生命的不同。身生活是一手段人生，間接人生，心生活方是直接人生，目的人生。身生活主要在食、衣、住、行，心生活則主要在喜、怒、哀、樂，此爲人之生命之主要感受，主要表現，其價值與意義，卻反被人所輕忽。

則孔子所發明的「仁」字，就是使中國文化尙「同」貴「通」的原始所本。中國人的人生觀，貴同不貴異。所以，對於幼年和老年尤其重視。幼年

〔註106〕錢穆：《中國文化特質》，《中國史學發微》，137頁。
〔註107〕同上。

則貴教，老年則貴養。孔子以孝悌、謹信、愛眾、親仁，與人相交接之種種禮教授來學弟子。而「七十杖於國，則為一國人所敬。」他說，中國五倫，為人生大禮，亦即人類大同之基礎，亦即人類生命之得以會通和合而融成一廣大悠久之存在。如朋友一倫，乃可廣通於天下。

　　究極中國文化之特質，錢先生仍以與西方文化相較。他說，中國人重「同」，而西方人重「異」；中國人重「化」，而西方人重「變」。中國人之好古守舊，為今日之中國人所詬病，錢先生說，「昔日之古舊，即我當前之由來，乃在同一時間過程中，又焉得不好，焉得不守。好之守之而自化，乃成中國五千年歷史之悠久，亦即中國文化特質之所在矣。」〔註108〕「中國之文化特性，乃在其能從德性之由精微中庸處，而達於廣大高明。其過程乃有一套學問。一部五千年不斷之歷史，亦即中國人五千年來不斷之學問有以造成之。則雖守舊，亦不得謂其無進步。雖好古，亦不得謂其無開新。」〔註109〕則錢先生之探討中國文化，抉發之意，或在「好古」與「守舊」。好古是一種情感，守舊是一種意志上的努力。錢先生之所以能闡發此義，是據他對文化傳統之探察而得之學問而來，非僅為與「爭圖目前」之今人過不去。愛護此一文化，愛護此一傳統，錢先生對於文化演變之一番過程，亦具有充分之覺察與信心。這是錢先生的仁慈心；由舊有而開新，錢先生說，須經過一段較悠長的時間。古人說，美成在久。《新亞校歌》裏唱，悠久見生成。在價值觀上，錢先生是贊成於此的，這是錢先生的價值觀。

　　抱持此一種價值觀，錢先生對文化所持的樂觀精神也滲透在他自己的人生態度中。錢先生解悟中國文化，正以其德性與學問，融悟到此。治錢先生之學，亦當尊德性以道問學，以對錢先生融情以一生的中國文化體會之，學思之，踐行之。如此可於錢先生之學仁智並進，可於錢先生一生所護祐之中華人文生命，人文之心，真正有承繼的力量。

　　說到時間，孔子必言因革。「因者因於前時之舊，革者革成後代之新。」〔註110〕錢先生說，所謂因革，即見新舊相續，同中相異。他說，今人好言現代化，其實孔子即最能時代化。一部中國史，五千年來，其過程則常在現代化中。這即是中國之人文演進史。由孔子，而知古之仁人，樂見人文之成。

〔註108〕錢穆：《中國文化特質》，《中國史學發微》，153 頁。
〔註109〕同上，154 頁。
〔註110〕同上，155 頁。

這直是以「人文」定義「聖賢」，以「仁心」發明「文化」。因此來說，錢先生之文化觀始終是與對人生價值的探討相繫的。而人文之價值，端賴對自然之意的抉發。中國人之人文心，因何而能對自然作盡多的發明？錢先生有精彩語：「人情即本於天理，方其未發，即猶仁者所樂之山，常此安定，常此巍峨，而萬物殖焉，寶藏興焉，此即其靜中之動。及其已發，即猶智者所樂之水，波濤洶湧，暢流不息，永此浩蕩，暢流不息，永此浩蕩，而不趨於潰決，此亦動中之靜。故亦可謂心之未發則屬自然。及其已發，乃始見人文。」〔註111〕這是說，一「心」之中，自然與人文兼具。自然與人文，皆可於人之一己之心而見之。而心之能有此種盡大之用，是不能離開學的。這就引出對儒學的定義。所謂儒學，即是以學而盡此心之最大功用者。

環顧前代與當身，錢先生說，「中國歷史之大變，首推戰國。孔子以後，諸子競起，百家爭鳴。下迄西漢，而儒家始定於一尊。今日之群言龐雜，眾議紛起，亦固其宜。惟當一本於愛國家愛民族一至誠之大仁，而又能濟之以一己之一番謙卑心，知所尊，知所敬，勿輕肆譏評，勿輕加反抗，以無違於中華大統之一『禮』字，使能和平相處，安樂相交，而後大智得隨以生，大信得隨以立，而大義亦於是乎在。此或即天之將降大任於吾當前之國人，動心忍性，能動而又能忍，則吾國家民族前途其庶有重臻安樂之可期。」〔註112〕則錢先生於今日之國人，不啻有一番動情的教育。此處，是從國家立教，又是本文化之固有傳統立教，而於每一中國人，都可有一番反己之自省。對於文化傳統，錢先生稱之為「天之特厚於吾國家民族者」，他說，此一番人文教義，仍將有以慰吾當前國人之此心。則錢先生既發明此文化特質，揭櫫此人文大義，擔當人文師之責，卻並無意於要高出於國人之上。他僅以謙卑心，尊此學問，抉發此種深意；並深信中國文化之啟悟人心，轉變世運之力量。

五、儒學是一種師道精神

在《中國教育思想史大綱》〔註113〕錢先生稱，中國學術最大稱儒家。師道即從儒家來。儒家與師道是一體的。簡而言之，儒學是「為己之學」，而師道是「為人精神」，儒家為己與立人一體不分，是儒學與師道一體不分，共同

〔註111〕錢穆：《中國文化特質》，《中國史學發微》，160頁。
〔註112〕錢穆：《中國文化特質》，《中國史學發微》，163頁。
〔註113〕錢穆：《中國史學發微》，201～236頁。

體現儒學的淑世大義。但「學」猶重於「教」，錢先生說，中國人則學術上早有定論，而你自己的學問仍可有進步。孟子說，「乃我所願，則學孔子也。」又曰，「人之患在好爲人師。」所以中國一大學者，所該重視在「學」，而非重視在「教」。這是中國學術史上一主要精神之所在。也可說中國傳統重在「學」，師道亦即以「學」爲主，古有《學記》，闡述爲學之道；西方傳統重在「教」，故有教育學之專門研究。

錢先生說，「諸位要知道，一切學問都要有一個標準：跟隨他人學。譬如學歷史，宋史、明史如何講法？都該如此。此即所謂尊師重道。」〔註114〕這裡的「道」，就是求取學問的「方法」，是一條「路」。儒學所講求的師道精神，也是這樣一條求取眞知之路。錢先生說：「故中國之教育，非人生中一事一業，乃教者學者在其全人生中交融爲一之一種生命體現，始得謂之是教育。」〔註115〕所以在中國，有師道而無教育家之稱；師道，亦即人生。

如何看待讀書與做人？錢先生常舉孔子的話：「弟子入則孝，出則弟，謹而信，泛愛眾，而親仁，行有餘力，則以學文。」〔註116〕錢先生說，可知孔子教人以學，重在學爲人之道，這是在行爲上須有體現的。儒學重行，做人不廢讀書，讀書助益於做人。錢先生說，「這是中國儒家教育之最要精神。」〔註117〕同時錢先生論述儒家師道精神，師道精神囊括了儒學精神，以其「行」包含了「知」，「博文」與「約禮」，如一體之兩面。

孔子說，「古之學者爲己」。中國儒家講爲己之學，分四大步驟：即修身、齊家、治國與平天下。又分人爲五倫。每倫有其道。如天倫之父子與兄弟，人倫之夫婦、君臣與朋友。爲學講求修身，從自己做起，而能盡人性，知天命，這就是學之的。錢先生說，這是中國之個人主義。個人求學問道，下學上達，在德性上成就自己，有著極大的個人自由。但既是在德性上講求，小己必在大群中，不能離棄大群而爲己，所以，爲己主要即在爲人。重行猶重於知，先爲己，再及人，以身作則而爲人群之教育表率，錢先生說，這就是中國教育精神而來的中國人之文化理想。修、齊、治、平，一以貫之，則爲儒學精神。爲師道者即是重行猶重於知，爲人群表率，富於人文理想的人。

〔註114〕錢穆：《經學大要》，149 頁。
〔註115〕錢穆：《略論中國教育學》，《現代中國學術論衡》，171 頁。
〔註116〕【先秦】孔子及其弟子：《論語・學而》。
〔註117〕錢穆：《中國史學發微》，202 頁。

　　錢先生說，孔子之學，是重性成德之學。其學之最高境界，可謂是集人性之大成。此「重性成德」義，自孔子生，而獲明朗，成為中國此下教育之最高要義。當孟子時，他說孔子是集大成者，是集伊尹之「任」、伯夷之「清」和柳下惠之「和」之大成。在孔孟心中，有古聖先賢。如稱述堯舜。舜有大孝，堯有禪讓之美德，孔子稱述之，即是以聖賢精神以為學。錢先生說，「一部中國史，乃一部人文精神史，亦可謂乃一部道德史教育史。」

　　錢先生認為，孔子以禮、樂、射、御、書、數「六藝」為教，集中國古代儒學之大成。中國學術有其傳統，此傳統之所重，經由孔子而發揚光大，此即是一種重歷史重教育之傳統。孔子最重周公。「周尚文」。而「夏尚忠」，「商尚鬼」。這是夏、商、週三代不同之風尚與教化。錢先生說，尚鬼即尚信。人之忠信本於天，又繼之以好學，於是花樣日多，文化大成。孔子之學，實繼以往歷史來，孔子亦可謂乃集中國以往歷史文化之大成。本忠信以為學，亦本忠信以為教，孔子說，「吾無行而不予二三子，是丘也。」只是孔子本忠信與弟子共同生活。

　　中國教育又有身教有言教之分。錢先生說，身教乃以己德行教，言教則以文章典籍教。孔子學不厭，所受是言教（也有身教），教不倦，所行是身教（也有言教），則兩者兼之。孔門四科，德行、言語、政事、文學。孟子所重在人生內在之德行，荀子所重在人文外見之文章。重德行則重在身體踐行。重在以禮處群，反己自發之自我教育；重文章之學，則勸人讀古書，學古聖人，於典籍中上師古人。孔門六藝，皆習行之事。荀子以下，儒家言六藝轉為《詩》、《書》、《禮》、《樂》、《易》、《春秋》之「五經」，皆古代之典籍。這是由重行為而重書本。漢儒經學，即從荀子來。孟子重德行，卻不重「禮」，因古禮已失，故而重性。其言教育，重在啟發，不重模仿。到宋明理學，孟子重性重德，更被看重；而宋大儒如朱子，亦重典籍，重文章，故而仍上通於孔子之學，而陽明學，則似偏之一邊。道家一任自然，不尚學，乃亦不尚教，重自著書。道家於人文歷史之上，更重自然之天。其於人文繁雜中求歸簡單，於複雜相異中求其玄同，此一思想，亦為後世諸儒如朱子，吸納為自己的學問中。如言「氣」，即來自道家，而言「理」，則由儒家。由此將宇宙論與人生觀相繫合一。這是後世教育思想與先賢貫通處。而已融彙儒道。

　　中國之教育淵源自於儒家，因而，儒家之會通之特點，教育亦顯而有之。可以說，此為文化與教育共同處。《中庸》與《易傳》兩書，都出於秦代焚書

之後，皆有意於學術之會通。《論語》、《孟子》、《中庸》、《大學》之會通合一，又成為宋代新儒學發展的契機，可以說會通成為文化與教育發展之動力。錢先生說，「一部中國史，乃一部中國人文化成史，亦即一部中國文化史，亦即一部中國儒學精神史。而此儒學精神，則亦隨時隨地無所住而生。」〔註118〕錢先生是感於佛教中國化而發。五祖以《金剛經》「應無所住而生其心」而告六祖，最為禪家要旨。心無所住，則有物如無物。心常生，即性，即德，即天，即涅槃，即長生。錢先生說，此亦儒家之淑世精神。玄奘遠赴印度求惟識，此亦儒家之博文精神。故而，學術雖有變，而儒家之生命力無窮。錢先生正當於此學術與文化之流變中，識取儒學之精義。此亦師道精神之所由來。

這是唐代。及於宋代，儒學大興，亦即教育有值得稱述處。范仲淹和胡瑗，影響宋代及後世之教育甚深，其當為己而學，雖獨學無友，亦如平地突起，身上發出創新精神的光芒。而此光芒的發出，是從傳統來，是其精神氣韻，與傳統之學接通。錢先生說，范仲淹先天下之憂而憂，後天下之樂而樂，似伊尹之任；胡瑗講學蘇湖，任教於太學，似柳下惠之和。這是說，宋學亦得古聖先賢之道德精神，故而能興。書院講學，為此一時代教育之特點，亦為此下中國儒學史上最大一特點。

錢先生說，兩漢經學講求「通經致用」，不啻乃言教。魏晉南北朝教育精神縮狹在家庭，乃有門第之興起。唐代佛教興盛，可謂無師道。而宋儒者尊師道，則尤較戰國為勝。又說，漢儒為經師，宋儒為人師，宋儒影響深入於全社會全人生，其於中國民族之文化傳統貢獻為尤大。此一語極為重要。對於宋儒學術的看重，即如對宋儒師道精神的看重。錢先生之看重教育，與其重視文化傳統是一致的；如何評鑑教育之得失，與它對於全社會全人生是否有益，也是在在相關的。此在今日，亦可據此而辨教育之得失。

朱子連孔孟，定《四書》，開啟儒學史上最大轉變。朱陸異同，在於「性即理」還是「心即理」。則陸學主孟子，而朱學學顏子。朱子強調讀書，而不偏在己心；朱子象山所欲明之理，實為己之性。宋明理學是「自淑之學」，錢先生以此分別孔孟儒家之「淑世精神」。錢先生認為，這是道學之貢獻。元代中國，政亡於上，學存於下。錢先生說，此為中國歷史上一奇蹟，亦為中國文化傳統精神一特色。這可說是儒學教育所賦予文化傳統的。王陽明發明良知學說，道學乃流為心學。錢先生說，儒學自孔孟以來，修身、齊家、治國、

〔註118〕錢穆：《略論中國教育學》，《現代中國學術論衡》，221頁。

平天下，其道主上流，不主下流。其學皆有出有處，有進有退。王學卻不同，它在野不在朝，有處不出，有退不進，乃有儒、釋、道三教合一之說。由此學術與政治分為兩截，不僅儒學大變，教育之風也大變。於是東林書院講學，必上議朝政。

　　清初，明遺民皆不仕而議政。晚明三大儒，皆重著述，不重教育。顧亭林論學，志在為大群謀治平，因此他反對陽明。其可歸入儒林傳，不入道學傳。確可入道學傳的，錢先生說，當為李二曲。他可上追伯夷、叔齊之清。其他如南方陸桴亭，北方顏習齋。此數人身上，皆有師道精神。以下清儒反朱子反道學，因於清廷嚴苛之政風而變。清政權益衰，而經學中有康有為之今文經學，謂中國須隨時出新孔子乃得救。從習齋到康氏，錢先生認為其提倡孔孟，發揚道學而實非。謂康氏歐化已甚。則錢先生之論師道精神，與其所主之儒學大義所本歸一可知。師道精神，亦儒學精神之一種，而與西方文化、教育不同。又說章太炎著《國故論衡》，中國傳統，盡成國故。中國傳統文化教育精神之失落，勢已至此。

　　錢先生說，清代之亡，中國實無儒，亦無學。而以出國代其學。後以西方思想，以為教。杜威來中國，宣傳其教育思想。錢先生亦曾興動，在鄉村初級小學做初小教育實驗。但錢先生師道精神之所歸，還是在中國文化大義上，而不在杜威教育哲學上。此文一九八四年作。錢先生八十九歲高齡。其心中怪國人之不學，而重德重性之民族性湮滅不彰。其對孔子，與其所創之學，則念念在茲，不敢或忘。其回憶中國教育思想史，亦不離儒學之遷化史。而其創辦新亞，不啻為以師道自任，欲發揮儒家之淑世精神，發揚中國傳統之文化大義。其新亞書院，從書院之建制，到校訓與學規，日常生活，皆主從孔子學，從歷史上之儒家人物身上學。期讀書與做人，齊頭並進，融通合一。

六、儒學是一種綜彙思維

　　在儒學史的疏通中，錢先生最重「綜彙」二字，尤重「以別出之儒完成了綜彙之功」的朱子。「綜彙」是朱子學術的特質，也是錢先生所肯定的儒學的特質。因由綜彙而有由此及彼，由今溯古，而都得通；由此通，而諸種差異皆得平，遠古仁聖與近世賢達皆得安。綜彙又體現了朱子的人格和性情修養，或直接反映在其讀書精神上。錢先生之褒揚朱子，即是抉發此一種綜彙思維，也是褒揚此一種人格精神。

　　《朱子學術述評》一文，原載民國三十六年（1947）九月《思想與時代》四十七期。六十四年（1975）曾收入《中國學術通義》，後經作者增訂，收入《中國學術思想史論叢》第五冊中）錢先生說，欲治朱子思想，當分數要端。首在詳密排比其思想先後之演變。做如此之研究，需要考訂工夫，也需要哲理眼光；其次在研究朱子對於並世諸家之批評意見，而加以一種綜合觀。如將朱子與張南軒、呂東萊、葉水心等的學術思想異同比較通觀，朱子一家思想之地位才可以躍然呈露。〔註119〕這裡可知錢先生治學所主張之分析與綜合的思路。分析則注重於歷史學的方法，注重個人思想的前後演變；綜合，即不是將此學人孤立於時代之外，而是於時代和學術中會通而觀。這樣的思想方法，是與錢先生的人文觀，歷史觀，學術觀相通的。

　　錢先生說，朱子在中國學術思想史上貢獻最大而最宜注意者，厥爲其對儒學新道統之組成。這也是朱子之第一大貢獻。其二，在於朱子注《四書》。錢先生將之擬爲與孔子修《六經》一般重要。其第三大貢獻，在其對經學地位之新估定。在他手裏，把自漢歷唐，對古代經學的尊嚴性與神秘性全剝奪了，而重新還他們以在後代所應有之地位。從此以下，《四子書》佔據上風，《五經》退居下風，儒學重新從經學中脫出。

　　以後，《四書》成爲新經學。元、明以下迄於清末七百年朝廷取士，大體以朱注《四書》爲圭臬。錢先生所看重的，非是新經學作爲古代經學之尊嚴性與神秘性的延續，而是朱子在新經學中所呈現的儒家思想。錢先生說，「朱子把自己理想中的儒學傳統，上自《五經》、《四書》，下及宋代周、張、二程，完全融成一氣，互相發明，歸之條貫。」〔註120〕這是依靠朱子之治學精神而成的。錢先生說，他在中國思想史裏，獨尊儒家。在儒家中，又爲製成一系統，把在他系統裏的各時代各家派，一切異說，棄短用長，融會貫通，調和一致。此非「朱子氣魄大，胸襟寬，條理細密，而又局度開張，不能有此成就。」〔註121〕則錢先生所稱述，是朱子其人，而非僅其學。

　　朱子之第四大貢獻，即是集孔子以下儒學之大成。錢先生說，朱子思想似乎多承襲，少開創。其實朱子所開創，都已「融化在承襲中，而不見其痕跡，這是朱子思想最偉大之所在。」〔註122〕

〔註119〕錢穆：《朱子學術評述》，《中國學術通義》，91頁。
〔註120〕同上，94頁。
〔註121〕同上。
〔註122〕同上，95頁。

如前所述，儒學是中國人之心學。說到具體的工夫，第一是格物窮理。錢先生說，萬物一原而理絕不同，乃是朱子極警闢的創論。可見朱子所重，乃不僅在理的大本一原處，而更在理的絕不相同處。「此是朱子格物窮理理論之更要精神。」〔註123〕錢先生從朱子的學術貢獻、從其「理氣論」與「心性論」道來，說到此，都在說朱子思想的圓融處和創發處。朱子之得到錢先生的高度贊許，其問學之精神，其學問之圓通，都經由錢先生的闡發，而一一得現。此亦可見錢先生的學力與德養。心不即是理，而理則即在心中，可以為心所覺見；所謂性即理，內面在人心中，外面又在天地萬物。由此天與人，既分亦合，既合亦分。此處便有「主敬」（或「居敬」）工夫。

朱子說，敬則萬理俱在。又說，凡學須要先明得一個心，然後方可以學。〔註124〕錢先生釋曰，敬是此心之凝聚。人能居敬，然後可以窮理。錢先生說，朱子的意思，並非可以居敬來代替窮理。

又，「已發與未發」的問題。朱子說，今於日用空閒時，收得此心在這裡，截然，這便是喜怒哀樂未發之中，便是渾然天理。事物之來，隨其是非便自見得分曉。便如執權衡以度物。〔註125〕錢先生說，看起來此處，朱子思想有受荀子影響處，但實際又與荀子有不同，因荀子是教人把此心來窮外面理，而「如執權衡以度物」一句，卻是說心氣中平沒有偏向，如所謂水靜則見鬚眉。在二程之間，朱子更近於伊川。這裡所言，與伊川之「沖漠無朕，萬象森然」相似，而與明道之所謂「誠敬存之、更有何事」之意義仍有相違。

但朱子於此又下過深工夫，而成居敬、窮理兩面用功的理論。朱子說，「是以君子之於敬，亦無動靜語默而不用其力焉。未發之前，是敬也，固已主乎存養之實。已發之際，是敬也，又常行於省察之間。……君子之所以致中和而天地位萬物育者，在此而已。」〔註126〕錢先生說，朱子明明認性為未發，情則已發，又用橫渠「心統性情」之說，謂心貫徹乎動靜。動時省察，靜時存養，即是程門「敬」字工夫，如此則已發、未發面面兼到。但是性未發，管攝不到情之已發，所以，心的主宰作用，須是增強，增強此心作主力的，便是敬。敬裏面分「靜存動察」。格物窮理偏在「動察」一邊，如果不是靜時

〔註123〕錢穆：《朱子學術評述》，《中國學術通義》，110頁。

〔註124〕同上，112頁。

〔註125〕同上。

〔註126〕【宋】朱熹：《文集》卷三二《答張欽夫》。

存養，動時省察便易失錯。所以，如伊川說，「涵養須用敬，進學在致知」，但朱子又將此意，說到精微。

朱子教人從人心未發之中來看到渾然天理與萬理皆具，此與「萬法皆空」的禪宗又不可同日而語。所以，朱子有言：「吾儒以性爲實，釋氏以性爲空。」錢先生說，也可以說，朱子看心，實與釋家無大分別，但只在心之外或說心之內另安放一性或理，也可說在人文之內另安放一個自然，在自然之內另安放一人文。如此可使自然與人文內外合一。錢先生說，「這始是朱子之理想境界。」〔註127〕

朱子是集大成者。錢先生論之有據。他說，朱子思想，乃從孔孟之人文界，又融進了道、釋之宇宙自然界。以前孔孟只就人生圈子內立論，說人類百行眾德，皆由人心自然傾向中展衍而來。而朱子，於人生以外又添上一個陰陽五行的氣世界，要說物各一理。以人而言，則必人與天合，心與物合，內外合一，乃見此理。如果從理學說，朱子從二程之外又融進了周、張，而使其格物窮理說最爲博大宏通。朱子又兼採道、釋之長，而自成爲新儒家之一家言。

朱子說「未發之前不可尋覓，已發之後不容安排，但平日莊敬涵養之功至而無人欲之私以亂之，則其未發也，鏡明水止，而其發也，無不中節矣。……向來講論思索，直以心爲已發，而日用工夫，亦止以察識端倪爲最初下手處，以故缺卻平日涵養一段工夫，使人胸中擾擾，無深潛純一之味，而其發之言語事爲之間，亦常急迫浮露，無復從容深厚之風。蓋所見一差，其害乃至於此，不可以不審也。」〔註128〕這就是陽明一派之謂《朱子晚年定論》之爭訟之由來。由此也可見，朱子之會和舊說，開闢新趨之努力，也是錢先生稱其學說之所以爲集大成處。

對於朱子之學術之精要處，錢先生領會頗深。其集大成，是言其能於眾說融會合一。朱子如何做到的？錢先生說，朱子學術，先重分析。比如言心，先分析其未發已發、動與靜、體與用，而後再加以綜合工夫，即合動靜，合體用。就如他論宇宙人生，先從分析理氣心性入手，而後繼之以綜合，合心物、合天人，而「無不歸之以條貫」。〔註129〕這種思維方法，其特點如何？錢先生概括說，是「於一之中求見其多，於多之中又求見其一。於同之中求見

〔註127〕錢穆：《朱子學術評述》，《中國學術通義》，113頁。
〔註128〕錢穆：《朱子新學案》（二），240頁。
〔註129〕錢穆：《朱子學術評述》，《中國學術通義》，117頁。

其異，於異之中求見其同。」〔註130〕這樣的思想方法，化約爲錢先生本人的思維方式，表現在他對於學術思想的議論中。如《晚學盲言》中眾多的議題，如《現代中國學術論衡》中論及於中國心理學時講體用、心性的部分，又表現於其縱論中西文化之異同的文字中。錢先生說，「《中庸》云『尊德性而道問學，致廣大而盡精微，極高明而道中庸。』兩面逼入，得其大中。惟朱子學可以得其精旨。」〔註131〕所謂「兩面逼入」，即「執其兩端」，所謂「得其大中」，即「用其中於民」。孔子也說過，「叩其兩端」。所述都是學問之道。也是學問致廣大並盡精微之道。孔子以傳，朱子承之。

　　錢先生說，「以整個中國學術史觀之，孔子集上古之大成，朱子集中古之大成。其包孕豐富，組織圓密處，朱子乃可謂極似孔子。孔子每好以相反相成之兩面來表達一觀念或一境界，如言仁必言智，或言仁必言禮，又言禮則必言樂之類。朱子亦常如此，如言理則必及氣，言心則必及性，言窮理必及居敬之類。但孔子在先都只就人心人事立論，令人當下有一入手處，而其圓密處，則面面俱到，或是面面兼顧。孔子以下，先是百家爭鳴，幸有孟、荀兩家，從兩面來發揚孔子。魏、晉、隋、唐，道釋競興，乃有周、張、二程，對孔子儒學續作發揚，而朱子集其大成。」〔註132〕則錢先生不僅對於學術之先後闡發感到欣慰，又對思想之經由時代之變而可化約爲圓密精微之學，感到滿意。集大成，所重在「成」。小成以至大成，如涓滴細流彙成江河，而學人的胸襟之開闊，乃可承之。

　　錢先生說，朱子論學，其思想似乎相互間的依待條件更多了，更繁複，更重疊。既彼此依待，又面面兼顧，有「天」「人」、「心」「物」，有「內」「外」、「動」「靜」等等。有言其圓密者，也有言其瑣碎者。陸象山即譏其支離。在此等處，錢先生表達了自己的好惡。可以說，他既不贊成說朱子學支離，而貴其學之圓密豐富，又於陸王心學，同樣抉發其學問之精神。在此之間，錢先生仍表達了對朱子學的崇敬，認爲朱子是他最佩服的學人。他說，「中國學術史上，中晚時期，只有朱子一人，綜合了經、史、子、集四部之學。一面加以分析，一面加以綜合。」〔註133〕

〔註130〕錢穆：《朱子學術評述》，《中國學術通義》，117頁。

〔註131〕同上。

〔註132〕同上，117頁。

〔註133〕同上，118頁。

　　品評錢先生之儒學，使人感到，錢先生之儒學界說，彷彿是一種大眾哲學，這是說，它可以揭示出我們的民族心理中的精要部分。儒學，即我們的民族心理，是與我們的民族歷史相維繫的文化觀念，是影響我們每個中國人的精神生命的學術大義，人文主張。因何錢先生之儒學觀具有以上這些特點，是因爲，他所闡發的儒學觀具有全局性、發展性、生命性等特徵。其全局性特徵，是指其對儒學的學術研究，非局限於一個時代或一個人物，而是聚焦於整個學術史，謀求整個學術史所透視出的意義。一句話說，學術研究是爲什麼的。學術研究了些什麼。回答這些個看似淺通的問題，卻是需要深實的推尋工夫。此即錢先生所以爲的學問，也是錢先生所以爲的儒學的特徵，此其一。

　　其二，說它具有發展性特徵，不僅是指錢先生是「發展性」地看待問題，如他以學問之傳衍來評述其人其學，也就是還原到學術史的角度，而且是因爲錢先生即是將整個中國社會的歷史看作是不斷變化與發展中的。這以儒學爲其中心學術觀念的中國社會，內在具有很強的生命活力。即使是在「遙遠的」古代，如春秋到戰國的幾百年間，儒學也經歷著關鍵性的變化，而趨於融合。這是錢先生以深細的學術眼光，精準的考訂工夫，寬厚的仁者心懷，經數十年不懈之功，才可以有此心力抉發的儒學與社會、文化發展史的大略輪廓。錢先生說，在學術研究中，貴在抓住幾個「大問題」，粗通此幾個大問題，即可說已進入了對此學術之探求。以下之工夫，就是不斷地存念於此，不斷地讀書省思，終會有得；

　　其三，說到儒學的生命性，即是由其歷史觀而來。我們民族漫長的歷史，即如我們民族綿延不絕的生命體，體大而艱困，卻非死水一潭，而是充滿著靈動的光影，如朱子讀書時所看到的情景，──「天光雲影共徘徊」。可以說，正是「心」的深碧與遠廓，可以照見歷史；歷史即是心史，是生命史。錢先生的「心屬時間」，不僅可以引證到個體生命中「心」的前後相通，心的安樂寄放，而且，可以悠長的歷史生命，來豐厚個體生命，來對個體生命在一時代的遭際作引證，作引領。即如錢先生所言之大意謂，時代是歷史精神的傳衍，歷史之生命，正是靠在時代之中復現，──對於拒絕歷史、欲棄絕歷史的一時代的人而言，這是令人不安的；對於歷史遺跡的打、砸的行爲，正外顯了這一種不安。而過了這個時代之後，仍會有人，不遠萬里，奔赴探親；如同面對一尊尊被斬斷的佛頭，終會有人痛悼有加，回念不已。由此可知文化的力量。歷史的力量。

　　一句「交給歷史」去評價，內蘊很深。但仍不如「塵事無常，性命終將老去；天道好還，人文幸得綿延」一句，更深涵聯語主人對於人生徹悟之深情。令人動容的是，其對性命與天道的惜與珍，和極盡己力之後，心中的寬慰與幸樂。其所呵護的人文天地，就是中國人的自然天地，此一自然天地，與此一人文天地，綰合爲一，成爲中國人的生命天地。如何能極盡己力，非僅是對先賢的歎贊，還是對個己之心地工夫的深許。錢先生一定贊成說，後輩學者，終在自己的文化架構之中，感應到了無窮的力量，而將自己的生命，投入到此一種文化大生命之中；終在此一種文化大生命中，感受到一己求學問道之路上的飽足。「不遷怒」與「不二過」之所以而能，即是因爲有「向他人學」的通衢；「向他人學」之所以飽足，是有「見賢思齊」的悅樂與精進；而「悅樂與精進」之所以值得，只問心就夠了。

　　讀錢先生的書，無論是學術性較強的論著，還是通俗面向大眾的演講，其所論之道與理，其實非有兩個而是一個。他對於在社會上做得一官半職、或在學校裏讀書而正求獲取一個碩、博學位的人，都以「士」的精神，去作提撕。士在古代是一種社會身份，而在今天，更是一種護祐文化的讀書人的精神。甘願擔綱此一種道義精神，錢先生自命爲「（招募）文化義勇軍」。這是與韓愈的師道精神，遙相呼應的。在今天時代，文化之大廈如在風雨飄搖中，因有對此大廈之傾塌與重築之一分深沉的關切，所以，錢先生之個體生命，亦如有助，在日復一日的關切與存念中，思及於它的古今，思通於它的肌理，思遍了它的「象外」與「環中」：「人類的心覺中，己與物，我與非我，內與外，卻又開始溝通會合，互相照映，融成一體。我的心中，活著許多別人，在許多別人心中卻活著有我。」〔註134〕錢先生整日在作這樣一種「思」。

　　他即是把心「寄放」於「別人」身上，如「古人」身上；古聖先賢是以一種道德生命形象，而與錢先生之生命「相融凝」。錢先生之生命，又是在對道德人格的「崇敬」中，親切地「把捉」到自我，體認到自我生命之所從來，將自我之生命，與道德之大生命，融凝合一。錢先生稱此道德大生命，爲環中，即是「徹頭徹尾在人生境界中」。而此道德大生命中，包含著所有富有忠信之質的人，他們都深藏在錢先生的記憶深處：自己的父母，賈克文，孫鼎宸，丁龍，……如若沒有對於人性與學問的通觀，錢先生對人生之記述將是完全不同的。周育華在《君子儒錢穆評傳》裏有一段話：

〔註134〕錢穆：《象外與環中》，《湖上閒思錄》，94頁。

「丁龍故事說明，中國文化密碼在每個人身上蘊藏，可以代代感應承接，這個密碼與地域、時代、甚或與讀書與否都無關，因爲那些因素只是決定了文化的術而不是道。錢穆始終強調，中國文化不但不可輕易唾棄，還需代代地恒定堅守。其實所堅守的東西，不是密碼之外文化的形、文化的表、文化的術，而是密碼之中文化的神、文化的本、文化的道。這些神、本、道才是文化的密碼，它們由每個個體來接受、表達。」〔註135〕

欲於錢先生之儒學觀深通而有得，就須檢視自己。內心感到悅樂，即是重獲自己的標誌。

「人苦不自知，貴能以人作鏡；別人知道我，有時或許會比我自己知道得更清楚，更準確。但以人作鏡之外，更須能以史作鏡，以古作鏡。中國歷史上許多古人，他們之間，都已融成了一條大生命，這是我們此刻各自小生命之一個眞源泉。此一源泉，極深邃，但亦極精確。只要眞能瞭解到中國古人，自能瞭解中國今人之內在深處。使人認識自己，而能回歸自己，使自己這一小生命，亦能匯入此大生命中而得到其滿足。」〔註136〕

回歸，是回歸於人的忠信本質上去。此即每個人可據之德性。這也是獲得眞學問的源泉。通觀於歷史，歷史人物亦須以此忠信之質，與今人相通。錢先生一生之學，正爲懂得與瞭解古人，深信於古代中國有忠信之人與可好之學，這是他一生悅樂之來源。在對青年人的寄望中，錢先生說：「每一民族，文化愈深厚，認識愈不易。但我們且莫急劇要求瞭解，我們該先懂得珍重寶惜此一大生命。在我之珍重寶惜中，自易有認識。」〔註137〕則於我們個人在求學問道中的情感，錢先生給予最深沉的關切；而此「珍重寶惜」四字，豈非一種最飽滿之情感，最生動之存在？！如果我們能有「珍重寶惜」之情感，則可知我們的生命不會是空虛無度的，而是飽滿生動的。

又道：「所以我上面說，我們若要自愛，便須懂得愛國家、愛民族。我此一番見解，卻並不從功利觀點上出發，亦不是從道德立場上出發，我乃是從人類生命之內在眞實處出發。此一分辨，切盼我可敬愛的青年們深切參究，深切體會。」〔註138〕需要深切參究的，正爲此「非功利」、「非道德」的「內

〔註135〕周育華：《中國文化體現在每個人身上》，《君子儒錢穆評傳》，177 頁。
〔註136〕錢穆：《認識自己到回歸自己》，《歷史與文化論叢》，421 頁。
〔註137〕同上。
〔註138〕同上。

在眞實」性。每個中國人的生命，正在於以個己之性命，去抉發中國人的天道大義。這是每個生命眞實的背負，也是每個生命眞實的寶藏。

　　子曰：「學而時習之，不亦說乎？」信乎不信乎，此一種學，此一種樂？！此即錢先生之信，之學，之樂，斯亦可信，可樂，可學焉。

第六章　錢先生儒學觀之貞定與評說

第一節　錢先生儒學觀之學術特徵

一、錢先生的治學框架

　　陳啓雲在評述錢先生的儒學時說：「錢師以史學的眼光，從中華歷史文化的整體演變中討論中華學術思想的本質、功能和價值，從中華學術思想的整體來界定儒學的體系和理想（因而不曾想如……先秦諸子們儒、墨、道、法『（僅僅要）各成一家言』），並從儒家的體系和理想來觀察評論中華歷史文化在現實上的優點與缺點（『不曾想如……宋明的理學先生們……各個想承續或發現一個道統。』）這就是錢師學術的特色與價值。〔註1〕

　　此一特色竟可用「不立門戶」來作概括。先秦諸子的學術，各以學派的創立爲歸宗；而宋明理學家，則以「道統」的發現爲職守。錢先生的學問，只想「證明」中國文化的特色。而求證中國文化是獨具魅力的，則是他開展文化批評的一部分：不僅看到異域文化不同於本民族文化和不如本民族文化的部分，同時也指出國民輕視於本民族文化的時代心理和文化危機。

　　陳先生說，「錢師的學術思想不但代表了中國過去數千年學術、思想、文化、歷史的多元、多方、多樣的傳統，更代表了在二十世紀新舊交替時代（transition time）裏中國學者（思想家、歷史家、文化人）對中西文化、人類前途最全面、最合理、最眞實的瞭解和前瞻。」〔註2〕此一評語既肯定於錢先

〔註1〕　陳啓雲：《錢穆的儒學觀念與中國文化》，《中國文化》第21期，2004年6月。
〔註2〕　同上。

生的學術思想深入於本民族文化傳統的廣博，又贊賞錢先生關切於民族文化的時代命運時對世界文化思考的深度。在 1995 年的講演中，陳先生認為史學是錢先生問學的基礎，文化是其宏觀視野，思想是其核心關注。

在陳先生看來，錢先生的學問框架中有歷史、文化及思想。這也是對錢先生的儒學體系的概括。而在錢先生自述中，中國歷史、（中西）文化（比較）和中國人的民族性三者之間的關係，三十年間盤桓在他腦際，成為他學術成熟後對儒學命運的真切關懷。

其一、史學精神

中國學術有其架構，其本質，即是「通」貫與發展。如錢先生說到史學的特性，即有連續性和綿延性：過去要能透達到現在，方為有生命的過去；現在要能透達到將來，才算是有生命的現在。這才可說它有歷史的精神。有了這精神，才能形成為歷史。

所以，歷史的精神在於「透達」。因透達，方能形成歷史。此處之「透達」如何解？想到「思通」二字，這是錢先生在解說「志於道」時用的。志道之學就是在於思通。能將物、人與己在在相繫，就是通，也是透達，此一種「思」，就具有精神性。

故而可以說，歷史精神也即一種志道精神，是一種學問精神，也即文化精神。「歷史是一個大現在，上包過去，下包未來，是一個真實不動的大地盤。」〔註3〕真實不動，為其有定，定在人物之志向。因而可說歷史精神也是一種人物精神。

將自己的精神融凝於中，在錢先生的史學闡發中，視野可及文化、思想之深處。錢先生一生最所關切，是在中國文化的命運。這本身即見史學研究的意義，而儒學史研究的方法和意義也在此。重溫《中國儒學與文化傳統》此一長文，其意義不僅在於「獲知」了儒學的分期，更在於透過錢先生對儒學人物及其學術思想的貞定，體悟到他所傳達的問學精神；儒學即在問學者的精神上面。

錢先生此一種問學精神，本質上是後學學於先賢的精神。錢先生曾談到對韓文的「真欣賞」，這份欣賞是治學中的愉悅，它源自於後學與先賢心意相通、志趣相投。一個真正志學者，必能在歷史中找到定向。在中國，真正的

〔註3〕 陳啓雲：《錢穆的儒學觀念與中國文化》，《中國文化》第 21 期，2004 年 6 月。

歷史貴有人物爲其定向。錢先生屢次說到，時風之變，可起自一二人之心習。讀書人應是重視於自己讀書爲學之心習，立定自己讀書爲學之志向；爲學貴在與人心通，學術研究並不排斥對先賢的欣賞中的眞情流露。細心體會，此即錢先生闡論儒學之本意：讀儒學史貴能心知其意，方可謂眞知歷史者；學術研究通於藝術法則。此亦中國儒學之特性。

其二、文化精神

所謂文化，錢先生定爲「三階層」、「兩類型」和「七要素」。三階層是指人生所面對的三種層次（它恰恰配合人文演進的三段落、三時期）。人類文化的三階層是指面對「物世界」、「人世界」和「心世界」的三種不同的人生。面對心世界的人生，可稱之爲「精神人生」。錢先生所強調的文化精神，就在於充分發掘了中國學術思想與人文社會中「心」的意涵與功能。

兩類型是指外傾型的文化與內傾型的文化。錢先生說，這是「由於客觀的自然環境之不同，而引生出生活方式之不同，其次是由於生活方式之不同，而引生出種種觀念、信仰、興趣、行爲習慣、智慧發展方向，乃及心理上、性格上之種種不同。由於此種種不同，而引生出文化精神之不同。」〔註4〕文化精神是總括。錢先生是以內傾型文化來比之於我們的文化的，它是一種道德性的、安足型的文化。然而，道德之失落，安足之喪失，亦使文化精神潛消，這或可見之於今日之中國。

七要素是指經濟、政治、科學、宗教、道德、文學、藝術。文學與藝術是文化之上乘。

他說，「科學是理智的，藝術則是趣味的。理智中的物只是物，趣味中的物是『生命』，是『心靈』。理智常要把物破毀、拆碎、改變原形，想看它一個究竟底細，此即所謂『分析』。然分析所得，常是死的、凝固的物，並非物之眞相與原形。藝術精神則重在『欣賞』，把整個的我，即把我之生命及心靈，投入外面自然界，而與之融爲一體。於是在自然界中發覺有我，又在自然界中把我融釋了、混化了，而不見有我，而那外物也同成爲一『靈』。這是藝術的境界。」〔註5〕

錢先生詳解藝術之境，他說，文化第三階層之終極理想，應該是一個藝術與文學的世界與人生。文學與藝術的相同點都是「內外」融凝。這是富於

〔註4〕　錢穆：《文化學大義》，31 頁。
〔註5〕　同上，46 頁。

情感及趣味的人生。中國之文化精神，即含蘊在其中，這是人生之眞要求與眞理想。

如何看待科學（西方文化較重於此，錢先生稱爲「自然科學」），如何看待於人文（儒家文化較重於茲，錢先生稱之爲「人文科學」），如何看待於中西文化，宗教與科學，道德與政治，這方方面面，都可置於錢先生的文化觀來釋讀。理解錢先生之文化觀對於理解他的儒學觀是重要的。

歷史精神，說到底是一種文化精神。這裡的文化，是指大群人生。一個民族之族群在一個歷史時期於一個特定區域之生息繁衍，其所呈現的文化風貌是各個不同的。文化精神因而也是不盡相同的。

從歷史中討問文化與國民性，從上個世紀四十年代起，就成爲錢先生學術探討的重心。這是因爲他相信，今天的中國問題，乃至世界問題，並不僅是一個軍事的、經濟的、政治的、或是外交的問題，而已是一個整個世界的文化問題。一切問題都從文化問題產生，也都該從文化問題來解決。在當時的戰爭氣氛下，這樣的觀點是具有超越性的。它卻在很大程度上，印證了今日世界之爭端與問題解決的「現實」過程。面對兩岸格局，上個世紀八十年代，錢先生曾發表《丙寅新春論時局》，他之所本，仍在於歷史、文化與國民性。

其三、經學（儒家）精神

錢先生認爲，中國儒家的精神理想自有其寄託。他概括了四條「中國經學之主要精神」：

一是「天人合一」的觀念，對於宇宙眞理和人生眞理兩方面一種最高合一的崇高信仰，在《五經》中最顯著，最重視，而經學成爲此一信仰之主要淵源。錢先生說，有了儒家才有經學。如果輕視儒家，而重經學，輕視經學而重儒家，都有問題；很明確地，錢先生將儒家擬之以「靈魂」，而將經學擬之以「筋骨」。儒家與經學和合爲一，方可成爲有生命之學。

二是「以歷史爲基礎」的人文精神，使學者深切認識人類歷史演進，有其內在一貫的眞理，就於歷史過程之繁複中，舉出可資代表此項眞理之人物與事業及其教訓，使人有一種尊信與嚮往之心情，此亦在經學中得其淵源。在經學中得其淵源，是說中國人之所尊信，淵源於經典及經學研究：經學即尊信的產物，經學也是尊信的支柱；中國歷史的演進，學術（儒學）史的演進，都可使人看到這一點。而對經學失去尊信的心理反應，折射出一個時代人們尊信對象的轉移，如魏晉南北朝時代尊信於佛，民國後時代對西學的尊

信。尊信的對象雖有不同，尊信的心態卻是在經學中養成的。「以歷史爲基礎」的人文精神，也就是經學精神。

　　三是一切學術宗旨，應能「創造出人物與時代」來爲此眞理作實證。這裡，點出了傳統性與時代性的關係：新一時代而使傳統煥發新的生命力；傳統亦使時代具有新氣象。時代是傳統的復現，卻是創造性的復現。時代人物身上，應是繼承了傳統學術之精神。但關鍵是，傳統如何而能創造出人物與時代？深入思之，可對傳統、時代、人物與創造都有瞭解。

　　四是一切學術應在此最高眞理下「會通合一」，不應有過份的門戶壁壘。〔註6〕王弼「統之有宗，會之有元」的思想，朱子的「一天人、合內外」的見解，都可見中國學術思想「會通合一」的特徵在。在錢先生看來，過份的門戶壁壘，會破壞了中國學術之傳統，而容易滋生很多弊端的。保護學術眞生命，就是要去門戶，發揚「綜彙」精神。

　　那麼，什麼是儒家精神呢？應是說，儒家即經學之靈魂。歷史上，有了儒家才有經學。經學之所研尋，正在於儒家人物之精神。在錢先生看來，儒家精神，是體現在儒學創始人孔子身上的忠信與好學精神，是體現在後世大儒朱子身上的綜彙精神。儒學之本質也就是學術的本質；而中國傳統學術的本質，即在於學術繫於人格，儒學是一種爲學與做人會通和合之通學。這是僅重考證的學風所不能周全的。

　　儒學深具生命力，儒學史還當延續。後輩學人，以前輩學人的精神意趣爲其奮發點。學術意見交織在一起，學術之品評接續不斷，而爲學之眞精神幸未有失。此即錢先生敘述完整個儒學史後所定之「是」。它非可以狹隘的「道統」名之，而它確乎是道之統緒，可鑒之學人之心。道，不可須臾離也，可離非道也。儒學史之生命延續，宜從學人之修身開始。此非淡化社會群眾的作用，而是在提升學術之對社會的引領作用；也在乎緊切做人之要旨，召喚所有好學之心。

二、護祐文化傳統的根：錢先生論學之重心

　　錢先生的《中國學術通義》（1975 年），首論「四部」之學。他說，中國學術自魏、晉以下，向分經、史、子、集四部。分而論之，合而觀之，四部學之大要，約略可見。闡論舊學，錢先生傾向於以四部之學爲傳統學術的框架，繼而申論各門「新學」，新學則以各門獨立學科爲標誌。錢先生之《現代

〔註6〕　錢穆：《四部概論》，13 頁。

中國學術論衡》（1984 年），在於將今天各門「獨立」學科「合而觀之」，「主通不主別」。其求通的主張，即來自儒學。

錢先生認爲，「儒學尤爲中國學術之中心。四部之學，莫不以儒爲主。亦可謂儒學即是中國文化精神之中心。」〔註 7〕他說，「明於古今儒學之流變，即知中國學術文化古今之變，與夫其爲變之所在矣。」〔註 8〕此句關鍵，可作爲對《中國儒學與文化傳統》全篇的導語。具體解析如下：

其一，錢先生是將儒學與中國文化合而觀之，並據此開始對整個儒學史的梳理的；

其二，錢先生欲明古今儒學之流變而爲之分期，並據之以把握儒學精神流變的關節點；

其三，此所謂關節點，即錢先生用以爲每個分期下的定語：創始、奠定、擴大、轉進，都在表明錢先生看待文化與學術演進的「方法論」：有如對待一個生命體……而「綜彙與別出」一語，用以澄清自宋以後儒學的發展脈絡，表明錢先生對儒家立足經學，綜彙文、史，博通精進的「性格」以及受儒學影響的中國學術與文化生命的總體精神的把握；

其四，錢先生認爲儒學之流變，即可代表中國學術文化之古今流變；而儒學之流變，即是中國學術文化古今流變的具體體現，更進一步說，儒學之變，也即是中國學術文化古今流變的起因與歸宗。

其五，儒學之流變，豈非體現在儒家人物之性命之中？

在《中國學術通義》「序言」中，錢先生道出「儒學」即爲他觀察古今學術之變的入口和學術爲變之樞紐所在。中國之文化精神都凝聚於儒學爲代表的傳統學術上面。透過錢先生在《中國儒學與文化傳統》中的闡論，錢先生欲明儒學精神、文化與學術精神，此即錢先生下筆爲文的出發點。在學術形態上，可以經、史、子、集之「四部」之學爲代表，而在精神實質上，則以一個個儒學史上的人物爲其代表。能否體現儒學流變的總體精神，是能否得到錢先生正向、積極評價的標準。對於朱子的積極、正向評價，及對於晚明儒家人物的積極、正向評價，都因錢先生看到其學問體現出文學、經、史的「綜彙」風格，和在人格上體現出與其學問相一致的特徵；陽明學和乾嘉考證之學被視爲「別出」，皆因其學問精神相比較之下有失偏狹而然。

〔註 7〕 錢穆：《中國學術通義・序》，7 頁。
〔註 8〕 同上。

　　錢先生說，「今人又競言復興文化，又必申言其決非復古，斯亦是矣。然復興究與改造有不同。新中國之新文化則仍當從舊中國舊文化中翻新，此始得謂之是復興。若必待徹底毀滅了舊中國舊文化，赤地新建，異軍突起，此又烏得謂之中國與中國文化之復興。」〔註9〕錢先生曾以老梅與新葩之喻，闡論文化之大生命與文化之更新。文化即如老梅，文化復興，即如老梅上長新葩。這仍是在強調所謂文化復興，猶如老梅煥發新生命；而如果「今國人一切以信奉西方為歸，群遵西方學術成規，返治中國傳統舊學，精神宗旨既各異趣，道途格局亦不一致。必求以西方作繩律，則中國舊學，乃若不見有是處。」〔註10〕錢先生所辨，在於文化之立位的問題。一當厚彼薄此，甚而一依他人為準繩，所傷害的是自身的文化歷史大生命。錢先生認為的解決之道，是「從舊學本所具有之精神宗旨道途格局尋求瞭解，否則將貌似神非，並亦一無所知。」〔註11〕

　　所以，錢先生的學術格局，為學之宗趣，都是從「舊學」中尋繹「真知」。他認為盛倡文化復興者，關鍵是尋繹到復興學術文化的真精神。說到底，今之學人，是否可以從對儒學史的溫習中體會學術文化「為變之所在」，從而提撕自己的精神，這是復興儒學的關要。這種精神，即可稱為傳統之士子精神。

　　學風之弊則在「淺薄」二字。錢先生有「淺薄之時代論」的說法。這是以輕忽於傳統，輕視於前人的成績為其特徵的。他說，「新文化運動只在打倒舊文化，實無具體內容可言。」〔註12〕而從來從事研究學術不外三步驟，一、崇信古代一位、兩位學術人物。二、專意一部兩部傳統巨著。三、劃定一範圍探究一個兩個研究題目。此一題目則與全部學術大體有關聯，如清代之漢學，宋代之理學，唐代之古文運動，魏晉清談等。如何看待「新文化運動」與舊學術大體之關係，這正是錢先生深入思考的。而恢復「崇信」，是否即為新文化運動以後，對於傳統學術文化開展研究首要建立的心理？

　　「只言方法，不指途徑。只有題目，不問體系」，〔註13〕這也是錢先生認為的近代學術思想「空洞」的表現。「方法」或來自於科學之探究，而「途徑」，則可視作是一種人文學的溯源。從歷史積澱很深的中國學術與文化而言，每

〔註9〕　錢穆：《中國學術通義・序》，5頁。
〔註10〕　同上，4頁。
〔註11〕　同上。
〔註12〕　錢穆：《談當前學風之弊》，《學籥》，181頁。
〔註13〕　同上。

個題目後面，自有一個體系，體系之中，存有學問之大義。如此看待學術，鑽研學術，才可導向於對民族文化的積極的理解：即我們的民族文化不是空洞的，它是可尊信的，它的意義價值，可通過具體的學術思想表達出來。

所以，在錢先生看來，「傳統性」即「可繼承性」，學術之「時代性」須是在儒學之「傳統性」上發展起來，它才是厚重的。時代之學術應可轉而證明「傳統」之存在，這也正是經學傳統富有生命力的學術特徵。在錢先生看來，引領時風的近代學人最大的謬誤，就是使國人喪失了對傳統的尊信。錢先生一生論學之重心，即在護祐文化傳統的根；他意在復原傳統學術的「筋骨」，且以自身一生治學的精神，喚回傳統學術的「靈魂」。

三、錢先生之儒學研究具「私學」特徵

孔子，是中國私學的創始人。私學精神，亦可說是孔子所學所志之精神意涵。孔子說，「修己以安人。(《論語‧憲問》) 進一步，即是「修己以安百姓」。而其初始，即「修己以敬」。孔子之私學精神，其所志在群，其所修在己。

錢先生闡發說，「孔子崇拜周公，把周公當時的種種思想和實際措施，加以一番極深密的探討和發揮，而完成了一種純學術性的組織圓密的思想體系，此下才有所謂中國的儒家。」〔註14〕所以，儒家之所志，在於政治、教育；而儒學之所學，即在理想的政治人物、學術人物。此即「私學教育」之理想。中國之學術精神，最高即在成人，心中有周公、孔子這樣的榜樣。學問是作育人的，私學之意旨即在此。

新亞書院的創辦，即體現此一種私學精神。在亞洲文商學院（新亞前身）開學典禮中錢先生說，「私人講學，培養通才，這是我們傳統教育中最值得保存的先例。」〔註15〕講學之人，育有私德，這是他講學的基礎。培養通才，意在以己心通他心。化育他人，在乎心通。心之大通，即此心之明，其人之德，此生之福。故而「中國人之言心，乃一大自由，大作用」〔註16〕，此即為錢先生所闡發的中國心理學。其精神意趣，是從儒學來。

因為認定「私學精神」代表儒學之進步，所以，當說到「儒學第四期」即唐代儒學出現「集體編撰史書」之例，而非「一人獨撰」，錢先生認為史學

〔註14〕錢穆：《四部概論》，《中國學術通義》，3 頁。
〔註15〕錢穆：《亞洲文商學院開學典禮講詞摘要》，《新亞遺鐸》，11 頁。
〔註16〕錢穆：《略論中國心理學》，《現代中國學術論衡》，81 頁。

退步了。言及文學藝術，他說，「凡中國文學最高作品，即是其作者之一部生活史，亦可謂是作者之心靈史，此即作者之最高人生藝術。」〔註17〕此爲錢先生對藝術、文學、史學、教育與私己修養之關係的通論。此亦即錢先生的儒學之論。

　　儒學如何闡發？錢先生說，「當以人爲學之中心，而不以學爲人之中心。故中國學術乃亦尚通不尚專。」〔註18〕一人獨撰史書之可貴，在於一人德性之完善可在學問中磨礪，臻於其極。中國傳統之所貴，在能完成人人之德性。

　　此一種「私學精神」，也就是中國傳統所講求的「人文精神」。也即傳統文化之獨特性一面。西方哲學，則代表著西方文化，非可以來套中國儒家之思想。因爲，儒學重行尤重於知，重人尤重於學，它直接體現爲一種士子精神。即使是「哲學化」的儒學理論，亦與錢先生的儒學觀，微有不同：「儒學是以孔子爲開創的、以闡發和踐履社會倫理道德爲其思想學說核心或特色的學術派別。但是，在其以後的歷史長河中，孔子之學實際上經歷了巨大的發展和變化，並且遠遠超越了一個單純的學術派別，而是一種廣泛的社會實踐，一種生活方式，成了中國傳統思想的主體，中國文化的主要特徵。這也就是本書所用以界定的『儒學』的雙重內涵和論述的範圍。」〔註19〕這裡，崔先生客觀地定義了儒學作爲一個學術派別和文化思想主體的雙重特徵，可謂中肯，而錢先生最終將儒學歸爲含義深廣的「道統」（中國歷史文化大傳統，而非宋儒定義的狹義的道統），其精神氣韻落實在整個文化史中一個個儒家人物身上，落定在「綜彙」之問學特徵上。重視於人物精神以體現學派特點，表達了錢先生對「儒家學派」的動態化的理解；在對經學的討論中，化作對「學術分野」以及「學術宗旨」的討論。「你的學問理想是什麼」，這就是學術的宗趣，而學術分野是因時代而變遷的。這兩點，一則啓迪後學者用心體認儒學的眞精神，發揮自心的功能，爲學與做人齊頭並進，這也是錢先生縱論儒學史的深意；再則觀照於學術的時代變遷，而能保持問學的眞精神不倒。這也即錢先生所珍視和護祐的文化「傳統」。因學中寓人，錢先生的儒學觀是更爲生動的。錢先生的儒學如指示了一番道義、規矩（有道也有理），激發個人盡性踐行。

〔註17〕錢穆：《略論中國心理學》，《現代中國學術論衡》，258頁。
〔註18〕錢穆：《中國學術通義·序》，6頁。
〔註19〕崔大華：《儒學引論》，4頁。

　　錢先生儒學觀的「私學特徵」，也是其保存學術獨立性的特徵。有一個例子，錢先生在論及朱子學術時，將他個人的學術思想與他的學術受到政令「挾持」後的社會影響分開來。這是他可以為朱子立定他在儒學史上的學術地位的前提。（而要說明因何朱子可稱為中國文化與學術史上孔子之後又一聖賢，則牽涉更廣）由於宋以後的科舉制度，都以朱子的《四書集注》為教材，反對科舉，亦不免反對朱子；又由於近世因為親近西學而來對清學（考證之學）的褒揚和對理學（認為是空疏之學）的否定，對於朱子之學術如何論衡莫衷一是……錢先生獨樹一幟，堅定地認為，這「不僅為治中國八百年來之學術思想史者一重大課題，實亦為治中國兩千年來之儒學史者一重大課題。」又說，「凡屬關心中國文化大傳統中此一主要骨幹之精神所在、大旨所寄者，對於此一課題，皆當注意。」〔註20〕

　　朱子為學自有其精神，如果重視於孔子下傳的私學精神，則不易輕視了朱子一生的學問。因何如此說，即因朱子釐定了新經學，而抬升了孔孟的地位。亦即在學術研究中抬升了人的地位。在錢先生看來，經由朱子的闡發，儒學重人尤重於學的真精神方顯！宋儒是在力排道、佛的情勢下完成對儒學道統的建立的。在朱子的為學過程中，充分顯露的是「述而不作」的道德精神：他雖宗奉於二程，在學問上卻不乏自己的創見，但這一種創新，又與他對前賢思想的繼承結合在一起。錢先生因而說，非由大氣魄和寬胸襟者，不能完成這一番學術創見。這是在為學上身體力行又深體人情的錢先生所深切褒揚於朱子的緣由。

　　可以說，錢先生所深切褒揚的，就是朱子的為學精神。在朱子眼中，顏子是一個剛的人，而非一個衰的人。這是以性情而非以事業的成就來品評一個人的。從孔子和朱子身上，還從儒學史上眾多的人物身上，錢先生深體學人的性情之於其學問境界高下的關係。朱子之為學，就是儒學之為己之學，也即此處所論之「私學」。

　　恰因朱子立於中道，學術界所諍所攻、所述所闡，朱子都不能幸免；朱子的「性即理」說，一旦意識形態化，或真的成為一種「殺人」哲學而為人所深深詬病……朱子的學術價值究當如何認識，如何看待理學影響下的政治、社會、歷史，錢先生的做法，在使學術獨立；在努力使傳統學術精神主旨得到闡發的前提下，重新釐定其中人物及其學術的意義、價值。從錢先生

〔註20〕錢穆：《朱子學提綱》，3頁。

的著述中，朱子的面貌是積極的。

　　錢先生之所本，即在其一己之私學精神。故曰錢先生之儒學觀，具有「私學特徵」。

第二節　錢先生之學術人格

一、時代之好尚與錢先生對國民心理的診斷

　　對於錢先生一生的治學而言，他在「說明」中學的時候，一直是在「比較」西學。他的意見，究可以如何被認定其價值？有人說「未出國門而不可以言天下」，又有人高度褒揚他的「自學精神」，服膺於他的學問……

　　對於錢先生的中西比較文化與學術觀持保留的意見認為：

　　「如今『世界』不再可能是封閉的了，中國人也在向外走，不出門的，也有「別人」闖到你家裏來。闖進家門的人當然也有三六九等，有的的確是『賊』，是『強盜』，果如是，合力以拒之，但也不能『夜入民宅非偷即搶』，只要不懷惡意的，大半可以相交，與之交談，與之交往，以擴大我們自己的生活圈子。」〔註21〕這似指稱錢先生面對外來文化的態度類似於防賊式的。其學術態度，至少被認為是心胸不寬的表現。這一種對錢先生學術「保守性」的指謫是具有代表性的。

　　又，「就西方學術文化的發展說，『事』之分析保存了西方人努力『工作』的精神，『做』『事』仍被置於核心地位，而不流於抽象的、空洞的談論『做』『人』〔註22〕……我總覺得，這個說法比之『修身』、『養性』的教導來說，自另有一種境界，而似乎也更切實些、積極些，在理論上也更嚴密些。」〔註23〕於此可知，當今的中國，篤實為學，更在於學西方；而「做人」二字之懇切的含義，之為國人所瞭解，看到它篤實之秉性，並非容易。錢先生的學術觀點，終似與西方文化有隔，而不易為國人所同情和瞭解。以「此」觀「彼」，同為中國人，彷彿大家是陌生人。這是確乎其然的事實。

　　對此，錢先生並非沒有覺知。他說，「惟分新舊，惟分中西，惟中為舊，

〔註21〕葉秀山：《中西文化之「會通和合」——讀錢穆〈現代中國學術論衡〉有感》，1994～2010 China Academic Journal Electronic Publishing House。

〔註22〕同上。

〔註23〕同上。

惟西爲新，惟破舊趨新之當務」〔註24〕，這就是當前的國民心理，也是當前的學術風氣。這一種心理和風氣是偏頗的。理智的做法，是「比較異同」、「批評得失」。可以說，錢先生的學術，主要致力於此。

在西風的吹拂下，全面地整理中國傳統文化，這在中國文化史上，具有相當的意義。在整理儒學史與文化史時，錢先生以堅定的文化本位的立場，揭示中國文化發展的各個時期，以及它在今後繼續其發展之路的前景；而在對儒學史的敘述中，突出了晚明儒的綜彙之風，下轉學風的蕭條，學問失卻精神，考訂高於義理，中國學術的式微，帶來近代史上政治、經濟、軍事與文化的困境……西方學術之浪潮，正可以興動中國人對於自己文化意識的再覺醒。這可說是錢先生個人的心理。

錢先生之所以能反其道而行，是出於對自己民族文化的愛敬，這種愛敬之心，又出自對於父母的愛敬之情。錢先生認爲，一個生命和文化，自有其存在與發展的價值，生命與文化是不能割斷的。故而可以說，錢先生一生從事於中西文化比較的過程，內在的也是他承繼父母生命的過程。對父母人格的愛敬，養成了錢先生愛敬文化傳統的人格。——瞭解愈多，愛敬愈深。愛敬愈多，自信也愈深。如果說錢先生在學問之見解上有獨到之處，他的情感態度與人格之養成過程及其影響因素，是值得研究的。

二、歸本於孔學——人格精神可立

在瞭解了錢先生的儒學觀之後，可以明瞭的一點，是他對於自孔子以來的忠信好學之風，心中實有一信仰。錢先生的儒學著作給人的影響，是人格的。感通於文化傳統，而立定自己的人格精神，這在今天的時代，依然是必要的。

「今天，一個中國人，在接受一定的教育後，不能獨立閱讀本國的古書，他所接觸的只是展現於眼前五彩繽紛的現代化場景，這是一件多麼可怕的事。沒有對文化傳統的繼承與薰陶，他怎能具有深厚的感情，超拔的意志，豐博的趣味，豁達的心胸呢？這樣的教育，是沒有靈魂的教育，必將走向失敗。」〔註25〕這是對錢先生之教育思想研究的結論性的話。

〔註24〕 錢穆：《現代中國學術論衡·序》。
〔註25〕 張亞驥：《錢穆美育思想探論———從新亞校訓談起》，《江南論壇》，2006 年 8 月。

如何看待孔子，即是如何看待儒學，錢先生欲彰顯儒學之價值，必然因其對孔子這個人物的文化價值，有著深切的認識與認同。事實就是如此。在孔子誕辰紀念日，錢先生就會寫下追悼孔子精神的文字。對於孔子的愛敬，在錢先生而言是生命裏的，而非僅學術研究上的。追念孔子，由此倡導對《論語》的閱讀。錢先生曾花三年時間，寫成《論語新解》。他勸讀《論語》的心是懇切的。在對《論語》的釋讀中，錢先生還原了一個完整的活生生的孔子。他對《論語》的解讀，合乎情實，便能使讀者從心上受益。《論語新解》又十分強調教學精神。在《新解》開首，錢先生即表明，孔子一生重在教，孔子之教重在學，孔子之教人為學，重在學為人之道。這些透徹的說明，可將孔子的一生修為與人格精神闡述無遺。錢先生在讀解《論語》中發明了古已有之的師道傳統。

不僅對《論語》這部經學著作細加闡明，錢先生還對孔子這個歷史人物，其生平事跡，善加闡發。評介孔子，錢先生還上升到文化角度，他認為，不僅是孔子代表中國文化，也是中國文化誕生了孔子這個人物。同樣的，耶教文化誕生了耶穌基督，佛教文化誕生了釋迦牟尼佛。而孔子的精神，可代表中國文化的精神。在錢先生眼裏，孔子是私學的開創者。孔子集道德精神、歷史精神、教育精神於一身。有了孔子所代表的儒家，才有經學精神。經學是中國傳統學術的根柱，而儒家思想，滲透到傳統學術與文化生活的整體中。

受孔子的人格精神感染之深，錢先生之所寄望是儒家文化的復興。具體地說，就是每個中國人在做人上面有所講求。特別是讀書人，知識階層的人。

三、復興傳統文化，必要復興士子精神

錢先生之儒學觀，是以「士的精神」為核心，表現為「學術意義」與「社會角色」上的自覺承擔。

錢先生自道：「余⋯⋯畢生苦學，勤讀勤寫，始終一書生⋯⋯」〔註26〕以讀書人報國，啓迪自他的父母親，所以他說，「余寫成《八十憶雙親》一文，此乃常縈余一生之懷想中者，亦可謂余生命中最有意義價值之所在。余之八十年生命，深根固柢皆在此，非可為外人道。」〔註27〕錢先生對於這一生命

〔註26〕錢穆：《八十憶雙親・師友雜憶》，344 頁。
〔註27〕同上。

根底的詮釋，是在父親的精神。

他說，「謂先父乃一君子士紳則可，謂之乃一土劣則千萬不相涉。謂先父乃一中國傳統士人最後具體之一例則可，謂先父乃開前古未有之局，爲適應時代當時一創造人物，則又大不可。」〔註28〕這裡，錢先生所明確的，是士紳屬於過去，而時代已開新風。尊乃父之風，可從錢先生的文字中想見。他說，先父之生平，可作爲有意講究中國文化傳統者一個具體的實例。又道：「但先父可謂乃兩千五百年來士傳統之最後一代，繼此後乃漸不見有所謂『士』。」〔註29〕這是一個時間上的結點。辛亥革命前後，社會遷化，變動很大，中國傳統之士階層自此逐漸滅跡，這在中國文化史上，錢先生認爲是可追念可惋惜的絕大變化。

錢先生認爲，中國士流之影響與貢獻，主要在社會之下層。士在鄉里的存在意義，一是教學，二是息訟。錢先生目睹父親的生活，認爲其教其學，略如書院制。父親並不親爲來學者講解某部經籍，只是由來學者自相討論，由父親爲之評判領導。這就不是經師，而是人師；父親爲人解訟，也不隨當時鄉里「喫講茶」之風俗，而只是由一兩人到他家裏講述請示，先父告訴他們怎麼做是好的，他的話必深獲雙方之同情。於是積久之訟，片言而解。

在《中國文化傳統中之士》一文中，錢先生開宗明義：「中國文化有與並世其他民族其他社會絕對相異之一點，即爲中國社會有士之一流品，而其他社會無之。」〔註30〕士在中國社會的特殊地位和在中國文化上的特殊價值，其事始於孔子。孔子說：「士志於道」，孟子說：「士尚志」。「『士』的一階層，乃由貴族階級墮落、或由平民階級晉升而成的一個中層階級。」〔註31〕它自春秋社會而產生，介於貴族君、卿、大夫與平民農、工、商兩階層中間。錢先生認爲，士階層抱有「超地域、超家族、超職業、或甚至超國家的『天下』觀念或『世界』觀念，而到處遊行活動。」〔註32〕此一種大同觀念，直到近世，仍然保有，可見其影響之深遠。

〔註28〕錢穆：《懷念我的父親》，《八十憶雙親》《師友雜憶》合刊，369 頁。
〔註29〕錢穆：《懷念我的父親》，《八十憶雙親》《師友雜憶》合刊，369 頁。
〔註30〕錢穆：《中國文化傳統中之士》，《宋代理學三書隨劄》，177 頁。
〔註31〕錢穆：《中國社會演變》，《國史新論》，9 頁。
〔註32〕同上，10 頁。

　　士常爲全國性，非僅鄉土性。足跡遍海內外，亦是士的特徵。「由士之負擔人文理想，由士之共同精神，即可見中國文化的完整性，士是中國文化傳統的完整性的人格。」錢先生認爲，復興傳統文化，不能不復興士階層。亦可說，以道義之擔當爲自己職守的讀書人，其精神可說承繼了「士」。〔註33〕錢先生常寄望於中國智識分子的，即是其「內在自身一種精神上的覺醒，一種傳統人文中心宗教性的熱忱之復活」，前提是他肯承認中國傳統文化有其自身之獨特價值，肯回溯兩千年來中國傳統智識分子之深厚蘊積……。從錢先生到晚年（1981年9月28日爲《臺灣日報》教師節作專論）仍在申闡中國之士的傳統，從錢先生一生的行誼來看，他可稱爲一士。闡發儒學的深意，即是士子之所爲。他一生之志願即在復興傳統文化。寄望於傳統文化之復興，他的熱忱，源自於他對士在社會中的地位、功能的理解。所以，錢先生也深切寄望於自己。

　　言其儒學觀，是「學術意義」上的承擔，即是就錢先生對於中國社會演變的一番認識和對士階層作用的一種理解。不僅它們之間是相通的，錢先生的文化觀、歷史觀、教育觀、心理觀、社會觀和人物觀，都是在在相通的。錢先生認爲父親在鄉里發揮作用，使人想見「中國式的地方自治」。

　　言其儒學觀，是「社會角色」上的承擔，即指他贊賞其父在社會中的行誼，而在自己的一生中，也堅持教學不輟，保持讀書人的高潔。錢先生之能在此上面有所承擔，是在於其德性之修養，即士所尙之「志」。對於中國文化傳統之道義，錢先生作了深切的闡發，這本身就是他深切的志願與懇切的努力。

　　所以，錢先生的儒學，是有體有用的學問，是具有人格力量的，而非僅是紙面上的。念茲在茲，感人至深。羅義俊先生說，「士統即道統的士中心論，其動力論的表述則爲中國的士是中國歷史上一條有力的動脈。這是錢先生對中國文化獨特性的一項重大揭示。」〔註34〕這一揭示之所以重要，是在於今日社會之知識分子可由此反觀自得。在今日中國社會中，士的精神依然可以得見，儘管有的場合也見其隕落。欲以古代中國的士子爲榜樣，爲引領，不妨立志，在社會生活中做一理想人。

〔註33〕　羅義俊：《論士與中國傳統文化——錢穆的中國知識分子觀》（古代篇），《史林》1997年第4期。

〔註34〕　羅義俊：《論士與中國傳統文化——錢穆的中國知識分子觀》（古代篇），《史林》1997年第4期。

第三節　錢先生儒學觀之於時代

一、錢先生儒學觀之於「五四」時代：以胡適先生之《說儒》與錢穆先生《駁說儒》中所反映的儒學觀爲例

胡適先生認爲，《說儒》將提出中國古代學術文化史的一個新鮮的看法，他自信這個看法，將來大概可以漸漸得著史學家的承認。他提出幾個觀點：儒是殷民族的教士，他們的衣服是殷服，他們的宗教是殷禮，他們的人生觀是亡國遺民的柔遜的人生觀。若論儒的生活，則他們是治喪相禮的職業。

對於孔子，胡適先生認爲，他是殷遺民；儒帶著柔順依從的遺民氣息，而孔子不然。孔子獨立發揚一種陽剛之氣，但也不排斥柔順。孔子的貢獻是把殷商民族部落性的儒擴大到「仁以爲己任」的儒，把亡國遺民柔順以取的儒改造成弘毅進取的新儒。孔子是「五百年後必有聖者興」的預言所指的那個人，所以在《論語》中，處處可見孔子以這種特殊人物的身份自居。老子也是一個老儒，是儒的正宗，而孔子是儒的超越者。

錢先生認爲，孔子是殷人，不能即證儒者都是殷遺民。據《論語》與《周易》，他認爲儒家論人事皆尚剛，不尚柔。所以，儒的人生觀是柔遜的人生觀不能成立。又說，春秋之際，禮不下庶人，若君卿大夫之喪葬，固有爲之宰爲之相者，不煩於外求。尚不致俗儒聞喪而集其門，仰以爲衣食之端也。這是駁辨胡先生的儒者以治喪相禮爲職業。

兩位先生對於儒的情感態度可以相互比較。陳勇指出，「錢穆認爲儒爲術士之稱，術士即嫻習六藝（禮樂射御書數）之士，故知儒爲當時社會生活職業一流品。此論與胡適以生活職業釋儒字所見略同，但兩人持論則大異。」〔註35〕因何言其大異？至少有兩點，一是在立論之依據上，一是在對儒的情感態度上。胡適先生以爲，他對於儒的起源的考訂是基於史實，而錢先生以爲非。在情感態度上，胡適先生所考訂而得的儒者形象，更近於一種謀生計者。錢先生以爲非。

在《說儒》中，值得注意的是胡適先生提到《論語》裏的一句話，胡適先生說，「祭神如神在」，此一「如」字，反映了儒家一種宗教心理，需要用一種精神作用極力催眠自己，讓自己感覺到那受祭的人「如在」那兒。但另

〔註35〕陳勇：《試論錢穆與胡適的交誼及其學術論爭》，《史學史研究》，2011 年第 3 期。

一方面，儒家（如孔子）又認爲「知之爲知之不知爲不知」，強不知以爲知，這在於執祭祖之禮的儒而言，是很不忠實的態度。終身治喪相禮，而沒有一點真摯的宗教態度，這注定導致儒的失敗。那些喪祭典禮的傳人始終不能做民間的宗教領袖。直到墨家出來，才來袪除了虛禮，從而解決這個問題。

　　錢先生釋讀「如」字，與胡適先生可說全然不同。「祭神如神在」的「如」字，表明仁心可以通於鬼神，如此，民德歸厚。仁，即人性。而禮是仁德之表詮。雖然他與胡適先生一樣認爲「禮」並非終結者，但是對於「仁」的意涵的發揮，可說前者卻遠勝於後者，而成爲他對於儒學的整體性的解讀的核心。而仁是依靠體會的。「如」字表達了這種求通的心理，可以說是盡人道，立天命。（在《說儒》中，孔子心目與口中「天」的意涵，如「天生德於予」，約同於對人世間的一種神怪味道的傳說，如「五百年後必有聖者興」的期待，天降格爲人了。）而與「知之爲知之不知爲不知」的理智態度並不矛盾，是一種理智與情感合一的人生態度。錢先生曾明確撰文指出，儒家的態度就是理智與情感合一的；而當胡適先生似乎單憑知識和「邏輯化」地做推論，雙方之見解便相去甚遠了。結論是，兩位先生說儒，在觀點看法上是很大不同的；從一個側面，也可以看到他們爲學旨趣的相異。

　　錢先生曾告訴學生，學問貴自有所求，遇兩說異同，貴自有折衷，不必申己抑彼。這一態度，表達了錢先生對儒學爲己的觀點。余英時說，「錢先生對於經學抱著敬慎的態度，舉凡歷代經師的注疏和辯僞他都不敢輕忽。經典成立的時代尤其是關鍵所在，因爲這一點直接涉及儒家思想的發展及其與其他學派的關係。如《中庸》、《易傳》、《周禮》的時代都很少不能不加以考證的，這是客觀的學術問題，既不容逞才使氣，更不是憑什麼『義理系統』即可斷定的。」〔註36〕余英時先生的這段話，道出他對錢先生的治學態度的肯定，他肯定於錢先生的「義理」發明與其「考證」工夫之間的密切關係。

　　這裡提到義理系統，胡適先生本人有一段話。他說，從「思想系統」上，或「思想線索」上，證明《老子》之書不能出於春秋時代，應該移在戰國時期，梁啓超、錢穆、顧頡剛諸先生都曾有這種論證。這種方法可以說是我自己「始作俑」的，所以我自己應該負一部分責任。我現在很誠懇地對我的朋友們說，這個方法是很危險的，是不能免除主觀的成見的，是一把兩面鋒的劍可以兩邊割的。你的成見偏向東，這個方法可以幫助你向東；你的成見偏

〔註36〕余英時：《錢穆與新儒家》，《錢穆與中國文化》，61頁。

向西，這個方法可以幫助你向西。如果沒有嚴格的自覺的批評，這個方法的使用決不會有證據的價值。從胡適先生的話中，可知胡先生對於「主觀的」學術見解的自覺批評。「主觀的成見」，在此是指以思想系統或思想線索，來證明學術著作出現的早晚。

對於老子出現的年代，胡先生與錢先生，一認為老子早出，一以為老子晚出。錢先生所憑，正有所謂「思想線索」。今有研究認為，1973 年，在湖南長沙馬王堆三號漢墓出土的帛書中，有《老子》書二種問世。1993 年，在湖北荊門郭店戰國中期楚墓出土的竹簡中，也有甲、乙、丙三組《老子》抄本。從地下出土的新材料所提供的證據來看，似乎更有利於主張「早出說」的胡適。〔註 37〕但這依然不能否認思想系統或思想線索作為方法論的研究價值。在義理上的講求，可以救治單憑考訂之非，但也絕不能否定考訂之重要性。這一點，貴在學者自有折衷了。

是否可以說，胡先生與錢先生在從事儒學研究的方法論上，分歧是很大的。從胡錢兩先生的交誼來講，胡適先生好像只在考訂的工夫上面肯定過錢先生（對《劉向歆父子年譜》，胡適先生給予錢先生很大的讚譽）；而錢先生最終撰文表達其與胡先生觀點之異，也非僅在於考訂的細節上面，而是在義理的是非面前。二者的主要分歧，在於對待「義理」的觀點、態度。

「五四」時代，當胡適先生刻意引導時代之風向注重於實證（受其師杜威的影響）的方向行進，錢先生所孤往的，就是一種不避主觀的為學之路。德性之講求不避主觀。以後他的學問的精進，與他對於「如」的「宗教心理」（胡適先生語）的探求，亦不無關聯。事實上，錢先生更關切於儒學所能建設的現實人文，那表現在祭神問題上的虔敬態度，正是實現儒家所抱的人文理想的德性根本。相較言之，胡適先生所說的儒，多與他所關切的原始民的宗教情懷、與他由史料推測的古代人的「實際」生活有關，客觀上降低了「加」在儒身上的理想色彩；胡先生的做法，彷彿是「科學」與「宗教」的配搭，從根本上顛覆了「人文」儒，而後者正是寄寓在錢先生心中文化傳統的核心。

對於學術與民眾的關係，也許正是「五四」時代又一個敏感點。辛亥革命從政治上推翻了帝制，民主政體正待建立。錢先生對於孫中山先生提出的「民族、民權、民生」的推重屢見不一見；探討怎樣的政治可以適切於中國，

〔註37〕陳勇：《試論錢穆與胡適的交誼及其學術論爭》，《史學史研究》，2011 年第 3
　　　期。

這在錢先生的頭腦中，是一個十分關要的問題。可以看到的是，他「始終一書生」的角色定位，是與傳統士子在社會階層中的地位與作用相近的。如果說胡適先生終身是一個思想家，他與民眾的關係，始終是一種「思想啟蒙者」與大眾的關係，那麼錢先生的一生，更是一個儒者。他的行動，主要在於他從事了一生的教育，在學術思想上對待於民眾與學者的關係，則可見之於他對《中庸》思想的闡發：「極高明而道中庸」，高明之極，仍不離中庸，不違夫婦之愚；「敦厚以崇禮」，禮即大群之習俗公行，禮以卑為用，聖知之崇，亦非以隔絕群眾，「乃以其學問於群眾，以其包涵有群眾之廣大德性而又得其共同之精微……」〔註38〕

　　是否是說，在錢先生的心裏，群眾與聖哲之間，顯有德性修養上的高下之分。這是建設新的人文科學仍可資取的儒家的價值觀。錢先生亦以此期許於同輩學人，期盼矯正學風之弊。而在引領時風的胡適先生的意識中，政體不同了，文化有西哲可傚仿，「聖賢」一名已是不倫。「墨家所以興起和所以和儒家不相容，」胡適先生說，歷史演變至此，儒已過時。《說儒》一文到結尾處，似可看出胡適先生重墨尤重於儒的思想端倪。

　　陳啟雲先生有一文，寫到胡適、傅斯年和錢穆的學術區別，可收作對此一時代評介之一側影：蘭克史學，杜威哲學，以及錢先生心目中的歐陽修、韓愈諸公……陳先生認為，胡先生對傳統文化修養頗高，卻沒有立定宗旨，而成了「過河小卒」（胡適自語），劃到對岸去了。傅斯年先生的「蘭克史學」，卻是乾嘉學術之變化，而非能對蘭克史學的精義真正發揮，傅先生對於民國史學的貢獻，卻是大的。唯有錢先生，建立的是穩健、中庸的史學立場，他對於西方哲學，並非取排斥的態度；因為不知不覺，又先知先覺，與後現代的「新人文」思想暗合，而可以登陸到今天的文化天空。

二、錢先生之儒學是子學興盛時代的產物，卻帶有濃厚的經學精神

　　「子」字是古代貴族五等爵位之一。此等學者，開創或承襲一學派，受人尊敬，故亦以貴族爵位稱之。王官統一於政府，家學分散在社會，故又稱「百家」，而「百家」亦稱「諸子」。〔註39〕「五四」時期，是子學發達的時

〔註38〕錢穆：《中國思想通俗講話‧自序》，5頁。
〔註39〕錢穆：《四部概論》，《中國學術通義》，31頁。

期。因為科舉考試的終結，在某種程度上宣告了經學時代的終結。錢先生說，「清末廢棄科舉制度，經學亦遂中絕，政治理論乃至人生信仰，多轉入到子學方面去了。」〔註40〕這一時期對於「墨學」研究的熱潮，章太炎先生對於東漢王充懷疑與批判孔子思想的激賞，等等，都反映了此一時代的精神。

此一時代，對於孔子的批判，加速了對經學權威性的否定。一種來自政治保護的經學受到了否定。朱子之理學，也因其與政治的密切關係，而受到批判。子學的發達，似乎加速著經學之終結。錢先生對於經學的研究（他的《劉向歆父子繫年》），不意促使了京師經學的停課。錢先生的遺憾是長久於心的。他一生治學，正為恢復經學之真精神，倡向孔子學和為朱子學正名。而要做到這些，似乎必須與時學相拮抗。因時代之學風，要以否定文化傳統為主流，而錢先生在時代之變中，有對民族文化之一份尊信要闡揚。

他指出此一時期學術界大病，是在於：一、在截斷舊傳統。二、為輕視前人成績。三、為門戶之見。四、為淺薄之時代論。五、為學術與社會群眾實際上乃分立而為二。〔註41〕

錢先生之指斥當前學風之弊允有未當，但足以引出他自己的論學之風。他不想趨新學而截斷舊傳統，他不能輕視了前輩學者的成績，他不喜歡在學問上抱門戶之見，他認為學術應與社會群眾統合為一，而淺薄的時代論，莫如深邃之時代論，要在學術中絪合時代與傳統為一體，此為學術之正趨。

當談及錢先生與新儒家的關係，他的弟子余英時指出：錢先生論學不立門戶。他研究中國史，特別是學術思想史，確具有鮮明而獨特的觀點，但是他從來沒有表示過，他的觀點是唯一正確的觀點；更沒有要求他的學生去發揚他的觀點。所以錢先生像世界上絕大多數的史學家一樣，並無開創「學派」的興趣。〔註42〕並無開創「學派」的興趣，亦可說明錢先生何以不能劃入「新儒家」一派。這裡，余先生有對學術「門戶」的兩個說法：其一，持門戶之見的學者認定自己的觀點是唯一正確的；其二，要求從學者為此闡揚。這是作為錢先生弟子的發言。如果單以其立論之不隨眾趨，常表個人意見來看，又或以其立於文化之本位，而對西方文化時發新論，有悖於時賢，則可謂錢先生所持之見，自有其「門戶」亦可。

〔註40〕錢穆：《四部概論》，《中國學術通義》，12 頁。
〔註41〕錢穆：《談當前學風之弊》，《學籥》，195 頁。
〔註42〕余英時：《錢穆與新儒家》，《錢穆與中國文化》，89 頁。

　　是否可以說，錢先生是在「子學時代」，承續了「經學精神」？他以闡揚中國學術古已有之之「經學精神」爲自己的學術思想特色；他承續了中國學術傳統對於政治的關注；雖爲學人，其所關懷，卻在整個民族文化、大群人生；他對於孔子、朱子的學術精神的闡發，可在新一時代裏，保存與確立民族文化的根基。於此一端，即以經學爲主的傳統學術精神在「五四」時代學人身上的復現與影響，亦可說明經學傳統本身的魅力。

　　由經學時代的結束，而子學時代的代興，錢先生有著牽掛與遺憾。這是他的儒學研究中完備論列「經、史、子、集」之傳統學術以期呈現傳統學術之體系與規模的原因。他將「此五千年摶成之一中華大民族，此下當何由而維繫於不壞」這一問題，當成學術界最要解決的問題，首先則自己身體力行，維繫這一種學術於不壞，以期解決時代所遭遇到的新的難題。

　　他認定時代的難題也是文化的問題。他希望他對於傳統（含文化與學術兩端）的回溯與體認成爲大家共同的關切，這才是他個人的學術研究之意義與價值所在，也是富有獨特性的中國文化所由復興的前提所在。對於他的學術研究與時代的關係，他自道：「余之治學，亦追隨時風，而求加以明證實據，乃不免向時賢稍有諫諍，於古人稍作平反，如是而已。」〔註43〕又道：「余亦豈關門獨坐自成其一生乎。此亦時代造成，而余亦豈能背時代而爲學者。」〔註44〕可知錢先生一生戮力所爲，都是感於時代而發；而錢先生一生之憂困遭際，可以說都與其身處的時代有關。曰「天命嚴酷」亦可謂之。

三、錢先生之儒學觀之於今之時代：陳啓雲的觀點

　　今天的中國問題，乃至世界問題，並不僅是一個軍事的、經濟的、政治的、或是外交的問題，而已是一個整個世界的文化問題。一切問題都從文化問題產生，也都該從文化問題來解決。這是錢先生的觀點。他所指稱的「文化問題」，囊括了軍事、經濟、政治和外交等方面，且是從各個不同文化區域排布、架構這些文化構成要素時所表現出的相異點來說的。陳啓雲先生贊成錢先生的說法，他之研究「錢穆的儒學觀念和中國文化」，在很大程度上同情於錢先生將儒學作爲中國文化的核心的觀點，並指出，清晰地認識於本民族的文化，從而對等地認識其他民族的文化，錢先生所走的是「穩健中正」的

〔註43〕錢穆：《八十憶雙親・師友雜憶》，346 頁。
〔註44〕同上，347 頁。

學術研究之路，錢先生以後的時代，正需要這樣一種跨文化的研究路徑和研究視野。

「錢師一生近千種著作貫通經、史、子、集四部和融合宋學和漢學傳統，而且包涵（或牽涉）現代西方學術架構中的『哲理思考』、『文化批判』和『史學』（包括歷史和歷史理論／哲學），是近年全球學術界所重視的『跨科際研究』（interdisciplinary studies）的先驅。」〔註45〕

「錢師的學術思想不但代表了中國過去數千年學術、思想、文化、歷史的多元、多方、多樣的傳統，更代表了在二十世紀新舊交替時代（transition time）里中國學者（思想家、歷史家、文化人）對中西文化、人類前途最全面、最合理、最眞實的瞭解和前瞻。」〔註46〕

陳先生以他對西方學術架構與思潮的瞭解，發現錢先生作爲中國學者在二十世紀新舊交替時代的學術研究的某種特徵，已然「包涵」（或「牽涉」）了爲現代西方學術界所認可的「哲理思考」、「文化批判」和「史學」（包括歷史和歷史理論）諸要素；錢先生主動「發起」的中西文化比較，在陳先生看來，確能具有「鏡子」的照見的功能，不僅照見了中國文化本身，也啓動西方文化學者的自我發現，這源於它學術視野的廣博性和對中西文化、人類前途思考的前瞻性。可以說，陳啓雲先生是以域外的視野和對西方學術走向的把握「主動地」看回這位中國學者的一人，其視角是獨特的，於錢先生的學術而言，它從綜彙的角度著眼，直接從文化入手，不可謂不是錢先生的知者。

陳先生說，關於錢師是不是「新儒家」，甚至是不是「儒家」的問題，在國內外引起了不少爭論。國內很多學者認爲這只是定義的問題：他們從比較寬廣的定義，認爲凡是在當代站在中國人文文化的立場對中國的傳統文化作出同情的理解的都可以稱爲「新儒家」。錢門弟子余英時則就學術立場，尤其是治學方法上著眼，認爲錢師不是「新儒家」。

顯然，陳先生是同意後者的。他說，「哲學」和「史學」是人文學科的二大陣營，二者對「儒學與中國文化」的論析，各有優點。西方傳統學術思想的大本是「哲學」，比對起來，很多西方人認爲中國傳統中沒有「哲學」。以牟宗三、杜維明爲首的中國現代「新儒家」因而特別發揚中國傳統中可以和西方哲學對照的思想以作反應。西方本來就很注重哲學，並認爲中國沒有「哲

〔註45〕陳啓雲：《錢穆的儒學觀念與中國文化》，《中國文化》第 21 期，2004 年 6 月。
〔註46〕同上，2004 年 6 月。

學」，現在「新儒家」提出了屬於中國傳統而不是從西方搬來的，但又和西方哲學有不少互應的哲學，因此特別在西方受到注意，而幾乎成爲國際上中國文化的唯一代言人，替中國爭回不少面子，也爲中國人提高了不少自信心。但不能說無偏。

　　陳先生所說的較沒有偏頗的觀點是從史學出發來講論中國文化。建立在史學基礎上的文化觀，正是錢先生的學術立場。陳先生擬之以當代西方的「歷史主義」思潮，並以此釐定錢先生的儒學研究的特徵。他說：錢師治學，在傳統上貫通經、史、子、集，兼綜漢學、宋學，在現代學術中，以「歷史主義」關注哲學和史學；他對中國文化和儒學的理解是全面整體的；他從中華曆史文化的整體演變中討論儒學的本質、功能和價值，並從儒學的體系和理想來觀察評論中華曆史文化在現實上的優點與缺點，以及在人類文明中的定位特質。〔註47〕這裡，「從中華曆史文化的整體演變中討論儒學的本質、功能和價值，」和「從儒學的體系和理想來觀察評論中華曆史文化在現實上的優點與缺點，」以及「在人類文明中的定位特質」，說中了錢先生闡論儒學與中國文化關係的大氣魄和大憂思，還有錢先生在闡論儒學與中國文化時不變的中西文化比較的立場。可以說，如果不能將錢先生的儒學見解與其文化觀相掛搭，那麼對錢先生的儒學研究的意義、價值的認識也要縮水；而錢先生所傾力表彰的中國文化，也成了無影之物；「它」（指文化）在時代（這正是一個中西文化交錯的時代）中的慧命延續，也變得難以言說。

　　所以，錢先生的儒學研究，因研究者所帶進來的中西文化比較的視野，而變得別具意義。首先，他使文化融合加劇的時代潮流中，依稀可辨中國文化的影子（如果肯於尋蹤，這影子將變得愈來愈清晰）；其次，他在從學術（儒學）到文化的路途上，作出了艱苦的探索，是以學者的學術研究探詢文化奧妙的先行者。而他所得出的結論，即以「綜彙」與「融通」看待學術與文化的演進的觀點，使他擺脫了困擾近代學術的門戶之見（儘管他又被動地陷入門戶之爭之中），如漢宋之爭等等，因而給予儒學以寬綽的發展道路。可以說錢先生的儒學，不是「走向衰敗」的理學，或被高視的清學，而是文脈悠遠的孔學，它就是中國文化的產物，也是中國文化的代表；它的寬綽在於綜彙與融通的學習機制和文化心理，他認爲中國文化就是融通的，儒學是一種通學。離開這一層來談說儒學，都沒有可能「復興」文化，「還原」儒學。作爲

〔註47〕陳啓雲：《錢穆的儒學觀念與中國文化》，《中國文化》第21期，2004年6月。

通學的儒學，應是注重於人的精神，重視於心的功能，這才是儒學之所重，是文化之所重；而急劇向前的近代學術，盲目追隨於西方文化，就如同將「心」昧失了。錢先生急切所爲，是喚醒國人這顆中國心。

再次，他的學術表現了某種「文化捍衛者」的姿態，這是以從認識到情感上都以自己文化的「代表」而出現的，且此一種姿態，又是以與其他文化的對話而存在的，這在今日時代，也爲西方學者所需要與看重。換言之，融合是世界大趨，而對話是走向融合的必然過程，那麼怎樣的學術方法是值得推闡的？

陳先生特別舉出聯合國的工作報告中的話，並說，新編《人文史·引言》特別強調自 1960 年以來歷史研究方法學的發展：第一⋯⋯過去三十年中，歷史知識⋯⋯由專注歷史事實而轉向對「人類學」（Anthropology）的更大興趣⋯⋯。第二，在著述歷史中所發揚的「理念·理性」（reason）所能夠、或應該提升人們關注的意識層面上的功能，卻比較少爲人注意了。

陳先生說，「關於第二點，錢師在《文化學大義》第三章「文化的三層論」裏已寫道：此第三階層是歷史人生，此階層的目的，在求把握人類內心更深、更大的共同要求，使你心我心，千萬年前的心，與千萬年後的心，心心相印融成一片。這正是上述《人類科學與文化發展史》所撰的《前言》申述的「人類經驗的普遍共通處——人類對人的普遍性的意識」的要旨。」〔註48〕

對於前所提及的人類學，陳說，Humanity 指的不是或至少不僅是現在實際存在的「人類·世界」，而意涵著在「深層」潛在的共同「人性」（中國傳統謂之「仁」）和在「高層」應有的「人文」理想（中國傳統謂之「人道·仁道」）。這也是錢師在《文化學大義》第三章「文化之階層」中所表達的理想。

以錢先生的「文化」理論所體現的對歷史心、人文心的關照，融通於今日世界（以聯合國爲代表）的人文學新思潮，陳先生的學術意見，表達了錢先生後時代學者，對於中西文化和合互補、共謀發展的心聲。而他們「取用」錢先生的觀點，最要在於其「穩健中正」的史學立場。

「錢穆的史學秉承了中華文化傳統中的陽剛之氣，因此和新的西方強勢學說，如科學、科學主義、馬列主義等對抗時，變成以陽剛對陽剛，承受了不少打擊。這是爲什麼錢穆對西方文化和新科學的立場其實是相當和緩與穩健的，卻常常被誤解爲反西方、反科學，而承受了很多『保守』、『頑固』的

〔註48〕陳啓雲：《錢穆的儒學觀念與中國文化》，《中國文化》第 21 期，2004 年 6 月。

惡名之原因。」

「相反，他對於持文化本位主義者對西方文化在理念上（Categorical）或意識形態上（Ideo logical）的排斥，是不完全讚同的。這是錢穆不同於新儒家對西方文化的批評或馬克思主義者對資本主義社會攻擊的立場。從這一點來說，錢穆的史學立場，對西方各種學術理論，表現出比較接近歷史主義、比較穩健的傾向。」〔註49〕

以上兩條，都旨在說明「穩健」二字。穩健至少含兩層意思，一、它是儒家文化自身性格的體現；二、它在文化態度上是中正的，開放的。此種穩健的風格甚至可說體現了中國文化的胸襟和魅力。

錢先生的學術見解，始終是建立在史學的基礎上的。它與對「心」單純所做的哲學思辨不同。一些當代新儒家，基於哲理語境和思維方式，常忽視了漢、唐、明、清盛世，甚或蔑視貶斥其務實的「歷史文化型」經世思想為庸俗。似乎中華文化除了「心、性」之學之外，其餘均不足道，陳先生以為，這對中華整體文化，是過偏之論。

陳先生指出，在西方近代，自笛卡兒（Rene Descartes，1596～1650）以來，哲學的絕對權威已經動搖。代之而興的是「自然科學·實證主義」和「人文·歷史主義」。在「歷史主義」推動下的西方近代思潮和中國傳統學術思想因而逐漸接近。

陳先生在 2003 年的講稿中，主要討論錢先生的穩健的史學立場與當代西方的「歷史主義」尤其是與其相關的過激的「現代主義」與由其衍生的更偏激的「後現代主義」的比較。可以說，錢先生對中國文化從史學角度上的研究，因其涵蓋哲理思考與文化批判，而成為一種可與當今流行於西方學術界的「歷史主義」思潮相對話的思想。此一番對話中，較之基於哲學語境和思維方式的中西對話，更能顯示中國文化本體性的特徵。陳先生說，錢師所本的儒門穩健中庸的「人本主義」和西方極端的人為主義（如現代主義、實證主義）和極端的主觀主體立場（如存在主義、後現代主義）是不同的。（之所不同，還須返讀錢先生的「儒學史」，深究其對「儒學與中國文化」解讀的意涵。）但是，「在今日，整個中華人文學術（包括錢穆的思想文化史學）或者可以隨著新人文學（包括後現代主義、文化批判主義和科學批判論）『貞

〔註49〕陳啟雲：《中國人文學術的近代轉型——胡適、傅斯年和錢穆個案》，《河北學刊》2010 年 1 月，第 30 卷第 1 期。

下起元』的新機運，得到其應該得到的瞭解和詮釋而重新定位。」〔註50〕文化須在彼此作平等的對話中其個性得以顯現，中國傳統的人性觀與人文理想，與西方人類學的關注趨同，而可望得到新的呈現，發揮更多功能。此一人文前景，或是當前所有重視於中國文化復興與中西人文學建設的學者所喜見樂聞的。只是，前提是有所尊信，辛勤探源。這是中國人文學者必要擔起的責任。

由西學（西方存在主義、後現代主義的學術立場和觀點），引出對中國文化的自我認知之路——如果它在一定意義上，說明了此一時代的學術趨向，那麼錢先生的學術可作深入的引領。總之，時代之風潮與持重之自守，而獲得與新一時代的交融，從陳先生的研究中，或可看到錢先生「守先待後」的學術旨趣與學術價值。錢先生概言，人文學必要待身後人作評定。在他當身，他自信中國文化有其生命力。他在學術文字與社會講演中，都護祐著中國文化的根本。可說錢先生的儒學是理想的。

從「五四」時代至今，中國文化在自我否定中經歷了巨大的時代變遷，在新的世界格局與文化架構中，卻仍須找到一席之地。對於中國文化有識見的學人，正是在危困中守住了中國文化的根本。中國文化潛藏的種子，在這文化危機中得以保存，而當可獲得不期然而然的新生。從這個意義上說，錢先生的儒學也是現實的。

〔註50〕陳啓雲：《中國人文學術的近代轉型——胡適、傅斯年和錢穆個案》，《河北學刊》2010 年 1 月，第 30 卷第 1 期。

結　語

篇一：一生爲故國招魂

　　　　一生爲故國招魂

　　　　以其學濟時艱

　　　　「性命終將老去

　　　　　人文幸得綿延」

　　　　故國未遠

　　　　精魂永在

　　對於錢先生的學術精神，余英時用「一生爲故國招魂」來形容。他所擬
聯語：「一生爲故國招魂，當時搗麝成塵，未學齋中香不散。萬里曾家山入夢，
此日騎鯨渡海，素書樓外月初寒。」〔註1〕用以象徵錢先生的最終極而且也是
最後的關懷。

　　錢先生以其學濟時艱，其用心於史學，非其治學之初衷，而是「遭時風
之變，世難之殷」〔註2〕而來。治史是爲了解決時代的危困，而他終於從歷史
中看到了時代的病症，也從歷史中瞭解了文化之大義。錢先生是從歷史上去
尋找中國文化的精神，史學成爲錢先生致力於人文學研究的根基所在。

　　余英時說，錢先生「爲中國『招魂』是憑藉著他對中國文化的無比信念
和他在中國史研究方面的真實貢獻，決非空喊幾聲『魂兮歸來』的方士之流

〔註1〕　余英時：《一生爲故國招魂》，《錢穆與中國文化》，19頁。
〔註2〕　錢穆：《八十憶雙親・師友雜憶》，349頁。

所能相提並論的。」〔註3〕因為中國屢屢面臨「亡國」的危機，所以錢先生的
著作中「招魂」的意識表現得十分明顯。如抗戰前夕寫成的《中國近三百年
學術史》。又如後來的《國史大綱》。

「一生為故國招魂」，錢先生弟子余英時說中先生處，在於錢先生一生之所
堅持，之所堅守，彷彿已然「過去」，失卻了（或將要失卻）現實社會的根基；
錢先生之學問，又似為「舊」而非「新」。然它卻十分重要，喪此如失魂魄。錢
先生之所暢論，實「新」而非「舊」，並非一國之「過去」所能限止，它大體可
預示這個國家之將來。此即錢先生所治學之「真理性」，以其可求證於歷史而具
真理性，而此一時代，如其有未來，錢先生之學問，亦永具其理想性特徵。

錢先生之人生理想，不能不說，全由孔子而來。他說，「孔子對人生看得
更廣泛，更深入，乃於自己心境亦益臻中正和平。至於從心所欲，莫不中規
中矩，使其心亦一如自然，一如天命。此一種境界，亦即後人所謂之『一天
人』『合內外』。乃為中國人生莫大理想之最高寄託之所在。」錢先生由治史
學，文化與學術史，而及於深潛之人生義理；如果不反躬自問之，則此一番
義理，只可說是一種學理，卻談不上是一種人生義理。而錢先生的學問非然。
他之崇尚於孔子，非僅在他的學問，還在他的人生，在他對於學問乃至人生
義理的徹悟上面。所以說，錢先生之儒學，乃成為一種踐行，可體之於「性」，
又現身為「命」，與其性命身世休戚相關，是真正意義上的性命之學。〔註4〕
錢先生亦認為，孔子之人生，堪為每個中國人的榜樣。因為孔學所揭示的，
是全體中國人的性命，它由先於孔子而有兩千五百年歷史佐證的文化歷史而
聚合凝成，又在後於孔子兩千五百年的歷史文化中衍化生成。他是從學問之
「抽象」來談學問，也是在人性之「大同」處來談學問，所以，若言錢先生
之學問有價值有意義，即在此一抽象，在此一大同處。

他說，「我可以說，我一輩子寫書、寫文章，大體內容，主要不外乎三項
原則：一是文化傳統；二是國民性，亦即民族性；三是歷史實證。中國的文化
傳統，中國的民族性，可以拿中國歷史來看，歷史就是一最好證明。」〔註5〕
中國人人人須尊崇此一番歷史，探詢文化之大義，這一番尊崇心，即見中國
人之國民性。

〔註3〕 余英時：《一生為故國招魂》，《錢穆與中國文化》，25頁。
〔註4〕 錢穆：《中國文化特質》，《中國史學發微》，134頁。
〔註5〕 錢穆：《丙寅新春看時局》，《中國學術思想史論叢》（十），238頁。

述父母之事，尊家族之禮，亦同於對國家民族，深情厚意不泯。錢先生從小受到父親母親的身教言傳，記憶特深。由家而國，由己身而他人，則可以說，這是錢先生參悟中國人修身、齊家、治國、平天下之道之一生之軌跡，亦是其人生之最後歸宿。余英時先生的「此日騎鯨渡海，素書樓外月初寒」，「素書樓」指的不是臺北那棟樓宇，而是無錫七房橋舊址，是錢先生終身對母親的追思。奉忠恕之道，抒儒家情懷，立修齊志，讀聖賢書，此即錢先生行走的人生。

「塵世無常，性命終將老去，天道好還，人文幸得綿延。」這是錢先生去世前度春節時自擬的聯語。此中可見一代儒學宗師錢先生的爲學與做人的深切情懷。塵世無常，天道珍貴，錢先生如以擎天之臂力，支撐起此一文脈於不墜。當然，非錢先生一人有此力量，只因他深諳文化之特質，他的力量，由此而得，而有；故此，他之寶惜的人文，即全體中國人的人文，亦全體中國人的生命。

篇二：立修齊志、讀聖賢書

他治朱子學

復現了朱子的情感與儒家之學問世界

「士而不先其恥，則爲無本之人。非好古而多聞，則爲空虛之學。」

其教導孩子

「能安居而樂，斯亦可矣。盡不必多在此等物質條件作計較。」

「幸加努力，不以無知無識度此生。」

錢先生在臺北的居處，客廳內懸朱子聯語：立修齊志，讀聖賢書。橫批是靜神養氣。立修齊志，即是立儒家做人之志，讀聖賢書，即是讀儒家經典之文。這是朱子一生的職志，而有對中國文化巨大的貢獻。

錢先生由朱子身上，得識儒者之風範，爲往聖繼絕學之氣度。從朱子以後八百年的中國歷史，錢先生更認同於朱子學爲文化續命之緊切之意與歷史價值。

朱子所讀書，重點在「四書」，即《大學》、《中庸》、《論語》、《孟子》。相較於「史」，朱子所重更在「經」，即在古聖先賢的精神。當朱子之時，重於近史，即是重於佛道；只有探取遠源，才能廓清儒家眞相。釐定「四書」，使之受尊，此即朱子治學之宗趣。而朱子終可以在與孔子、顏子、曾子、子思、孟子的對話中，想見其爲人。由此樹立儒家之精神風貌。

　　錢先生之治朱子學，復現了朱子的情感與儒家之學問世界，首要在讀書。對於錢先生而言，讀書即生活，非僅為論學。而其讀書意趣，無不與朱子相通。如朱子論讀書須是「靜」，更要「虛心」。虛心即不是硬將己見參入，且隨他本文正意看，又須識得訓詁文意分明。如果驟讀一本書，便要求明得種種理，又要求於己有所得，便是「心不靜」。錢先生說，「看書曉解得書中本意，即是學問有所得。如何解釋得書中意，便須隨其本文，反覆不厭看。容易立說，只是己見。盡說了些己見，到底是於書無所得也。」〔註6〕

　　在錢先生的一生中，其讀書生命有很久之歷史，其讀書之習慣，亦受很多人的影響。如曾文正公，教人讀書必自首至尾通讀全書。錢先生因而痛戒自己隨意翻書的習慣，此還在他教授於梅村縣四小學時。朝夕用功於此，傚仿古人「剛日誦經，柔日讀史」，又寫讀書日記。這對錢先生鑄就學問之生命，都不是小事。然論及讀書之法門，錢先生認為，「只此一法，只此一門，」〔註7〕所謂「大巧若拙」，最笨的也是最聰明的和最容易見效的，即是從朱子談讀書要虛心來。

　　「讀書有見，不固執，不牢守，」〔註8〕濯去舊聞以來新見；「讀此書有得有見，讀那書有得有見，反覆讀，又反覆有得有見，此始是自己學問長進。」〔註9〕這都是講虛心，即朱子教人讀書最大綱領，朱子讀書法的最大精義。錢先生亦十分注重「虛心」二字。他在二十多歲時即對此二字有悟。他說，「我因此悟及人生最大學問在求能虛此心，心虛始能靜，若心中自恃有一長處即不虛，則此一長處正是一短處。余方苦學讀書，日求長進。若果時覺有長處，豈不將日增有短處。乃深自警惕，懸為己戒。求讀書日多，此心日虛，勿以自傲。」〔註10〕

　　錢先生一生在讀書上下工夫很深。在歷史上的讀書人中，他最佩服於朱子；他之能欣賞到朱子，正在其重視於讀書，讀書而能虛心上面。因為虛心，所以局度開張，能欣賞到很多人的「優點」，能融會很多人的學問於一爐，而使學問臻於很高的境界。虛心故而善思，善於領會，善於汲取。這都是學問之道。

〔註6〕　錢穆：《朱子讀書法》，《學侖》，7頁。
〔註7〕　錢穆：《朱子讀書法》，《學侖》，7頁。
〔註8〕　錢穆：《朱子讀書法》，《學侖》，8頁。
〔註9〕　錢穆：《朱子讀書法》，《學侖》，8頁。
〔註10〕　錢穆：《八十憶雙親・師友雜憶》，99頁。

對於朱子的評價，在儒學史上，錢先生說得多的是「綜彙」二字。這是指朱子的學問，是很多人的學問的匯總與綜合。但錢先生更喜歡說，朱子的精神是融凝爲一的。所以，朱子能擔負起「復興」儒家精神的歷史重任。

錢先生懸朱子所擬之聯語於自家客廳，其欣賞與繼承的，即是朱子此一種精神；儒學在當時代命運雖艱困，對儒學命運之關切，卻支持著錢先生讀聖賢書的行動，心中懷著修齊治平的志向。可以說，這就是讀書人生活的全部，此一志向，此一行動，就是錢先生一生之所致力，也是錢先生身爲讀書人一生的風貌。

作爲父親，錢先生對次子說，「盼你能繼續撰寫，不僅自己學業有長進，亦使讀者得益。人生所求唯此，至生活清苦，如你們現在住屋極逼狹，然能安居而樂，斯亦可矣。盡不必多在此等物質條件作計較。」這是在啓迪儒者之樂；在讀書方面，他說：「我寄去各書，勿求快讀，遇自己有興趣的，須反覆細讀，並盼將你愛讀的告我書名，我可專爲你寄，俾可時時在手旁。精讀較泛讀更有益。須積三五年乃能有大長進。獲得一次長進，自感一次快樂。並盼來信直告，勿有隱諱，我亦可對你作更深之指導。」他對三子說：「你在學術界做事，幸加努力，不以無知無識度此生」，這是錢先生對學術的重望，──既已以此寄望於自己，再以此寄望於後輩。錢先生之教子，亦是隨宜指點，更時時惦記子女孫輩們依「性之所近」而成其學。他在家信中說：「你所性近，亦能自知否，盼試述之。」他一生修養之儒學境界，也是他教子之藝術，似與我們已有生疏，而皆秉承孔子所傳的教育理想而來。

篇三：天下定於一

「天下定於一，孰能一之？不嗜殺人者能一之。」
其所治之儒學
具有文化統一的意義
天下務定於一
親情不可割捨
分離兩痛楚
統一是人心

錢先生認爲，在中國思想觀念下，堯、舜、禹、湯、文、武、周、孔，固然是傳統相承，諸聖同德。即東海、西海、南海、北海有聖人，又何嘗不

是諸聖同德呢？此諸聖，在人文大圈內，則一齊融化了。各有品，各有德，集此各品各德，放大光輝，此之謂「人文」，此之謂「文化」。人生所得，便是得了此文化。

1986年3月，九十二歲高齡的錢先生答臺北《聯合月刊》問，發表了《丙寅新春論時局》一文。

他說，「比較上說，中國傳統是看重原則性的，西方傳統是看重具體性的。所以中國人講歷史，注意遠古以來的既成經驗，以古鑒今，大體是可信、可預知的。西方人不看重過去的歷史，看重眼前與將來，更具體，反不易知。」〔註11〕

然今日中國人，對於西方科學技術之「具體」，「易知」頗有敬服，而於中國歷史文化之「遙遠」，「難知」心所共感。或則，是將歷史也「具體化」了，化為一個個具體朝代與人物逸事，以與古人逗趣，以諷喻今人。因而，錢先生所說的「反不易知」，在我們似是難有同感的，此即對錢先生所論之「中國文化特質」難有識辨與同感。

錢先生在暢論中國文化特質中說，一般認為具體是實有其物的，抽象是虛有其名而已。中國人想法則不然。如，雖說是實有，論其意義價值，卻等於如虛無。而抽象的人，你是人，我是人，大地五洲皆有人，古往今來千萬億兆年盡有人。那一抽象的人，卻反而是實有，非空無。他說，這一分別，卻甚重要。今天，當我們強調於彼我之別，以為由此可突出自我價值時，是否忽忘了抽象中之價值意義？當我們沉迷於具體，又是否忽忘了此抽象與具體之分別，損傷了抽象之含義？在錢先生看來，此一「抽象」，便可見中國文化特質之所在。

「異則具體，可見、可指、可說。同則抽象，無可見，無可指，無可說。中國人則正用心在其無可見、無可指、無可說處來見到，來指定，來說出。」〔註12〕此一語，可參儒學中很多概念，如「性」，「氣」，「理」，「心」等，又可從這些概念，反證錢先生這句話，由此悟入中國文化之特質。

具體見其異，抽象則見其同。中國文化之理想、價值，都在「同」上面，也在「抽象」處。錢先生說愈具體反不易知，即是說愈具體，則將失卻對此一抽象的識辨，也將失卻同心與同德。這就是錢先生對中國本民族文化之所

〔註11〕錢穆：《丙寅新春看時局》，《中國學術思想史論叢》（十），240頁。
〔註12〕錢穆：《中國文化特質》，《中國史學發微》，131頁。

尊崇，也是錢先生對當下社會風氣之所憂慮。

對於臺灣的發展，錢先生說，只重科技與經濟，絕對解決不了臺灣此下的困難，必須是關注到社會「人心」，即社會的安定。他說，倘若以物質成就論，則今日世界，交通便利，四海如一家。「論心性團聚，則家與家有爭，國與國有爭。以各別相異之人，而處大同之世，宜不能知其前途之所屆矣。」〔註13〕

他說，「歸根結柢一句話，一個民族、一個國家的前途，主要依賴在全民合理想、合原則的自尊自信上。除此之外，別無他途。」〔註14〕

這真是錢先生愛國心的最大表現，是錢先生理想心的最大寄託。錢先生總是從「理想心」來看待「現實」，處理現實問題，這就是錢先生處理先生的「原則性」。大到國家，小到家庭與個人，莫不見其有此行事與論理之風格。錢先生之學問，無不是在探詢此一種「理想」與「原則」，在關切全體中國人的「自尊」與「自信」。錢先生認為，一個民族、一個國家的前途，主要依賴在全民合理想、合原則的自尊自信上，個人也是如此。

此即錢先生的學術宗趣。則這是不以臺灣海峽為限止的。心通則事通。理圓則事圓。錢先生說，「中國之文化特性，乃在其能從德性之精微中庸處，而達於廣大高明。其過程乃有一套學問。一部五千年不斷之歷史，亦即中國人五千年來不斷之學問有以造成之。」〔註15〕拘限在自我疆域中，即不能謂之「廣大高明」；細察德性之精微與中庸，卻能達到廣大與高明。這是對今人處理此一事務的心態與智慧的考驗；只有能有勇氣面對中國歷史與中國社會發展現況，善體民眾因兩岸隔絕而生的痛苦，善理與此相關聯的政治與社會的紛爭，才能用得上此一番學問，也才能最終解決問題。

錢先生學術之意義價值，即在於指出這一前途，廓清今人看待文化傳統，看待守舊與開新的思路，指出今人的心病，開出療愈的良方。今天的歷史，要由今人來寫。他說，如果今人爭圖眼前，於須經較長時間而來的改變有所不耐，則今天的歷史就不合於過往的傳統，而民族性也如喪失了。此亦即文化病症的特徵。因此，說錢先生所治之儒學，具有文化統一的意義，亦非是指它可就眼前問題的解決一蹴而就，而仍在於其所持的理想，具有「大體可信」、「可預知」的功用。今人應深思而善體之。

〔註13〕　錢穆：《中國文化特質》，《中國史學發微》，154頁。
〔註14〕　錢穆：《丙寅新春看時局》，《中國學術思想史論叢》（十），242頁。
〔註15〕　錢穆：《中國文化特質》，《中國史學發微》，154頁。

參考文獻

1. 錢穆：《朱子學提綱》，中國思想史小叢書（甲編），臺灣，素書樓文教基金會、蘭臺出版社，2001 年 2 月。

2. 錢穆：《陽明學述要》，同上。

3. 錢穆：《中國思想通俗講話》，同上。

4. 錢穆：《宋明理學概述》，同上。

5. 錢穆：《中國思想史》，同上。

6. 錢穆：《中國學術通義》，中國學術小叢書，錢穆：臺灣，素書樓文教基金會、蘭臺出版社，2000 年 12 月

7. 錢穆：《現代中國學術論衡》，同上。

8. 錢穆：《學龠》，同上。

9. 錢穆：《經學大要》，同上。

10. 錢穆：《學術思想遺稿》，同上。

11. 錢穆：《國學概論》，同上。

12. 錢穆：《晚學盲言》，中國思想史小叢書（乙編），臺灣，素書樓文教基金會、蘭臺出版社，2001 年 4 月。

13. 錢穆：《靈魂與心》，同上。

14. 錢穆：《人生十論》，同上。

15. 錢穆：《湖上閒思錄》，同上。

16. 錢穆：《雙溪獨語》，同上。

17. 錢穆：《政學私言》，中國史學小叢書，臺灣，素書樓文教基金會、蘭臺出版社，2001 年 2 月。

18. 錢穆：《中國文化史導論》，同上。

19. 錢穆：《中國歷史精神》，同上。

20. 錢穆：《中國史學名著》，同上。

21. 錢穆：《中國歷代政治得失》，同上。

22. 錢穆：《國史新論》，同上。

23. 錢穆：《中國歷史研究法》，同上。

24. 錢穆：《中國史學發微》，同上。（注：篇中所引該書，是北京生活·讀書·新知三聯書店出版，2009 年 9 月版。）

25. 錢穆：《歷史與文化論叢》，中國文化小叢書，臺灣，素書樓文教基金會、蘭臺出版社，2001 年 5 月。

26. 錢穆：《從中國歷史來看中國民族性及中國文化》，同上。

27. 錢穆：《文化學大義》，同上。

28. 錢穆：《民族與文化》，同上。

29. 錢穆：《中華文化十二講》，同上。

30. 錢穆：《中國文化精神》，同上。

31. 錢穆：《文化與教育》，同上。

32. 錢穆：《中國文化叢談》，同上。

33. 錢穆：《世界局勢與中國文化》，同上。

34. 錢穆：《中國文學論叢》，同上。

35. 錢穆：《孔子與論語》，孔學小叢書，臺灣，素書樓文教基金會、蘭臺出版社，2000 年 11 月。

36. 錢穆：《孔子傳》，同上。

37. 錢穆：《四書釋義》，同上。

38. 錢穆：《論語新解》，同上。（注：篇中所引，是北京生活·讀書·新知三聯書店，2002 年 9 月版。）

39. 錢穆：《中國學術思想史論叢》（一～十），中國學術思想史小叢書，臺灣，素書樓文教基金會、蘭臺出版社，2000 年 12 月。

40. 錢穆：《新亞遺鐸》，北京，生活·讀書·新知三聯書店，2004 年 8 月。

41. 錢穆：《八十憶雙親·師友雜憶》，北京，生活·讀書·新知三聯書店，1998 年 9 月。（注：篇中所引，另有《八十憶雙親·師友雜憶》（合刊），臺北，素書樓文教基金會、蘭臺出版社，2000 年 7 月。）

42. 錢穆：《國史大綱》（上冊），16 頁，商務印書館（上海），1994。

43. 錢穆：《中國近三百年學術史》（上下），北京，中華書局，1986 年 5 月

44. 【宋】朱熹撰，黎靖德編：《理學叢書：朱子語類》，全八冊，中華書局，1986 年。

45. 【宋】陸九淵、【明】王守仁撰，楊國榮導讀：《象山語錄 陽明傳習錄》，上海，上海古籍出版社，2000 年 12 月。

46. 【清】章學誠：《文史通義校注》，中華書局，1985 年。

47. 譚嗣同：《中國啟蒙思想文庫：仁學——譚嗣同集》，張岱年主編，加潤國選注，遼寧人民出版社，瀋陽，1994 年。

48. 梁啟超：《清代學術概論》，上海世紀出版集團、上海古籍出版社，2005 年 4 月。

49. 胡適：《說儒》（網上下載）。

50. 梁漱溟著，李淵庭、閻秉華整理：《梁漱溟先生講孔孟》，桂林，廣西師範大學出版社，2003 年 6 月。

51. 羅義俊：《錢穆學案》，方克立、李錦全主編《現代新儒家學案》（中冊），北京，中國社會科學出版社，1995 年。

52. 鄧立光：《中國哲學與文化復興詮論》，上海古籍出版社，2008 年。

53. 李澤厚：《論語今讀》，天津社會科學院出版社，2007 年。

54. 胡美琦：《中國教育史》，三民書局印行，中華民國六十七年七月，1978 年。

55. 胡美琦：《陽明教育思想》，臺北，財團法人素書樓文教基金會出版，2005 年 6 月。

56. 余英時：《錢先生與中國文化》，王元化主編，學術集林叢書，上海遠東出版社，1994 年。

57. 錢穆：《孔子與春秋》，《兩漢經學今古文平議》，北京，九州出版社，2011 年 1 月。

58. 錢穆：《朱子新學案》，北京，九州出版社，2011 年 1 月。

59. 錢穆：《講堂遺錄》，同上。

60. 錢穆：《莊老通辨》，北京，生活・讀書・新知三聯書店，2002 年 9 月。

61. 錢穆：《中國儒學與文化傳統》，《中國學術通義》，臺灣，素書樓文教基金會、蘭臺出版社，2000 年 12 月。

62. 錢穆：《本論語論孔學》，《孔子與論語》，臺灣，素書樓文教基金會、蘭臺出版社，2000 年 11 月。

63. 錢穆：《孔子之心學》，同上。

64. 錢穆：《四書義理之展演》，同上。

65. 錢穆：《中國近代儒學趨勢》，同上。

66. 錢穆：《中國文化特質》，《歷史與文化論叢》，臺灣，素書樓文教基金會、蘭臺出版社，2001 年 5 月。

67. 錢穆：《儒學與師道》，同上。

68. 錢穆：《從認識自己到回歸自己——與青年書之五》，同上。

69. 錢穆：《如何建立人文科學》，《文化與教育》，臺灣，素書樓文教基金會、蘭臺出版社，2001 年 5 月。

70. 錢穆：《中國傳統文化與中國之師道》，同上。

71. 錢穆：《中國儒學研究計劃大綱》，同上。

72. 錢穆：《中國文化特質》，《中國史學發微》，中國史學小叢書，臺灣，素書樓文教基金會、蘭臺出版社，2001 年 2 月。

73. 錢穆：《中國教育思想史大綱》，同上。

74. 錢穆：《中國儒學與文化傳統》，《中國學術通義》，臺灣，素書樓文教基金會、蘭臺出版社，2000 年 12 月

75. 錢穆：《朱子學術述評》，同上。

76. 錢穆：《略論中國心理學》，《現代中國學術論衡》，臺灣，素書樓文教基金會、蘭臺出版社，2000 年 12 月

77. 錢穆：《略論中國教育學》，同上。

78. 錢穆：《自然與人文》，《晚學盲言》（上），臺灣，素書樓文教基金會、蘭臺出版社，2001 年 4 月。

79. 錢穆：《中國五倫中之朋友一倫》（一）（二），《晚學盲言》（中），同上。

80. 錢穆：《尊與親》，同上。

81. 錢穆：《色彩與線條》，同上。

82. 錢穆：《爲己與爲人》，《晚學盲言》（下），同上。

83. 錢穆：《存藏與表現》，同上。

84. 錢穆：《靜與減》，同上。

85. 錢穆：《理想與存養》，同上。

86. 錢穆：《價值觀與仁慈心》，《湖上閒思錄》，臺灣，素書樓文教基金會、蘭臺出版社，2001 年 4 月。

87. 錢穆：《新亞精神》，《新亞遺鐸》，生活·讀書·新知三聯書店，北京，2004 年 8 月。

88. 錢穆：《新亞校訓誠明二字釋義》，同上。

89. 錢穆：《爲學與做人》，同上。

90. 錢穆：《中國史學之精神》，同上。

91. 錢穆：《讓我們過過好日子》，同上。

92. 錢穆：《禮樂人生》，同上。

93. 錢穆：《中國文化體系中之藝術》，同上。

94. 錢穆：《論春秋人物之道德精神》，《中國學術思想史論叢》（一），臺灣，

素書樓文教基金會、蘭臺出版社，2000 年 11 月。

95. 錢穆：《縱論南北朝隋唐的儒學》，《中國學術思想史論叢》（二），同上。

96. 錢穆：《中庸新義》，同上。

97. 錢穆：《縱論南北朝隋唐的儒學》，《中國學術思想史論叢》（三），同上。

98. 錢穆：《朱子學術述評》，《中國學術思想史論叢》（五），同上。

99. 錢穆：《理學與藝術》，《中國學術思想史論叢》（六），同上。

100. 錢穆：《黃東發學述》，同上。

101. 錢穆：《宋明理學之總評騭》，《中國學術思想史論叢》（七），同上。

102. 錢穆：《讀劉蕺山集》，同上。

103. 錢穆：《記呂晚邨詩集中涉及黃梨洲語》，《中國學術思想史論叢》（八），同上。

104. 陳啓雲：《錢穆的儒學觀念與中國文化》，《中國文化》第 21 期，2004 年 6 月。

105. 陳勇：《試論錢穆與胡適的交誼及其學術論爭》，《史學史研究》，2011 年 第 3 期。

106. 羅義俊：《論士與中國傳統文化──錢穆的中國知識分子觀》（古代篇），《史林》1997 年第 4 期。

107. 張亞驥：《錢穆美育思想探論──從新亞校訓談起》，《江南論壇》，2006 年 8 月。

108. 葉秀山：《中西文化之「會通和合」──讀錢穆〈現代中國學術論衡〉有感》，1994～2010 China Academic Journal Electronic Publishing House。

109. 徐國利：《錢穆的歷史文化構成論及其中西歷史文化比較觀──對錢穆歷史文化哲學的一個審視》，《中國社會科學院研究生院學報》，2003 年。

110. 徐國利：《錢穆的中西史學比較觀》，《史學史研究》，2002 年。

111. 鄧子美、孫群安：《論錢穆獨特的人文教育理念》，《無錫教育學院學報》2005 年。

112. 譚徐峰：《錢穆人性化教育思想與實踐》，《人文雜誌》，2002 年。

113. 徐國利：《錢穆的人文歷史認識思想述論》，《求是學刊》，2002 年。

114. 廖建平：《錢穆的人類生命觀及其意義》，《江漢論壇》，2003 年。

115. 鄭大華：《抗戰時期錢穆的文化復興思想及其評價》，《齊魯學刊》，2006 年。

116. 賴功歐：《作爲文化進化論者的錢穆──「人文演進」觀繹論》，《江西社會科學》，2006 年。

117. 芮宏明：《「這是我講文學史的最大觀點」──試述錢穆關於魏晉文學觀

念自覺的闡釋》，《江西社會科學》，2004 年。

118. 梁民愫、戴晴：《近二十年中國大陸學界關於錢穆學術思想研究的新取向》，《上饒師範學院學報》第 29 卷第 4 期，2009 年 8 月。

119. 蔣國保：《儒學普世化的基本路向》，《中國哲學史》，2003 年第三期。

120. 林語堂：《談錢穆先生之經學》，《錢穆印象》，李振聲編，上海，學林出版社，1997 年 12 月。

121. 陳啓雲：《中國人文學術的近代轉型——胡適、傅斯年和錢穆個案》，《河北學刊》2010 年 1 月，第 30 卷第 1 期

122. 《錢賓四先生百齡紀念會學術論文集》，香港·沙田，香港中文大學新亞書院、新亞學術期刊編輯委員會編輯出版，2003 年。

123. 陳來：《宋明理學》，華東師範大學出版社，2004 年。

124. 崔大華：《儒學引論》，人民出版社，2001 年。

125. 唐端正：《解讀孔子與儒家》，香港，商務印書館有限公司出版，2009 年。

126. 周育華：《君子儒錢穆評傳》，南京，鳳凰出版社，2011 年 12 月。

127. 許倬雲口述，李懷宇撰寫：《許倬雲談話錄》，廣西師範大學出版社，2010 年。

128. 杜維明：《儒學傳統的改建——錢先生〈朱子新學案〉評介》，《孔子研究》，1987 年第一期（見郭齊勇、鄭文龍編：《杜維明文集》第五卷，武漢出版社）。

129. 吳少瑉，趙金昭主編：《錢穆與古籍考辨》，《二十世紀疑古思潮》，學苑出版社，北京，2003 年。

130. 林啓彥：《錢先生的考信史學——以錢氏早年的孔子研究爲例》，李金強主編：《世變中的史學》，廣西師範大學出版社，2010 年。

131. 齊邦媛：《紅葉階前憶錢先生》，《聯合報》，2008 年 8 月。

132. 《錢穆紀念文集》，中國人民政治協商會議江蘇省無錫縣委員會編，上海人民出版社，1992 年 4 月。

133. 郭齊勇、汪學群：《錢穆評傳》，南昌，百花洲文藝出版社，1995 年 1 月。

134. 錢胡美琦：《我所瞭解的學人生活》，《新亞書院六十週年慶：多情六十年——新亞書院的過去、現在與未來》，香港中文大學新亞書院印製，2009 年。

135. 朱光潛：《談美》，安徽教育出版社，1997 年。

136. 郝之輝：《跟大師學藝》，天津，天津古籍出版社，2009 年 1 月第一版。

137. 徐復觀：《中國藝術精神》，港臺文化藝術理論叢書，春風文藝出版社出版，1987 年。

138. 章太炎講演，曹聚仁整理：《國學概論》，北京，中華書局，2003 年 1 月。

139. 《新亞教育》，新亞研究所編輯出版，南山書屋發行，和記印刷有限公司承印，1981 年。

140. 李木妙編撰：《中國傳統文化的捍衛者——國史大師錢先生教授生平及其著述》，香港新亞研究所，中華民國八十三年八月卅日，1994 年 8 月 30 日。

141. 【美】鄧爾麟著，藍樺譯，《錢先生與七房橋世界》，社會科學文獻出版社，1995 年。

142. 田浩：《旁觀朱子學——略論宋代與現代的經濟、教育、文化、哲學》，上海，華東師範大學出版社，2011 年 4 月。

143. 陳勇：《中國學術大師系列：國學宗師錢先生》，北京大學出版社，2007 年。

144. 余英時：《現代儒學的回顧與展望》，余英時作品系列，生活·讀書·新知三聯書店，北京，2004 年。

後　記

晨起雨漸淅瀝瀝。這還不是一個寫作後記的時候，因爲論文還有點點滴滴需要作最後的修訂。回首整個歷程，心中頗有感慨，促使我寫；最多的感慨是，我懂得了一點怎樣讀書。

昨天，當把全文發送至我二舅舅的郵箱，他大約用一天的時間，看完給我回覆。回覆中，幫我指出幾處錯字。意涵不通的地方。還提出腳註統一的問題。舅舅八十一高齡，他的讀書智慧，就是一天天積攢起來的。他是名中學數學老師，但是，他的文史工夫，卻已相當好，今年，他的讀書心得，集爲《思親補讀錄》一書，正式出版發行，感動了很多人。

二舅舅說，他是想以讀書，來走近自己的父親。父親所學所志，究是如何，身爲兒子，幾十年人生中，並未有很多明瞭，而讀書，是澄清心頭疑惑的路途。他一邊讀，一邊發表心得，像一個普通讀者一般。這即是他晚年的生活。

二舅舅對我的影響至深。初讀《論語》，但有疑惑，我也是請教於他。《論語》成爲通往儒學世界的第一扇重要的門。它也引我通往外公的學問世界：總是在書中表彰傳統，這些以文字說出的話語，開始聽得迷糊、不連貫，後來，就慢慢變得眞切，縈繞在耳畔、心中。

我是以在電腦上抄讀的方式來讀外公的書的。這一方式，又是從筆墨抄寫《論語》遷移過來的。抄讀即是一字一字將書中內容輸入，這個過程中，若有想法，即「加注」，寫下自己的隨想、心得。常常地，它們無關乎「學術」，而就是我的「生活」。這樣的方式看似有些機械，但卻是必要的積累。在抄讀五冊以後，我可以舉著書，直接讀和思了。

　　我也以筆墨寫下對《湖上閒思錄》的讀後感，我也以即興的小楷寫下論文起步時的構想。幸能熟悉筆性墨意，我就在這樣的過程中「享受」閱讀，這不能不說是一個帶著情感體驗和美感體驗的閱讀過程。

　　中國的學術、人文就是不排斥情感的。如果不是這樣，我想我並不可能對此持之以恒地去探詢、堅守。我在對傳統學術、人文的探詢中，慢慢走近了外公，也同時貼近了親人的心、朋友的心和我自己的心。當我愈能瞭解到自己，我愈覺得對外公親近；儘管我從未見面這個學者外公，但是，我中年以後的成長，卻多得他的教誨。

　　而使我走向對外公心理上的親近感的，還有我的臺灣外婆。我所閱讀的外公的著作，多是素書樓文教基金會所出版、所贈閱。這裡有外婆對於青年一代親近傳統文化的關心，不僅對我，而是面向最多的人。只要你願意讀書。我之抄讀《論語》，直接地也受到外婆的影響。她與四川石室中學的一位中學生相約「讀書一年」，在她和素書樓文教基金會共同推動的中學生國學夏令營上。年過七十的外婆如此用功閱看的「四書」，成為我懵懂的嚮往，心中產生深一層探詢的動力，這時我已過而立之年。

　　當是如何立身，如何做人，如何對待於父母，如何安妥自己的情感，這一直是我的困惑。也是我的同齡人的生活。幸與《論語》遭遇，我在抄讀之後，感觸到一番深遠的做人為學的道理，從此使我欲罷不能。從未想到讀書是可以這樣深切地影響人，我在這個過程中變了。

　　心變安定了。生活、工作與交友，都可以循之於一番道理，這番道理，是我通過讀書而感到真正服膺的。所以，表現在這篇論文之中，通過研究「錢先生」，我表達了對他的「敬意與溫情」，而不是牢守學問的「中立立場」；我表現了對錢先生的儒學觀點的一種信服，而非很多質疑、懸而未決。這並非是說，我在整個研究的過程裏，沒有經歷懸疑和困惑，但是，我終能信服於這一番道理，這是與我在自己生活、工作、交友中的體會息息相關的。也可以說，研究儒學的過程，就是我自身一段人生歷練的過程。自愛上儒學大義，而終難從其中「走出」了。

　　尊師蔣國保先生，幫助我「建立」我的學術語彙，給予我甚多指導！他首先幫我從「心理學」向「儒學」轉向，又幫我澄清儒學學術論文中「學」與「人」的關係。心理學、教育學是我的「本專業」，儒學哲學中，因有文化心理學的成分而吸引我；但是，若不能完成此一種轉向，則對於「中國學術」，

仍是隔岸觀火，不能深入；對於心理學，也始終在「西方視野」裏，而不能進窺「中國心理學」；我所說的後者，是指寫作本文時，我對於「儒學學術研究規範」並不很清晰，而欲求解親人的心情卻很迫切，所以雖然成文，也不是一篇合格的學術論文。爲此蔣老師爲我具體指正，費很多心血。

我終於在讀解「儒學史」開始，感到自己在這篇論文的寫作中上了正道。因爲歷史本身就是錢先生治學的根基。由「史」而「論」，我漸漸搭出了論文的框架，找到了寫作的思路，並感到充實有進。這是我惟一可以告慰走在學問之途的各位長輩和老師的地方……

感謝支持我一路行來的蘇州大學政治與公共管理學院中國哲學專業儒學哲學方向的各位老師，潘桂明老師、周可眞老師和蔣國保老師「三位一體」的學術團體，總使我感到浸沉在純粹的學問天地，而心生溫暖；感恩 05 級同門師兄弟周建剛、溫航亮同學，聽他們思辨，與他們同行，讓我感到趣味多多。給我啓發的同學、老師還有很多，在此特別感謝黃小波，在我求助於學術期刊資料的時候，他給予我及時的幫助，這是我走向學術「外空間」的又一重要助力。

最後，感謝我的家人和朋友。我完成本篇論文的過程，我兒自小學一直升到了高一。媽媽的這種「陪伴」方式，不知給他留下怎樣的記憶？寫作博士論文的文檔名「暈頭轉向文件夾」，是他的諧趣之作。當他漸長，我感到，我找到與他交流的方式！我的愛人，一直是這個家的支撐，完全不能想像，沒有他在我身邊，我的生活會是怎樣。我的摯友劉凌，你的一句「假如傳統是有溫度的，我會毫不猶豫地靠上去」，激勵我對「傳統」的探索。感謝你對我的信賴之情，有了你的推動，我終能在「最後時刻」鼓起勇氣，拿出研究者的姿態，寫出論辯的語言，道出自己的心聲。在跋涉的途中，謝謝親人和朋友，你們讓我體會切磋琢磨的無比樂趣。

媽媽，我寫完論文了。

顧梅
2012 年 9 月於蘇州前梗子巷